KB260399

경북대학교 아시아연구소(CASKNU)
아시아총서 제3집

인도와 인도 사람들

-안과 밖에서 바라보기-

경북대학교 아시아연구소(CASKNU)
아시아총서 제3집

인도와 인도 사람들
-안과 밖에서 바라보기-

강경선 · 김경학 · 박정석 · 백좌흠
이광수 · 이재숙 · 인태정 · 정효진
조정규 · 최경숙

서경문화사

한국에서 1980년대부터 본격적으로 시작된 인도사회와 문화에 대한 인문사회과학자의 관심은 약 30년이 지난 현재까지도 매우 일천하다. 우선 인도에 대해 체계적으로 교육시키는 공식 교육기관도 현재까지 전국적으로 두개 대학에 불과하고, 이들 학과 대부분의 교수들의 전공은 문학, 어학, 철학에 한정되어 있다. 인도에 관한 사회과학적 연구는 오히려 인도를 연구 대상지역으로 삼은 사회과학 분과학문 전공자들에 의해 수행되어 왔다.

이 책의 대부분 필자들은 사회과학에 종사하는 사람들이다. 이들은 사회학, 법학, 인류학, 지리학, 역사학 등 주로 사회과학적 시각으로 인도인, 인도사회, 인도문화를 분석하고 있다. 과거에 비해 인도에 대한 사회과학적 연구물의 수가 늘어난 것은 사실이다. 그러나 한국과 인도와의 관계가 다양한 영역으로 확대되고, 특히 정치와 경제 영역에서 세계를 향한 인도의 영향력이 급등하고 있는 점을 감안할 때 현실사회에 적용도와 실용도가 높은 사회과학적 연구물의 축적은 인도 연구자에게 주어진 현실적 요구이다.

이 책은 크게 두 부분으로 나눠져 있다. 5편의 글들이 실린 제1부는 인도인과 인도사회를 안에서 바라보고자 한 연구물이라면 제2부를 구성하고 있는 4편의 글들은 해외 인도인에 관한 것들이다. 다시 말해

이 책은 인도인과 인도사회 및 문화를 안과 밖에서 바라보고자 한 연구서인 셈이다. 한정된 한국 학자들의 인도 연구서 가운데 인도인의 국내 이야기와 해외 인도인 이야기를 함께 묶은 것은 거의 없다. 그러나 현재 약 2,700만의 인도인이 세계 도처에 자신들의 커뮤니티와 문화를 유지하고 있다는 사실을 감안할 때 국내에서 해외 인도인에 대한 학문적 관심이 늘고 있는 것은 어쩌면 당연한 것이다. 특히 오늘날처럼 초국가적 관계가 급증하고 있는 환경에서 인도를 포함한 세계 도처의 인도인의 사회문화적 이야기를 한 마당에 묶는다는 것은 매우 시의적절한 학문적 시도라 여겨진다.

이 책의 제1부의 첫 번째 글에는 '지역연구'라는 새로운 연구 방법을 통해 인도 연구를 어떻게 발전시킬 수 있을 것인가에 대한 고민이 담겨있다. 다음으로 베다를 전통으로 하는 고대 인도의 주된 전통의 핵심을 짚어보고자 하는 시도를 통해 인도사회를 이해하고자 하는 인도철학적 노력이 보이는 글이 소개된다. 이글은 사회과학적 연구들이 주가 된 이 책에서 인도사회에 대한 인문학적 이해를 시도한 연구물이다. 다음 세편의 글들은 인류학자와 법학자에 의해 인도 촌락사회의 집단 역동성, 인도의 자본주의 발전, 인도 헌법의 형식과 내용의 특성 등을 인도사회에 대한 현지조사와 문헌 연구를 통해 분석하고 있다.

제2부를 구성하는 해외 인도인에 관한 글들은 제1부보다 훨씬 현장 중심적인 연구물들이다. 해외 인도인을 편의상 '구 디아스포라(old diaspora)'와 '신 디아스포라(new diaspora)'라 구분할 때 인도 독립 이전에 주로 노동자의 신분으로 해외 이주한 사람들은 전자에 속하고, 인도 독립 이후 유럽과 북미 등으로 대체로 자발적인 이주민에 속하는 인도인은 후자로 구분된다. 맨 먼저 소개되는 말레이시아 인도-타밀인의 타이푸삼(Thaipusam) 축제에 대한 글과 인도-피지인의 이민과 피지의 정치적 변화와의 관계를 분석하는 글은 '구 디아스포라'에 대한 연구물로서 인도-타밀인과 인도-피지인은 모국 인도와의 초국가적

관계가 크게 활발하지 않은 사람들이다. 다음에 소개되는 영국에 거주하는 힌두들의 관광소비와 문화적 정체성에 대한 글은 '신 디아스포라'에 속하는 인도인으로서 이들의 인도방문 관광소비에서 드러나 듯 모국 인도와의 초국가적 관계가 활발한 해외 인도인들에 대한 분석이다. 이 책의 마지막 글인 인도정부의 재외인도인에 대한 정책에 대한 연구는 독립이전부터 현재까지 인도정부의 재외인도인에 대한 정책수립과 입장변화 및 그 변화요인에 대해 분석하고 있다.

이 책을 구성하고 있는 글들은 이미 연구자들이 전문 학술지와 다른 학술적 토론의 장에서 기 발표한 글들을 다소 수정한 것들임을 밝혀둔다. 사실 경북대학교 아시아문화연구소에서 인도 관련 총서를 출판하고자하는 연구소장의 바램과 인도에 대한 종합적인 성격의 연구물이 아직은 부족한 국내의 사정을 함께 고려하여 필자들이 기존 글들에 다소 손질을 가해 이 책이 만들어졌다. 논쟁점이 많은 연구물들임에도 불구하고 이 책이 인도 관련 연구를 촉진하는 작은 계기라도 되었으면 하는 바람을 담아보면서 연구소장을 대신하여 전체 필자들께 깊은 감사를 드린다.

이 책의 제목을 어떻게 붙일 것인지 여러 가지로 고려해 보았다. 마침 박정석 교수의 제안을 받아들여서, 『인도와 인도 사람들 －안과 밖에서 바라보기－』라고 하는 것이 가장 무난할 것이라고 모두들 동의해 주어서 그렇게 정하였다. 그리고, 연구소장의 강권에 따라서, 필자의 한사람으로서 이 서문을 쓰기로 했다.

김 경 학

목 차

제1부 안에서 바라본 인도

새로운 인도 연구의 모색 : 지역연구 방법과 관련하여 ▌이광수 …… 13
1. 머리말 …………………………………………………………… 13
2. 지역연구의 대두와 그 연구 방법 ………………………………… 15
3. 지역연구 방법을 통한 인도 연구의 새로운 틀 ………………… 20
4. 맺음말 …………………………………………………………… 29

『마누법전』의 다르마 사상 ▌이재숙 …………………………………… 33
1. 들어가는 말 ……………………………………………………… 33
2. ‘다르마’의 의미 ………………………………………………… 35
3. ‘다르마’의 적용 ………………………………………………… 39
4. 맺는 말 …………………………………………………………… 50

인도 촌락사회 내의 집단의 역동성(Group dynamics)에 관한
소고(小考) ▌김경학 ………………………………………………… 53
1. 머리말 …………………………………………………………… 53
2. 촌락 가테와라의 사회·경제적 배경 …………………………… 55
3. 단일 카스트 내부(intra-caste)의 집단 역동학 ………………… 58
4. 맺음말 …………………………………………………………… 64

인도자본주의 발전에 관한 학제간 연구모델 ▌백좌흠 ················ 68

  1. 머리말 ·· 68

  2. 인도자본주의 발전과 관련된 주제와 그 분석틀 ················ 70

  3. 인도자본주의 발전에 대한 국내외 연구현황 ···················· 87

인도 헌법의 형식과 내용상의 독특성에 관하여 ▌강경선 ············· 97

  1. 머리말 ·· 97

  2. 세계화와 인도헌법 ··· 98

  3. 동인도회사 ··· 101

  4. 모방헌법으로서의 인도헌법 ··· 104

  5. '연성적' 헌법 : 의회주권원리와 사법심사제의 공존 ········ 105

  6. 연방제 : 준연방제 ··· 112

  7. 의원내각제 ··· 113

  8. 기본권, 국가정책의 지도원리, 기본의무 ······················· 120

  9. 헌법전문 ·· 124

 10. 빤차야트 ·· 126

 11. 소수자와 사회적 하층민에 대한 특별한 보호 ················ 128

 12. 맺는말 ··· 129

인도 수자원의 문제점 ▌최경숙 ··· 131

  1. 개요 ··· 131

  2. 수자원의 일반적 현황 ·· 133

  3. 홍수와 가뭄재해 ··· 134

  4. 이수(利水) 문제 ··· 137

  5. 결언 ··· 141

제2부 밖에서 바라본 인도

인도-타밀인과 무르간 숭배

 : 말레이시아의 타이푸삼(Thaipusam) 축제를 중심으로 ▌박정석 ···· 145

1. 머리말 ···················· 145

2. 말레이시아의 인도-타밀인 ···················· 148

3. 무루간 신과 바투 동굴사원 ···················· 152

4. 타이푸삼 축제 ···················· 162

5. 맺음말 ···················· 172

피지의 정치적 변화와 인도-피지인의 이민 ▌조정규 ···················· 175

1. 서론 ···················· 175

2. 인도-피지인의 피지로 이주와 정착 ···················· 179

3. 쿠데타 이전의 이민 ···················· 183

4. 쿠데타 이후의 이민 ···················· 188

5. 결론 ···················· 196

영국의 인도인 힌두 디아스포라의 관광소비와 문화적 정체성
-BAPS 사원의 인도인 힌두 디아스포라의
모국방문현황을 중심으로- ▌인태정 ···················· 199

1. 서론 ···················· 199

2. 디아스포라·정체성·관광소비 ···················· 202

3. 영국의 인도인 디아스포라의 이주와 정착 ···················· 206

4. 인도인 디아스포라의 관광소비 ···················· 213

5. 결론 ···················· 222

재외인도인에 대한 인도정부 정책의 변화와 그 함의 ▌정효진 ······· 228

1. 서론 ···················· 228

2. 이론적 배경 ···················· 230

3. 인도인 디아스포라 ···················· 232

4. 재외인도인에 대한 정부정책과 그 변화 ···················· 234

5. 결론에 대신하여 ···················· 240

아시아총서 발간사 ···················· 243

<table><tr><td>제1부</td><td>안에서 바라본 인도</td></tr></table>

새로운 인도 연구의 모색 : 지역연구 방법과 관련하여 ▌이광수

『마누법전』의 다르마 사상 ▌이재숙

인도 촌락사회 내의 집단의
역동성(Group dynamics)에 관한 소고(小考) ▌김경학

인도자본주의 발전에 관한 학제간 연구모델 ▌백좌흠

인도 헌법의 형식과 내용상의 독특성에 관하여 ▌강경선

인도 수자원의 문제점 ▌최경숙

새로운 인도 연구의 모색
: 지역연구 방법과 관련하여

이 광 수*

1. 머리말

우리나라에서의 인도 연구는 불교 전래와 함께 인도의 불교에 관한 것으로 시작되었다. 그러나 엄밀하게 말할 때 그 연구들은 인도라는 지역이나 그곳에 사는 주민들 혹은 그 문화에 대한 지식과 정보에 대한 연구가 아니기 때문에 '인도 연구'라는 범주에 해당된다 할 수는 없을 것이다. 하지만 그 연구들이 오늘의 인도연구 성격에 지대한 영향을 끼쳤다는 점에서만은 상당한 의미를 찾을 수 있다. 특히 그 영향이 인도에 대한 왜곡된 상(像)을 고착화시킨 점에서 중요하다.

그들은 인도를 부처의 나라로 인식하였고 나아가 인도를 불국토의 이미지로 형상화시켰다. 이러한 맥락에서 인도는 천축(天竺)이 아닌 서축(西竺)으로 불리는데 그것은 동축(東竺)과 대구를 이룸으로서, 고대 신라인들이 추구하는 정치문화적인 이상향이었음을 알 수 있다. 이상향 상(像)으로서의 인도는 후대 인도 연구자들이 인도의 실체를 객관적이고 사실적으로 파악하고자 하는데 있어 막대한 지장을 초래하였다.

---

* 부산외국어대학교 러시아인도통상학부 교수

근대 이후 인도 연구가 불교와 인도 철학에 치중되어 온 사실은 인도가 불교의 나라로서 그 이미지가 왜곡된 것과 그 괘를 같이 하고 있다. 여기에 해방 이후 일본 학계의 불교 중심 연구 성과들에 크게 의존하면서 불교와 인도 철학 중심의 인도 연구 경향이 최근까지 변하지 않고 중심의 위치를 차지하게 되었다. 그러면서 객관적이고 보편적인 인도 연구는 갈수록 멀어져 가는 추세였다.

2차 세계 대전 이후 인도가 제3세계-비동맹의 중심 세력으로 성장하면서 근대적 의미의 인도 연구가 시작되었으니 주로 정치나 국제 관계의 측면에서 연구가 이루어졌다. 그러나 이러한 연구들은 대부분이 인도에 관한 현지 조사 능력을 갖추지 못한 비전문가들에 의해서 이루어진 것이었거나 혹은 전문가라 할 수 있는 연구자들이 책상머리에 앉아 기존의 다른 나라 학자들의 연구들을 정리하는 수준에 머무른 것들이었다. 이들이 연구한 대부분의 주제가 대외 정책 정치 사상 이데올로기 등에 관한 사실은 연구의 대부분이 전문성 여부와 관계없이 2차 자료만을 이용한 것임을 보여주는 것이라 할 수 있을 것이다. 이러한 연구들을 인도 연구라 하는 데는 이의가 없겠지만 일정한 한계를 보여주고 있음은 부정할 수 없을 것이다.

이러한 정책 과학적 연구는 분명히 근대주의나 유럽중심주의 혹은 다양한 형태의 제국주의의 관점과 마찬가지의 보조 속에서 이루어진 것이다. 그러다 보니 연구 대상에 대한 역사적인 반성을 통한 시각 설정이 이루어지지 못했고 일방적인 경쟁 차원에서의 상대방에 대한 분석만 주로 이루어졌다. 이것이 인도의 경우에는 결국 인도 사회에 대한 왜곡된 시각과 지식으로 이어졌다. 그래서 기존의 정책 과학적 인도 연구는 그 대부분이 유럽인들이나 제국주의자들이 만들어 놓은 편견에 찬 연구들과 크게 다르지가 않았고 우리도 어느덧 인도에 대해 과거 우리를 지배했던 제국주의자들이 가지고 있었던 그런 시각을 통해 생각하고 이해하게 되었다. 그로 인해 인도의 특수성이 지나치게 강조되었고 나아가 그 특정한 단편 부문으로부터 조성된 이미지가 전체 인도 사회인 것인 양 오해하게 되었다.

1970년대에 접어들면서 인도 연구의 상당 부분은 인도의 언어 학습과 교육으로 혼동된다. 여기에는 기존의 정치-국제 관계 연구자들이 언어 훈련을 제대로 받지 못하고 현지 경험이 없는 것에 대한 반발로 인한 언어 훈련의 필요성에 대한 과대 표현의 결과이면서 동시에 1970년대 한국 경제의 지상 목표인 '수출 드라이브 정책'이 대학을 취직 준비 기관으로 전락시킨 결과였다. 그들은 학문의 도구여야 할 언어를 학문 자체로 혼동하여, 예컨대 '인도어과'와 같이, 언어를 학과 명칭의 대상으로 삼거나 연구자들이 문학과 언어학 혹은 심지어는 문화라는 애매한 이름으로 역사학이나 정치학 혹은 종교학 등의 다른 분과 학문을 넘나드는 정체불명의 연구를 서슴지 않았다. 결국 이를 통해서도 진정한 의미의 인도 연구는 이루어지지 못했다.

이러한 과거의 편향되고 왜곡된 연구풍토를 극복하고자 하는 움직임이 1980년대 이후 진행된 탈근대주의 중심의 세계적인 학문 추세에 따라 국내 인도 연구 학계에도 일어나기 시작하였다. 이 글은 이러한 상황에서 '지역연구'라는 새로운 연구 방법을 통해 인도 연구를 어떻게 발전시킬 수 있을 것인가에 대해 분석해보고자 하는 시론(試論)이다.

2. 지역연구의 대두와 그 연구 방법

지역연구의 대두는 근대주의의 퇴조와 함께 한다. 원래 근대주의는 합리성과 효율성을 바탕으로 하고, 발전의 필요성을 극대화시키는 것으로서 근대 사회가 바로 인류의 이상적 사회이고 그것에 관한 한 유럽인들은 일종의 메시아 역할을 하였다 그 안에서 인간 행위의 귀속적 역할은 국가가 담당하였고 그것이 학문적으로 사회 과학의 급부상을 낳았다. 하지만 20세기 말에 접어들면서, 근대주의가 추구하는 발전은 인류에게 공존공영을 가져다주는 대신 인류를 막다른 골목 안으로 몰아넣었을 뿐이었고 근대주의에 입각한 문명의 발전은 인간의 소외, 환경 문제의 폭발, 남북 문제, 전쟁과 분규, 질병의 공포 등으로 확산되어갔다. 그러면서 학문의 세계에서는 국가 중심과 사화과학에 의한 진리 규명 체제에 심각한 도전이 일어나기 시작했다. 이것이 곧 지역연구가 태어나게 된 상황 배경이다.

그렇지만, 사실 역사적으로 볼 때, 지역연구가 시작된 것은 근대주의가 기승을 부리던 제2차 세계대전 중이었으니, 미국이 세계 전략의 하나로서 국가가 아닌 지역을 그 연구의 대상으로 삼은 것이 그 출발점이 된 것이다. 처음에는 군부에서 단순한 외국어 훈련을 위한 것으로 출발하였으나 곧바로 정부의 정책적 차원에서 세계 각 지역에 관한 다각적인 지식과 정보를 위한 것으로 탈바꿈하였다. 이에 대한 로버트 홀(Robert B. Hall)의 다음과 같은 언급은 당시 지역연구의 성격을 잘 표현한 것이라 할 수 있다 군부는 전면 전쟁에 있어서 지역에 대한 지식의 요청을 통감하고 지역과 언어에 대한 교육 계획을 각 대학교에 분담시켰다(Hall 1947, 1).

이러한 제국주의 정책의 하나로서의 지역연구는 소위 선진국에서 활발하게 발달해오다가 점차 개발도상국에서도 이루어지기 시작하였다. 전자가 자국의 이해와 세력의 확대에 그 기본 의도를 두었기 때문에 연구의 대상이 주로 비(非)선진국들이 된 반면에 후자는 자국의 발전 전략을 세우기 위한 하나의 모델로서(김영철·이순주 1996, 290) 혹은 선진국의 세력 팽창에 대한 대비책으로서 선진국에 대한 연구를 주로 하였다. 이외에도 급변하는 세계 정세의 변화에 따른 국가주의의 쇠퇴 지역의 재편, 개발과 환경에 대한 의견 충돌 등으로 인해 또 다른 추세의 지역연구가 대두되고 있는 실정이다. 따라서 지역연구의 대상이나 범주 혹은 그 정의를 일목요연하게 내리는 것은 현재로서는 결코 쉬운 일이 아니다.

이렇듯 다양한 지역연구의 경향들이 최근 들어 우리나라에도 보급되었다. 그리하여 갓 시작된 지역연구는 정체성을 찾는 작업에서부터 상당한 혼란이 생기게 되었다. 전체적으로 볼 때 우리의 지역연구는 주로 미국의 태도를 따르고 있어 비교정치학 중심이나 정책 연구가 주류를 이루고 있다(최협 1997, 20). 그 결과 지금의 지역연구는 궁극적으로 '지역에 관한 이해'를 위한 연구로서보다는 지역에 존재하는 '사실적 구조'를 중요시 여기는 것이었다. 그러다 보니 원래의 연구 대상이어야 할 지역과 주민은 개념적으로 거세되었고 몇 가지의 '태도'나 '경향' 그리고 통계상의 숫자로 환원되었다(Said 1991, 465). 결국 지역연구를 '정치적 생존뿐만 아니라 경제적 이해 관계의 극대화를 위한 필수적 과제'(신윤환·이성형 1996, 157)로 간주하였고 이에 따라 정치·경제·국제정치·통상 등에 관한 연구가 그 주류를 이루게 되었다.

이와 같은 추세 속에서 학문하는 목적은 사람들의 삶에 관한 총체적인 모습을 이해하는 것보다는 보편적 사회 구조를 개별 방법으로 분석하는 것으로 인식되었다. 그러면서 학문은 분파화 되어 갔고, 각각의 분파는 갈수록 담쌓기에 열중하였다. 갈라진 학문 사이에는 단절의 경향이 강화되었고 그러한 틀 안에서 서로서로는 몰이해로 인한 대립의 극단으로 치달아갔다. 이러한 병폐 속에서 통합 지식과 통합 체계의 필요성이 싹트게 되었고 그것이 새로운 대안 학문으로서의 지역연구의 부상을 가져오게 된 것이다.

결국, 지역연구는 하나의 독립된 인식론(episteme)을 갖는 분과 학문으로서 존재하는 것이 아니라, 여러 연구들을 하나의 틀 속에 종합시켜 놓은 일종의 모자이크인 것이다. 국제사회과학대사전(Internnational Encyclopedia of the Social Sciences)에서는 지역연구의 기본 전제를 "명백하게 경계 지어질 수 있는 지리적 영역의 사람들이 그들의 사회와 환경 속에서 살아감에 의하여 학문적 관심을 위한 적합한 단위를 제공하는데"(Wood 1968, 401) 있다고 규정하고 있는 것 역시 지역연구의 모자이크적 성격을 잘 반영해주고 있다.

우리가 아직 'area studies'라는 용어를 사용하고, 이를 우리말로 옮기면서 지역'학'이라는 이름을 사용하지 못하고, 지역연구라 부르는 이유도 바로 이 때문이다. 그렇지만, 이 지역연구가 아직은 비록 독립된 인식론은 갖추지 못하고 있을지라도, 실제로 이루어지고 있는 많은 지역연구의 결과들이 귀납적인 결과를 통해 상당한 수준의 진리 규명에 이바지하고 있는 것은 분명한 사실이다.

이에 따라 지역연구는 인류학, 역사학, 지리학, 정치학, 언어학, 사회학, 경제학 등과 같은 인문사회과학에서부터 지질학, 생물학, 생태학, 환경학, 농학 등의 자연과학에 이르기까지의 모든 다양한 분과 학문들에 의해 종합적으로 이루어지고 있다. 그래서 지역연구는 기본적으로 다학문적(multidisciplinary)이면서 동시에 학제적(interdisciplinary)인 것이어야 한다. 따라서 이의 성공적 수행을 위해서는 공동 연구가 무엇보다도 바람직하다 공동 연구에서 각 연구자는 공동으로 설정해 놓은 목표 아래에서, 스스로 취하고 있는 개별 방법을 통해 연구를 수행하는 것이고 이것들이 모아질 때 매우 의미 있는 결론이 도출될 수 있는 것이다.

그렇다고 지역에 관한 모든 연구를 모아 놓은 것이 지역연구가 되는 것은 아니다. 지역연구가 ―비록 단일 인식론을 아직 갖추지는 못하고 있다 할지라도― 하나의 학문 체계로서, 그것도 탈근대주의의 대안 학문으로서 자리를 잡은 이상 연구의 대상과 범주는 정해져 있어야 하는 것이다. 이와 관련하여 '지역'은 '주민이 공통적인 세계관을 가지고 있는 범위(矢野 暢 1997, 43)'가 그리고 '지역연구'는 '지역'을 통해 세계를 보는 몰가치적이고 몰규범적인 인식을 확립시키고자 하는 것이어야 하며, 이를 위해 지역성을 성립시키는 고유의 성질을 찾고 그 것을 세계적인 시야를 통해 일반화할 수 있는 가능성을 찾아야 한다. 이는 각 지역이 가지고 있는 가치에 대해 문화 상대주의의 입장을 취함으로써 문명·풍토·세계관·문화 등을 그 이해의 주요 대상으로 부상시키는 것이다. 이것이 학제적 성격과 함께 지역연구가 취해야 할 가장 중요한 방법의 하나가 된다.

연구 방법과 관련된 또 하나의 성격으로 연구의 포괄성을 들 수 있을 것이다. 여기에서 지역연구가 포괄적이라 함은, 우선 대상으로서의 지역은 개별적인 것보다는 포괄적인 것이어야 되어야 함이고 다음으로는 그것을 분석하는 방법이 원자론적 방법이 아닌 유기체론적 방법에 입각해야 한다는 의미이다. 다시 말하면, 예컨대 인간의 몸을 지역연구의 대상이라 비유해본다면, 가장 좋은 연구 대상은 눈 따위의 개별적인 것이 아니고 몸 전체가 되어야 한다는 뜻이다. 그렇다고 눈과 같은 개별적 대상이 연구 대상으로서 부적절하다는 의미는 아니다. 다만 개별적 연구가 그 자체만을 위한 연구에 그쳐버리면 분명히 지역연구의 대상으로서의 연구 가치가 크게 떨어질 수밖에 없고 -각 독립 분과 학문에서의 연구 대상으로서의 가치는 훨씬 클 테지만- 대신에 그 개별 대상들이 전체 구조나 체계 안에서 종합적 이해로 이어지면 보다 나은 가치가 있을 것이라는 의미다. 하지만 어떤 경우에서라도 가장 바람직한 지역연구의 대상은 개별적인 것보다는 포괄적인 것이다.

따라서 철학에서부터 공학에 이르기까지 그 연구의 대상이 지역에 관한 것이라면 모두 지역연구를 구성하는 부분이 될 수 있을 것 같지만, 사실은 그렇지가 않다. 여기에는 철학, 심리학, 문학 등의 고유 공리(theorem)에 입각한 방법론을 이용한 연구들이 포함될 것이다. 하지만 연구 대상이 설사 문학이나 철학의 일부일지라도 그 연구가 지향하는 바가 포괄적이고 종합적이라면 지역연구의 좋은 일부가 될 수 있을 것이다. 이런 의미에서 언어학의 일부(개별적인 고유의 언어학적 접근 방법에 입각한 특정 언어 현상만을 다루는 연구 등), 농학이나 임학과 같은 자연 과학의 대부분 등은 설사 지역에 관한 연구일지라도 지역연구에 포함시킬 수 없다고 본다.

지역연구가 내가 아닌 남이 사는 지역을 연구한다는 의미에서, 그리고 그들 나름대로 갖는 지역성의 고유한 의미를 인정한다는 의미에서 현지 조사(field work)는 지역연구자가 취해야 할 바람직한 연구 방법 가운데 하나이다. 이는 지역연구가 몰규범적이고 귀납적이라는 의미를 다시 확인시켜줌과 동시에 지역연구가 이론화나 실험 조사와 전적으로 다르다는 것을 보여주는 것이다. 연구자는 현지 조사를 통해 드러난 현상과 전체와의 관계를 파악할 수 있고, 세분화되고 분석화된 개별 연구들을 하나의 전체로서 파악할 수가 있게 됨으로서 비로소 바람직한 지역연구의 결과를 도출할 수 있게 되는 것이다.

3. 지역연구 방법을 통한 인도 연구의 새로운 틀

인도를 표현하는데 가장 잘 사용하는 어구는 '다양성 속의 통일성(unity in diversity)'과 '통일성 속의 다양성(diversity in unity)'일 것이다. 이는 인도의 모자이크적 성격이 강한 단일 지역으로서의 성격을 잘 드러내준다. 하지만 여기에는 '지역'의 범주를 명확하게 규명하기가 쉽지 않다는 의미도 내포하고 있다. 그렇다면 하나로서의 지역성과 여럿으로서의 다양성을 가름해주는 준거는 무엇인가?

준거에는 일단 가장 일반적인 것으로 민족 · 부족 · 어족 등 인종 집단(ethnic group)과 관련되는 것을 들 수 있다. 이 문제는, 비록 오해가 많이 있는 것이 사실이지만, 원래는 그리 심각한 것은 아니다 왜냐하면 그것들이 가치 판단의 기준으로서 그 안에서 생활하는 사람들의 문화나 제도 혹은 풍토 등을 규정하는 현상은 그리 크게 나타나지 않기 때문이다. 이 문제는 '인도 민족'이라는 개념과 관련되어 있다. '인도 민족'은, 비록 그 자체의 정체성은 적어도 마하바라따(Mahābhārata)의 원형이 형성될 즈음에는 존재했던 것은 사실이지만, 그 존재에 대한 구체적 인식은 20세기 들어 영국 식민 통치로부터 독립 운동을 하면서 형성된 것이기 때문에 '지역'의 범주 기준이 될 수가 없다 그래서 그 대신에 흔히 구분의 기준으로 삼고 있는 아리야족(Aryans)과 드라비다족(Dravidians)을 들 수 있다. 하지만 이들도 개별 언어의 공통성을 기초로 하여 분류한 어족 집단으로서 민족보다도 더 큰 개념이기에 문화 영역을 설정하는 지역의 단위로서는 적당치 못하다 흔히 인도 지역연구에서 이 두 언어를 기준으로 하여 친족 조직, 결혼 제도, 카스트 체계 등의 차이를 기술하는 일도 있지만, 이 두 구분을 전면에 내세워 아리야족과 드라비다족의 문화나 사회 일반의 구조적인 차이를 논하는 것은 매우 위험하다. 예컨대 따밀족·벵갈족이라는 표현이 있다면 그것은 단순히 따밀어와 벵갈어를 사용하는 사람들을 말할 뿐이지 그것이 기준이 되어 따밀 문화 혹은 따밀 지역이 형성되는 경우는 없다. 다만 모두 인도라는 한 지역 속에서의 다양성으로 간주되는 것이 옳을 것이다.

어족 집단을 근대적 의미로서의 '민족'으로 개념화하지 않아야 기존 연구의 편견으로부터 벗어날 수 있다. 막스 뮐러를 비롯한 동양학자들에 의해 범해진 오류 중 가장 결정적인 '아리야족 신화'는 인도의 문화를 아리야 대(對) 비(非)아리야로 양분하는 오류를 일으켰다. 지배 계급 카스트들은 고대 선민 아리야족의 후예로 자처하고 나섰고, 급기야는 그들을 식민으로 삼고 있는 영국인과 동일한 족속이라는 자부심마저 갖게 되었으며, 그로 인해 영국의 인도 지배가 인도인들에 의해 정당화되기도 한 결과를 빚어냈다 이는 결국 힌두-무슬림의 대립 개념을 불러 일으켜 끝내 인도아대륙이 인도와 파키스탄으로 갈라서는 비극의 씨앗이 되었다. 더불어 이로 인해 '인도 사회 정체론' 또한 고착화되었다.

그렇다면 인도라는 단일 지역에 나타나는 여러 서로 다른 성질들이 통일성 속의 다양성으로 인정되는 이유는 무엇인가? 그것은 카스트 체계라 힌두교에 있다. 즉 인도는 카스트와 힌두교에 의거하여 통일된 하나의 세계로서 '지역'을 이루고 있는 것이다. 여기에 바로 지역연구의 방법을 통한 인도 연구의 제일 주제가 있다.

카스트 체계는 인도의 사회 제도를 규정하는 가장 대표적인 존재이다. '카스트(caste)'라는 말은 외래어로서 그 의미가 혼란스러워졌기 때문에 전통적 개념을 통해 그것을 이해하여야 한다. 인도 전통의 사회 체계(즉 소위 카스트 체계)는 계급으로서의 바르나(varna)와 기능 조직으로서의 자띠(jati)의 두 가지 단위를 중심으로 이루어져 있다. 자띠에 의해 개인의 사회 행위는 출생에 따라 각기 정해지면서 사회의 세분화가 이루어지니 모든 인도인은 특정한 자띠를 가진 채 출생하고 그와 동시에 그 자띠의 성원이 된다. 동일한 자띠의 사람끼리 외에는 결혼할 수 없고 다른 자띠에 인위적으로 속할 수 없으며 그 자띠는 특정한 직업을 세습하는 것이 그들의 가치관이자 규범이다. 직업은 특정한 힌두 이데올로기와의 관계 속에서 서열 지워지니 바르나는 이렇듯 서열화되고 세분화된 여러 단위들을 통합하여 또 다른 서열 속에 위치시켜 계층화한다. 그리고 그렇게 계층화된 바르나 구조는 시간과 공간의 축 속에서 많은 다양함을 나타낸다. 기본적으로는 자띠가 세분의 그리고 바르나가 통합의 이론에 입각하면서도 동시에 양자가 서로 상대의 기능을 내포하고 있다고 말할 수 있다. 결국 카스트 체계는 상자 구조와 같은 모양을 지닌 제도로서 인도 사회를 하나로 통합시키고 그 안에서 다양성을 허용하고 있는 것이다(矢野 暢 1994, 208).

인도 지역에서 이 상자 구조로부터 자유로운 문화 규범의 공간은 없다. 그 안에서 정치, 경제, 사회 조직, 생활 양식 등이 다양하게 변화하고 있으면서 모두 카스트의 우산 속에서 영향을 받고 있다. 그래서 인도 안에 있는 것은 모두 카스트 안에 있고 카스트 안에 있지 않은 것은 인도 안에 있지 않다. 그래서 카스트는 지역연구의 방법을 통한 새로운 인도 연구를 모색하기 위한 제일의 틀이다.

카스트에 대한 이해는 그것에 대한 기존 연구가 주는 오해로부터의 탈피와 전체 인도 사회에 대한 올바른 이해로부터 시작된다. 카스트와 인도 사회에 대한 가장 큰 오해는 마르크스로부터 비롯되었다. 그는 인도 사회가 많은 자급자족의 촌락 공동체로 토대를 이루고 있고 그 자급자족의 경제는 카스트 자치체를 중심으로 한 농업과 수공업의 폐쇄성과 직결한다고 보았다. 이것이 그의 동양 사회 정체론의 기본을 이루니 그의 동양 사회는 철저히 개별적이면서 곧 비합리적이고 미개적인 것이었다. 이와 크게 다르지 않은 관점으로 베버의 인도 사회 이해를 들 수 있다 그에게 보이는 힌두들은 카스트 사회에서 전혀 신분 상승을 하지 못하는 사람들이었다. 그의 인도 사회관 또한 유럽 중심주의와 그로 인한 국가주의의 정복과 발전 논리의 근간이 되었다. 와이저(W.H.Wiser)도 같은 종류의 주장을 했으니, 그는 촌락 내에서 모든 카스트는 상호 동등한 위치에서 촌락 공동체의 평등이라는 이상의 실현을 위해 서비스를 상호 교환한다고 했다. 이러한 인도의 촌락 사회를 메트카프(C.T.Metcalfe)는 외부의 어떠한 도움 없이 자체 내에서 필요한 모든 것을 해결할 수 있는 자급자족적인 '작은 공화국(little republic)'으로 간주하였다. 그는 인도 촌락을 정치, 경제적, 사회적으로 외부와의 교류가 없이 고립되어 있는 단위로 간주함으로써 근대 사회로의 변화 가능성이 희박한 것으로 파악한 것이다(이광수 1997, 60~64).

이러한 이론들은 원래의 의도와는 관계없이 인도 사회라 문화의 특이성과 개별성만을 크게 부각시킴으로서 인도라는 한 지역이 갖는 정체성의 가치를 부정하고 전체로서 하나를 이루는 것으로서의 이해에 큰 방해를 끼치는 결과를 가져왔다. 하지만 카스트와 인도 사회의 실제 모습은 이와는 사뭇 달랐으니 카스트로 분화된 농촌 경제는 우선적으로 촌락간의 상호 교류를 필수 요건으로 하고 있다. 즉 일개 촌락이 정상적인 사회·경제 구조를 형성하기 위해서는 분화된 직업의 카스트가 농촌 간에 상호 교류를 해야 하고 이로 더불어 전체로서의 문화 교류와 하나의 지역성을 이룰 수 있는 것이다.

카스트와 더불어 '지역'을 결정짓는 중요한 요소로 힌두교가 있다. 힌두교는 우선 일관성과 한정성이 없다는 점에서 인도의 '지역'을 규정하는데 적합한 요소가 된다. 그것은 그 연인이 하랍빠 전통과 베다 전통과 같은 서로 다른 종교 전통들이 만나서 이룬다는 점에서 기원한다. 언제부터 어떻게 하여 종교의 형태를 갖추었는지가 분명히 드러나지 않으므로, 교조도 없고 일정한 교의도 없으며 전체적으로 통일된 종교 조직도 없다. 신앙 형태는 밀교적인 요소들이 많은 반면에 관념 체계는 고도로 발달된 형이상학에까지 이르러 있으니 전체적으로 통용되는 사상과 의례의 일관성이 나타나지 않는다. 따라서 힌두교에는 다른 종교에서 나타나는 만큼의 정통이나 이단 혹은 그를 기준으로 하는 박해나 개종 등도 있을 수 없다. 종교는 곧 사회생활과 직결되어 있으니 사회에서의 다양성은 바로 종교에서의 다양성으로 환원된다. 그것은 소위 말하는 대전통과 소전통의 체계 안에서 '다양성 속의 통일성'을 이루고 있다. 특히 딴뜨라 교의가 확립된 이래 힌두교의 역동적인 성격은 이슬람과 같은 외래 종교를 힌두교의 속으로 흡수해 자연스럽게 힌두교화 하였고 이 전통은 지금까지 이어지고 있다.

힌두교의 이러한 성격으로 인해 힌두교로부터 벗어나 있는 가치관과 세계관은 인도 지역 안에 존재하지 않는다. 세계의 각 지역 가운데 어느 한 지역이 인도에서의 힌두교만큼 정치, 경제에서부터 사회, 문화에 이르기까지 광대한 결정력을 갖는 종교를 가진 나라는 없을 것이다.

올바른 힌두교에 대한 이해는 기본적으로 기독교 연구에 적용되는 개념들을 힌두교에 그대로 적용하는 것으로부터 탈피하는 것에서 시작된다. 이는 종교라는 의미에 대해 서양에서의 그것과 중국에서의 그것이 다른 만큼 인도에서의 그것도 다르다는 사실을 상대적으로 인정해야 한다는 것과 관련되어 있다. 기독교를 종교의 기준으로 보고 힌두교를 판단한 나머지 힌두교는 비합리적이고 비과학적이라든가 그러한 힌두교는 원시적이거나 미신에 가깝다거나 하는 평가는 분명 기독교를 중심으로 한 동양주의(Orientalism)적 관점으로 인한 것이다. 종교가 유일신교여야 발달된 형태이고 다신교나 우상 숭배의 종교 혹은 주술적이거나 밀교적 성격이 강한 종교는 미개한 수준이라 하는 평가야말로 지역연구가 벗어나야 할 근대주의의 왜곡된 가치 판단일 것이다. 무엇보다도 힌두교에 대해 가치 체계의 중립이 요구되어야 만이 올바른 인도 지역연구의 방향이 설정될 수 있다.

그렇다고 해서 소위 동양주의적 편견과 민족주의적 편견들을 몰아내고 그 위에 무슬링 지배 이전의 힌두 인도에 관한 어떤 특정의 이미지를 구체화시키는 경향 즉 소위 토착주의에 초점을 맞추는 것 또한 지역연구에 필요한 제대로 된 접근 방법이라 할 수 없다. 그것들은 단지 특별한 종류의 비(非)역사적 혹은 반(反)역사적 입장의 애매모호함만을 야기 시키는 것으로서 신식민주의의 구미에 부합되는 꼴일 수밖에 없을 뿐이다(Shrimali 1997, 216). 결국 새로운 지역연구는 정치, 경제적 측면에서의 탈식민주의의 입장은 물론이고 문화에 대한 새로운 자세 즉 문화에 대한 몰가치적 판단을 견지해야 올바로 수행할 수 있을 것이다.

힌두교에 대한 가치 중립은 힌두교의 카스트 사회 구조와의 역사적 상호성에 대한 이해의 바탕 위에서만 이루어질 수 있다. 인도의 고대―중세는 부단한 사회 변화를 거듭했고 이는 힌두교의 형성과 변화에 직접적인 원인이 되었다. 이를 통해 우리는 비록 힌두교가 위계 이데올로기를 기초로 하고 있고, 상위 계급이 하위 계급을 착취하는데 힌두교를 최대한 활용했다는 사실에 대해서는 이의를 달 수는 없지만 그로 인해 모든 상하위 계급들이 법전에 규정된 종교적 직무만을 성실하게 이행하면서 사회적 변화를 꾀하지 않았다는 등의 사실은 인정할 수가 없다. 뿐만 아니라 이 사회에서는 힌두교의 위계 이데올로기로 인하여 항상 브라만이 지배 계급으로서의 위치를 차지해왔다는 사실도 액면가 그대로만 받아들이기는 어렵다.

힌두교를 이용한 브라만의 착취라는 것 또한, 다른 고대 사회에서 종교가 행한 일반적 수준과 크게 다르지 않다. 단지 다른 점이 있다면 중국이나 로마와 같은 고대 사회에서는 각 사회 계급에 대한 의무가 국가의 법률로 규정된 반면에, 인도에서는 종교 율법에 의해 규정되어 있고 이 율법에 의해 국가-사회-종교가 하나의 구조 안에서 운용되었다는 점이다. 그래서 인도 사회에서는 바르나에 의거한 다르마를 위반한 사람은 세속 법률 위반으로서의 세속적 처벌과 종교 율법 위반으로서의 종교 공동체에 의한 처벌을 받았다. 그는 세속적 처벌과 동시에 반드시 종교적 처벌을 받아야 했던 것이다. 율법이 미치는 한계가 이렇듯 넓다는 의미가 곧 종교로 인한 사회의 정체를 의미하는 것은 아니다. 사회의 변화에 따라 율법의 내용이 수도 없이 변화하였음은 법전이 스므리띠(Smriti)부터 시작하여 많은 다르마샤스뜨라(dharmashastra)가 발전하였음을 보아서도 명백히 알 수 있다.

인도 고대-중세의 실제 사회의 구조는 바르나 구조와 많은 차이를 나타내고 있고 그 정도는 역사적으로 사회의 변화에 따라 서로 달리 나타난다. 그 차이가 심할수록 법전에 나타난 힌두교는 이상주의적 성격이 강해지고 그 안에서 모든 관념의 세계는 바르나 구조로 분류되어 나타난다. 따라서 힌두교를 경전에 나타난 모습만을 자료로 하여 분석하는 것은 힌두교 이상주의가 갖는 사회적 의미를 제대로 파악하지 못하는 것이다. 이는 결국 힌두교를 브라만 위주의 철학이나 신비주의 종교로 잘못 이해하게 한다(이광수 1997, 172-73).

　지역연구 안에서는 대상들에 대한 연구가 유기적으로 연결되어 있어야 한다. 그 안에서 분과 학문들은 대등한 입장을 취하고 또 서로의 방법론이 다를 수 있다는 사실을 인정해야 한다. 그러면서 관련된 작업을 해야 하는 것이 지역연구다. 그래서 지역연구 안에서는 인류학, 역사학, 사회학과 같이 분석적 방법을 취하는 태도와 예술이나 일부 인문학에서 취하는 비분석적 학문의 방법들이 충분히 포괄되어야 한다. 그러면서 양자는 종합되어야 하는데, 궁극적으로는 비분석적 방법에 의한 기술적 종합이 타당하다 이런 의미에서 올바른 지역연구를 수행하기 위해서는 기존의 전문 학자가 아닌 예술가나 작가와의 공동 현지 조사 등이 바람직하게 고려되어야 할 것이다. 인도의 경우, 힌두교와 카스트를 각각의 축으로 하여 형성된 여러 가지의 문화 복합들, 예컨대 소(순)복합이나 카스트에 대한 연구를 수행하기 위해서는 역사학자에 의한 문헌 분석과 인류학자에 의한 현지 조사 분석 등이 있어야 함은 물론이지만 여기에 시인의 감성적 접근이나 요리사의 경험적 접근 등이 종합되면서 보다 더 명확한 접근과 문화의 이해가 이루어질 수 있을 것이다. 물론 이렇게 이질적인 접근 방법들을 어떻게 하나의 학문이라는 과학 체계 안에서 종합화 할 수 있는가, 그리고 그를 통해 지역의 전체 모습과 성격을 어떤 방법으로 규정하여야 하는가에 대한 문제는 아직도 확실히 풀지 못한 숙제로 남아 있는 것이 사실이다.

　이 숙제를 해결하고자 한다면 적어도 꼭 필요한 것이 현지 조사 방법의 실행이다. 그것은 지역연구가 단일 학문으로서의 방법론이 여전히 불안정한 상태에 있는 현재로서는 이것이 비록 충분한 방법론은 될 수는 없겠지만, 최소한 필요불가결한 방법의 역할을 할 수 있기 때문이다. 특히 인도와 같이 과거에 대한 상(像)은 물론이고 현재의 실체에 대해서도 심하게 왜곡되어 알려져 있는 지역에 대한 연구에 있어서는 더욱 그렇다. 지역연구에 있어서의 현지 조사 방법은 일반적으로 인류학자들이나 사회학자들이 수행하는 방법을 따를 뿐 아직 독자적으로 만들어진 것은 없다. 따라서 전혀 새로운 방법이 창출되지 않는 한 기존의 분과 학문들에서 사용되는 방법에 의존할 수밖에 없다. 거기에는 여러 종류의 지도, 사진기, 녹음기, 필드 노트 등의 준비물에 관한 것과 조사 참여자들 간의 역할 분담, 현지인 보조자의 임무 부여, 일과 회의 등과 같은 일정 진행에 관한 것들이 공통적으로 들어 있다.

이러한 보편적인 현지 조사 방법 외에 인도만이 갖는 현지 조사를 성공적으로 수행하기 위한 방법이 있을 짓이다. 이는 일부 도시 문제에 해당하는 연구들을 위한 현지 조사를 제외하고는 많은 경우에 해당하는 것이겠지만, 때와 장소에 따라 다양성이 있음은 물론이다. 인도 같이 위계적인 사회에 외래인이 들어감으로서 발생할 수 있는 문제는 우선 그들의 신분에 관한 것이다. 외국인인 경우에는 그리 큰 문제가 발생하지는 않겠으나 조사 보조원으로 참여한 내국인의 경우에는 다소 문제가 발생할 수 있다(김경학 1996, 164). 그의 지위 즉 카스트에 대한 의심이나 혐오 혹은 종속 여부 등의 문제로부터 많은 부분에 있어서 왜곡된 자료를 제공받을 수 있다 현지 조사에서 확보한 자료들을 전적으로 다 믿을 수 없다는 점은 바로 이런 이유에서이다. 카스트와 함께 현지 조사에서 중요한 역할을 하는 요소로 성(gender)의 문제가 있다. 특히 북부 인도의 대부분 마을은 촌락 외혼을 행하기 때문에 한 마을 출신의 모든 여성들은 소위 마을의 딸들로 여겨지고 여성들의 문 밖 출입이 자유로운 카스트일수록 그 카스트의 지위가 낮게 평가되기 때문에 전체적으로 조사 참여자와 같은 외간 남자들과의 접촉이 크게 제한 당하고 있다(김경학 1996, 170-71). 이로부터 파생되는 문제들을 극복하기 위해서는 장기 체류를 통해 그들과 친숙해지는 방법밖에 없을 것이다. 그렇지 않고 단기 조사를 해야 하는 경우에는 그런 문제들을 최소한 적게 만날 수 있는 연구주제를 채택하는 것이 최선일 것이다. 어떠한 경우일지라도 외국인의 입장에서 수집된 자료들은 한계를

노출할 수밖에 없다. 이를 최소한으로 하기 위해서 다양한 방법론을
통한 학제적이고 종합적인 연구가 반드시 필요한 것이다.

4. 맺음말

올바른 인도 연구는 인도에 대한 범주 확인으로부터 비롯된다. 특
히 그것을 지역연구와 관련지어 생각할 때는 더욱 그렇다. 인도 지역
의 범주는 적어도 다른 지역의 경우, 예컨대 동남아시아, 태평양 지역,
동유럽 등에서 나타난 국제 상황의 변동에 따른 범주의 자의적 구분에
관한 문제는 적다. 인도 지역의 범주는 국제 정세로부터 자유로운 상
태 위에서 자신들의 문화를 동일하게 소유하는 범주로 확인하면 된다.
이런 점에서 볼 때, 지역연구라는 연구 방법을 통한 새로운 인도 연구
는 보통 지역연구의 출발점에 흔히 나타나는 연구의 주체성 문제를 그
리 심각하게 받지 않아도 된다는 점이 다행스럽다.

그렇지만 범주에 관한 한 아직 확실하게 풀지 못한 문제는 있다. 그
것은 전통적 개념에서의 인도 혹은 힌두적 세계관을 중심으로 한 통합
문화 범역으로서의 인도(그러다 보니 결국 지역으로서의 인도와 국민
국가로서의 인도가 동일하게 되어 버렸다)와 이슬람적 세계관을 중심
으로 한 파키스탄, 방글라데시 등과 한계 설정의 문제이다. 양자를 단
일 지역 범주에 넣어 인도 지역의 다양성 여럿 가운데 하나로 치자니
분리 독립 이후의 짧은 시간 속에서 너무나 많은 이질적인 문화 체계
가 성립되어 자연스럽지 못하고, 반대로 서로 다른 지역으로 치자니
양자의 차이가 인도와 중동 혹은 인도와 중국만큼 크게 나타나지 않
아, 마찬가지로 자연스럽지 못하다. 따라서 이 문제는 지역연구의 정
체성 여부와 직결되는 것으로, 향후 더 심층적인 방법론의 정리와 그
에 따른 분석 이후에 해결되어야 할 문제일 것으로 본다.

새로운 인도 연구가 풀어야할 문제는 연구에서의 통합성의 추구다. 이는 인도의 과거 식민지 경험과 밀접한 문제와 관련되어 있는 것이다. 과거 영국의 식민 지배 당시 제일의 통치책이던 분리통치 정책으로 인하여 인도의 다양성의 이미지는 크게 부각된 반면 전체상은 크게 훼손되었다. 더불어 인도 문화의 특수성은 활발한 연구의 대상이 된 반면 보편성은 거의 고려되지 않았다. 그래서 인도 국내외를 막론하고 인도에 대한 연구는 전통성에 대한 연구가 주를 이루었고 그 대부분이 인도 사회와 문화의 개별성 부각으로 귀결되었다. 이것이 인도 연구가 당면해있는 제일의 문제이다.

이러한 점에서 볼 때, 사이드(E.Said)의 문화제국주의의 개념은 현재의 위치에서 환기해볼 만한 것이다. 그는 "카우츠키, 로자 룩셈부르크, 레닌 등과 같은 사람들조차도 현대의 제국주의적 경험에서 문화가 누려 온 특권적 역할에 대해 별 주의를 기울이지 못하고 있음을 지적하고 있다"(Said 1995, 49-50)면서 새로운 방식의 제국주의에 대한 주의를 각성시키고 있다. 그는 이를 '문화제국주의'라 명명하였는데, 이는 곧 과거 방식으로부터 새롭게 변화한 새로운 방식의 지배 패턴을 의미하는데, 그를 중심으로 한 물질 문화적 관계들이 세계화의 근간이 되고 있다. 그런 관점에서 사이드는 지역연구를 "학문적인 활동으로서보다도 도리어 식민지 시대 이후에 새로이 독립한, 다르기 힘든 여러 나라에 대한 국가 정책의 도구로서 생각된 것"이라고 신랄히 비판하였다 (Said 1991, 442).

지금 우리나라에서 인도 지역연구의 필요성이 대두된 것 또한 바로 우리 식의 제국주의적 자세로 인해서 일 것이다. 즉 유럽 세력들이 아시아를 바라보는 관점과 그들을 연구하는 필요성이 교역의 확장 내지는 경제적 영향력의 확대라는 차원일 때 우리도 비슷하다. 그것은 우리들이 인도를 바라보는 시각 내지는 가지고 있는 이미지가 그들의 것과 너무 흡사한 것만 보아도 쉽게 알 수 있다. 인도는 우리들에게 어떤 이미지로 남아 있을까? "세계에서 가장 가난하고 인구가 가장 많고 사회적으로 분규가 심하고 종교적으로 미신이 심하고 경제적으로 발전이 매우 늦은 나라 가운데 하나"이다. 이러한 시각은 최근 몇 년 전부터 시작하여 근년의 김영삼 대통령의 인도 방문 시, 언론 등에 나난 '변화된' 모습을 보아도 잘 알 수 있다. 대부분의 언론 등은 인도를 '세계에서 마지막 남은 거대 시장', '떠오르는 대륙' 등으로 묘사했다. 인도에 대한 이미지 표현의 양태는 변했지만 그 내용은 동일하게 '오리엔탈리즘'이다. 현재의 인도 지역연구의 오습은 과거 미국이 주도했던 정부 정책·전략 과학의 성격에 우리 경제·산업계의 전략 정책의 성격이 더 추가된 것이라 볼 수 있다.

새로운 인도 연구는 전체상을 얻기 위한 지역연락으로서 그 방향을 잡아야 한다. 이를 위해서는 인문학과 사회 과학―여기에 일부 자연 과학이 포함되면 그야말로 금상첨화겠지만―의 여러 분과 학문들의 공동 참여 연구가 이루어져야 한다. 그 연구들은 하나의 단일 프로젝트 하에서 개별적으로 이루어진 후 종합될 수도 있고 애초부터 공동으로 연계될 수도 있다.

이렇듯 그리 쉽지 않은 종합화가 제대로 이루어지기 위해서는 무엇보다도 문화 상대주의의의 태도가 필수적이다. 여기에 특정 문화에 대한 역사적 맥락의 이해와 현지 조사의 접근법이 병행되어야 할 것이다.

<참고 문헌>

김경일, 「지역연구 대상과 방법 및 쟁점들, 미국의 사례를 중심으로」, 1997.
최협(편), 『인류학과 지역연구』, 서울 : 나남출판, 45~88쪽.
김경학, 「위계적인(hierarchical) 사회의 인류학적 현지 조사―인도 농촌에서의 현지 조사」, 『서남아연구』창간호, 1996, 161~181쪽.

김영철·이순주, 「한국에서의 미국 연구」, 한국외국어대 대학원 지역학연구회 (편),『지역학의 현황과 과제』, 서울 : 한국외국어대학교 출판부, 1996, 289~316쪽.

슈리말리(이광수 역), 「인도에서의 인도학 연구의 방법 및 과제」,『우리 국학 연구』, 안동대학교 국학부(편), 1997, 209~228쪽.

사이드, 에드워드(박홍규 역),『오리엔탈리즘』, 서울 : 교보문고, 1991.

김성곤·장정호 역,『문화와 제국주의』, 서울 : 도서출판 창, 1996.

신윤환·이성형, 「한국의 지역연구 현황과 과제」,『국가전략』제2권 1호, 1996, 155~187쪽.

야노 토루(矢野 暢) 편(아시아지역경제연구회 역),『지역연구의 방법』, 서울 : 전예원, 1997.

이광수, 「힌두교와 카스트 사회 구조간의 역사적 상호성:올바른 힌두교 연구 를 위하여」,『종교연구』제13집, 1997, 155~173쪽.

이광수·백좌흠·김경학,『내가 알고 싶은 인도』, 서울 한길사, 45~70쪽.

최 협, 「인류학과 지역연구」, 최협 (편),『인류학과 지역연구』, 서울 나남출판, 1997, 19~34쪽.

Blrattacharya, N.N. 1996. Indian Religious Historiography. Delhi: Munshiram Manoharlal.

Sharma, R.S. 1983. Perspectives in Social and Economic History of Early India. Delhi : Munshiram Manoharlal.

Hall, Robert B. 1947 Area Studies; with Special Reference to their Implications for Research in the Social Sciences. The Social Science Research Council Pamphlet 3.

Wood, Bryce. 1968. "Area Studies." David L. Sillis ed. International Encyclopedia of the Social Science. vol. 1. NY:MacMillan Co. and Free Press, 401~7.

矢野 暢(編),『世界單位論』, 東京:弘文堂, 1994.

『마누법전』의 다르마 사상*

이 재 숙**

1. 들어가는 말

1936년 5월 인도 뭄바이에서, 소위 '불가촉민(chuāchuta)' 출신의 학자이며 몇 년 후 법무부 장관으로 명성을 떨칠 암베드까르(Ambedkar 1893~1956)는 10만 관중이 모인 가운데 『마누법전(Manu Smṛti)』을 불태우면서 저주를 퍼부었다. 온몸 구석구석 뼛속까지 들어찬 이 법전의 때를 모두 벗겨 태우고 싶은 한 지식인의 절규가 이 상징적인 사건을 통하여 세상 사람들에게 전달되었고, 이 법전에 대한 세상 사람들의 관심이 증폭되었다.

학계에서는 이 법전[1]이 1794년 존스(Sir William Jones 1746~1794)에 의해서 영역(『힌두법전의 꿀루까 주석에 의거한 마누의 법령 :인도인의 종교인과 세속인의 의무(*Institutes of Hindu Law or the Ordinances of Manu, According to the Gloss of Kullūka: Comprising the Indian System of Duties, Religious and Civil*)』)된 이래 각국의 언어로 번역되면서 힌두

---

* 인도연구 제4권(1999)에 실렸던 논문. 본문 내용은 거의 바꾸지 않았으며 참고도서의 보충과 약간의 윤문을 거친 것이다.

** 한국외국어대학교 강사

1) 『마누법전』의 '법전(smṛti)'의 의미에 관해서는 『마누법전』(한길사, 1999) 서문을 참고할 것.

사회를 이해하는 중요한 문헌의 하나로서 인식되어왔다. 연구자들이 이『마누법전』에 관심을 갖는 이유는 우선 인도 고대 사회 구조를 살 필 수 있다는 점, 둘째 그 내부 구조라 할 수 있는 전통 철학적 사유 체계를 엿볼 수 있다는 점, 그리고 이 둘이 어떻게 조화를 이루고 있 는가를 살펴볼 수 있으리라는 기대가 있다고 생각된다. 이와 같은 광 범위한 기대는 이 법전이 가지는 중대성을 드러내 주고 있다고 할 수 있다.

많은 주제를 다루고 있는『마누법전』의 핵심적인 주제는 '다르마 (dharma)'라고 할 수 있다. 왜냐하면 법전 내용의 상당부분은 표면적으 로 '신분(身分 varṇa)제도'와 '인생기(人生期 āśrama)'를 중심으로 전개 되고 있지만 이들 개념을 비롯하여 법전 내용을 파악하는 것은 이 모 두의 기준으로 제시되고 있는 '다르마'라는 용어의 이해를 통해야 가 능하기 때문이다.

'다르마'를 법전을 통해 세상에 내려준 권위자 마누(Manu)는 인간 이 취해야 할 모든 바른 행위와 그 기준을 '다르마'로 칭하면서 이것 을 여타 행위와 기준에 대한 일종의 헤게모니로 삼고 있다. 그래서 법 전 편찬자는 마누를 통해 제시된 모든 규정과 기준의 근간인 이 '다르 마'의 정당성을 확보하기 위해 여러 곳에서 권위를 빌어온다. 제1장과 12장은 본 법전의 내용과는 다소 거리가 있어 보이는데, 여기에는 우 주의 창조, 아뜨만(Ātman)의 존재, 까르마(業 karma)와 그에 따른 윤회 (輪廻 saṃsāra) 등 베단따(Vedānta)나 상키야(Sāṃkhya) 철학에서 흔히 보는 철학적 내용까지 망라되어 있다.

물론 이렇게까지 '다르마'에 힘을 주려고 하는 것은 이 법전의 권위 와 적용범위를 확고히 하기 위한 계산된 의도임에 틀림없다. 그럼에도 불구하고 우리가 이처럼 계산된 의도의『마누법전』의 '다르마'에 주목 하는 것은 '마누'가 베다로부터 모든 사회질서와 행위규범을 세운 인 간으로서 인류의 첫 조상으로 여겨져 왔고 제 법규의 중요한 원칙들이 맨 처음 그의 입을 통해 나왔다고[2] 하는 권위의 상징인 만큼, 고대 인도의 시공간적 영역에 있어서 영향력은 의심할 수 없다고 판단하기 때문이다.

본고는 『마누법전』이 사용한 '다르마'의 다양한 용례를 통해 이 개념을 파악하고, 이것이 어떻게 당시 사회의 이념적 구조에 활용되었는지를 살피고자 한다. 이를 통해 우리는 베다를 전통으로 하는 고대 인도의 주된 전통의 핵심을 짚어봄으로써, 인도사회를 이해하는 하나의 계기를 만날 수도 있을 것이다.

2. '다르마'의 의미

(1) 의미한정의 문제

『마누법전』은 1장에서 '다르마'의 의미를 각 유가(Yga)의 버팀목에 비유하여 잘 설명하고 있다. 그에 따르면 '유가'라는 창조의 시간 단위는 끄리따(Kṛta), 뜨레따(Tretā), 드와빠라(Dvāpara) 그리고 깔리(Kali) 이렇게 넷으로 나뉘는데, 끄리따 유가에서 다르마는 세상을 네 개의 다리로써 지탱하고, 뜨레따, 드와빠라 그리고 깔리 유가에서는 다르마의 다리가 하나씩 줄어든다고 한다.[3] 다리가 네 개인 것은 상판을 받치는 가장 튼튼하고 안전한 구조이다. 그러니까 유가가 하나하나 지날수록 각 유가에서는 다르마의 다리가 하나씩 줄어들어 세상이 점점 불안전하고 아슬아슬한 상태가 된다는 것이다. 따라서 깔리 유가에서는 다리

---

2) "인간으로서 맨 처음 제사의식을 수행한 사람은 '마누'였다(『샤따빠타 브라흐마나』 I. 5, I. 7)." ; '마누가 그와 같이 말했다(manuravravīt)'라는 근거 제시와 함께 그 내용을 소개하는 부분은 『그리히야 수뜨라』, 『다르마 샤스뜨라』, 『마하바라따』 등에도 발견된다. 이것은 『마누법전』의 당시 위상을 알게 해 주는 부분으로 판단된다.

3) 『마누법전』1. 81-85

즉 다르마가 하나 밖에 없으므로 세상이 위태로워지고 결국 모든 것이 파멸되는 것이다.

사전적으로 보면 'dharma'는 '지탱하다', '받들다'는 의미의 어근 dhṛ에서 파생되어 '세상을 지탱하는 것'을 뜻한다. 따라서 이것은 문맥에 따라서 '법규(法規)', '도리(道理)', '의무(義務)', '정의(正義)', '의식(儀式)', '공덕(功德)', '자연의 법칙', '보편적 진리' 등으로 흔히 번역된다. 그런데 다르마에 대한 '세상을 지탱하는 것'이라는 풀이는 사실 너무 막연하다. 심지어 '세상을 지탱하는 것'에서 '것'이 행위(제사 등과 같은)를 말하느냐, 존재(세상을 지탱하는 신과 같은)를 말하느냐도 결정적으로 말할 수가 없다. 동시에 이 두 범주에 드는 여러 의미를 내포하고 있는 경우도 많기 때문이다. 이 용어의 개념 자체가 시공간이 다른 사회에서 찾아볼 수 있는 보편적 성격을 가진 것이 아니기 때문에 우리말이나 영어 등의 어떤 용어로도 이것과 일대일의 대응이 되는 적절한 단어를 찾기도 어렵다. 그렇기 때문에 이 용어의 의미를 파악하는 것이 더욱 중요하면서도 어려운 일이다.

그러나 어쨌든 만일 우리가 이렇게 다양한 다르마의 의미를 두고 이 용어에 대한 어느 한 가지 의미만을 선택하려 한다든가, 편의상 의미의 변화과정을 어떤 식으로든 도식화해서 후기 베다에서는 '리따(ṛta 天則)', 브라흐마나에서는 '진리(satya)', 우빠니샤드(Upaniṣads)에서는 '행동규범'으로 그 의미가 발전했다는 식으로 이해한다면 적어도 그것은 개념적 오류를 범하는 것이 된다고 생각된다. 물론 문맥에 따라 그 의미를 어느 정도는 한정적으로 이해할 수밖에 없기는 하지만 동시에 여러 가지 의미를 담고 있기 때문에 '다르마'라는 용어 자체에 어떤 식으로든 타 언어를 통한 한정적 의미를 부여하는 것은 거의 가능하지 않기 때문이다. 이미 베다에도 '리따'의 의미로만 나타난 것이 아니고, 동시에 여러 가지 의미를 내포하는 모호한 경우가 많은데, 그것이 매우 추상적 개념으로 보임에도 불구하고 나름대로의 개념적 틀을 가지고 있어서 다른 일반명사와 같이 빈번히 사용되고 있다. 따라서 영어나 우리말로 통일된 번역이 불가능하고 구체적이 아닌 추상적 개념으로 혹은 추상적 범주의 의미를 내포하는 것으로 자주 등장한다고 해서 모호한 용어라고 만은 할 수 없을 것이다.

사실 고대 인도에서는 추상적 개념이 상당히 발달되었다. 아시아인의 사유방식을 산스끄리뜨 텍스트로부터 도출한 나까무라(中村元 1964)도 고대 인도에서 추상적 개념을 빈번하게 사용한 것을 인도의 독특한 사유방식으로 지적한 바 있다. 추상적 의미를 가진 형용사를 명사화해서 사용하거나[4] 아예 문장전체를 문법적으로 명사화시켜 사용하는 등의 경우[5] 뿐 아니라, 일반명사라고 하더라도 그 자체가 1차적 의미가 아닌 특정의미로 사용되는 경우 또 문자적 의미 그대로 보다 포괄적이고 추상적인 의미로 사용되는 경우도 비일비재하다. '리따', '바르나(varṇa)', '아슈라마(āśrama)', '브라흐만(Brahman)', '나라야나(Narāyaṇa)' 등과 같이 비중 있는 개념들도 모두 극도로 추상적인 개념들인데, 베다와 그 이후의 문헌들에서 구체적이고 명확한 대상인 것처럼 묘사된 것을 흔히 볼 수 있다. 마누법전에도 "하늘, 땅, 물, 심장, 달, 태양, 불, 야마(Yama), 바람, 밤 여명, 석양 그리고 다르마는 육신을 가진 모든 자들이 무슨 일을 하는지 알고 있다"고 해서[6] 주변에서 감지할 수 있는 구체적인 것들과 다르마를 함께 나열함으로써 추상적인 다르마를 마치 구체적이고 명확한 대상인 것처럼 은유적으로 묘사하고 있다.

이처럼 '세상을 지탱하는 것'인 다르마는 고대 인도의 추상성을 다루는 독특한 사용방식 속에서 사실상 전혀 모호하거나 추상적이지 않은 것처럼 다루어져 왔던 것이다.

---

4) 예를 들면 '그는 늙는다→그는 늙음으로 간다(vṛddhatāṁ gacchati)', '과일이 달콤해진다→달콤함으로 간다(phalaṁ mṛdutaṁ yāti)'와 같은 표현이 그렇다(中村元 1964, 44).

5) 'buddha', 'jina' 등(中村元 1964, 47).

6) 『마누법전』8. 86.

(2) 『마누법전』 이외의 다르마

그러면 『마누법전』 이전에는 이 용어가 어떻게 사용되었는지 살펴보자. 『리그 베다』에서는 '다르마'라는 용어가 '지지자', '지탱하는 자' 등의 의미를 가지는 남성명사 dharmaḥ로 사용된 경우도 있고,7) '종교적인 규정', '의식(儀式)'8), 또는 '선행으로 인해 얻은 공덕' 등을 의미하는 중성명사 dharman으로도 나타난 경우도 있다.9) 그러니까 세상을 지탱하는 존재와 세상을 지탱하는 행위가 모두 다르마인 셈이다. 또 『브리하다란야까 우빠니샤드』는 다르마와 사띠야를 세상에서 가장 중요한 것으로 헤아리면서 이 둘을 같은 의미, 똑같이 비중 있는 것으로 언급하고 있고10) 『따잇띠리야 우빠니샤드』에서는 베다를 가르치고 난 스승이 마지막으로 그 제자에게 "진실(satya)을 말하고 다르마 대로 행하라"는 가르침을 준다. 그런가 하면 『찬도기야 우빠니샤드』는 세 가지 다르마의 종류를 적고 있다.11) 그 첫째는 제례의식(yajña), 베다 등의 학습(svādhyāya), 보시(dāna)이고 둘째는 고행(tapa), 셋째는 금욕학습 생활(brahmacarin)인데 이 셋은 공덕(功德)있는 사람들의 세계로 가는 길이 된다고 했다.12) 즉 여기에서는 '다르마'가 최종적인 목적에 다다르기 위한 일종의 과정적 행위인 셈이다. 이와 같은 예들을 통해서 초기 우빠니샤드에서도 '다르마'가 어느 한 두 가지 의미로 한정적으로 사용되기 보다는 '세상을 지탱하는 것(존재/행위/기준)'이라는 포괄적이고 추상적인 의미로 사용되었음을 알 수 있다. 이는 그 형성시대가 비슷한 『바가와드 기따』에서도 마찬가지이다.13)

---

7) 『리그 베다』1. 187.1; 10. 92.
8) 『리그 베다』1. 22. 18 등.
9) 『리그 베다』11. 7. 17.
10) 『브리하다란야까 우빠니샤드』1. 14. 4.
11) 『찬도기야 우빠니샤드』2. 23.
12) 『따잇띠리야 우빠니샤드』1. 11.

'다르마'의 의미나 성격을 규정하려는 시도는 많았다. 까네(Kane)는 다르마 수뜨라에 나타나는 다르마는 크게 두 가지로 보았다(Kane 1974: 2). 하나는 슈라우따(Śrauta) 즉, 슈루띠인 베다가 규정하는 의례나 행사 등이고, 다른 하나는 스마르따(Smārta) 즉 스므리띠인 법전 류에서 다루어진 것들로서 여러 신분들과 인생의 주기들에 대한 것이라는 것이다. 그러나 이러한 구분은 문헌의 종류에 따른 분류일 뿐 다르마의 여러 의미를 모두 포괄하지 못하여 명확하지도 않고, 설득력도 가지지 못한다. 또 『마누법전』의 대표적인 주석가인 메다띠티(9세기)는 다른 다르마 수뜨라에서 다루어진 것처럼 전통적인 관점에서 다르마를 다섯 가지로 열거하였다. 그것은 신분의 다르마(varṇadharma), 인생기에 따른 다르마(āśramadharma), 신분과 인생기에 따른 다르마(varṇāśramadharma), 특정인의 다르마(guṇadharma), 필요에 의한 다르마(naimittikadharma)이다.14) 이 구분 역시 '의무'나 '규정'을 구분한 것이기 때문에 '다르마'의 의미를 파악하는 데에는 별 도움이 되지 않는다. 역시 어떤 식으로든 규정하기에는 이 개념의 범주가 대단히 넓다고 할 수 밖에 없다.

이제 우리는 추상성을 구체성으로 다루는 인도의 독특한 사유 방식에 주목하면서 그것이 만든 '다르마'의 세상을 지탱하는 것이라는 추상적인 개념이 사회와 개인에게 적용된 과정을 살펴보기로 하자.

3. '다르마'의 적용

(1) 의미한정의 문제

우리가 '마누법전'이라고 부를 때 갖기 쉬운 일반적인 법전의 형식

---

13) yadā yadā hi dharmasya glānirbhavati bhārata abhyutthānamadharmasya tadātmānam sṛjāmyaham(『바가와드 기따』4. 7)
14) 『마누법전』2. 25에 대한 주석

적인 느낌과는 달리, 실지 『마누법전』은 비형식적 요소로 가득 차 있다. 구성이나 문맥 등이 비형식적이라는 점이 문제가 아니라, 더 문제가 되는 것은 '다르마'로 표현된 그 내용이다. 이것은 법전이 말하는 '다르마'가, 모든 바른 행동양식의 근원으로 제시되는가 하면 궁극적인 인간의 삶의 목적으로까지 언급되는 매우 독특한 개념이기 때문에 이에 대한 파악이 없이는 '마누의 법'을 읽어나가기가 매우 어렵다는 사실을 말하는 것이다.

『마누법전』의 내용을 들여다보면 신분에 따른 다르마를 묻는 선인들의 질문에서부터 마지막 장의 업-윤회와 다르마의 관계에 이르기까지, 여기에서 사용한 '다르마'의 의미는 얼마나 광범위한지 알 수 있다. 그 다양한 용례를 통해 역으로 의미의 범주를 추정하는 방법은 적어도 차선은 될 수 있으리라고 생각한다.

1) 종교철학적 기준으로서의 '다르마'

법전은 다르마의 근본은 베다(Veda)이기 때문에 베다로 인한 전승(傳承 smṛti)과 그것의 실천, 선(善)한 자(sādhu)들의 행동거지, 마음의 만족이 모두 다르마의 근본이며 상징이라고 하면서[15] 이것이 다름 아닌 '생각(saṁkalpa)'으로부터 말미암았다고 했다.[16] 그러니까 다르마는 첫째, 선험적인 베다에서 연유한 것이므로 흔들릴 수 없는 권위를 가진 것이고 둘째, 굳이 베다와 연관을 짓지 않더라도 이것이 '생각'에서 말미암은 만큼 우리가 스스로 추구해야 할 마땅한 가치라는 것이다. 바로 이 점이 『마누법전』의 '법'인 '다르마'가 단순한 법이 아닌 특별한 종교철학적 기준으로 적용되는 근거이다.

이처럼 제정된 법이 아닌 종교 철학적 기준으로 제시된 '다르마'는 브라만이 중심이 되는 사회에서 가장 중요한 가치기준이 된다. 브라만

---

15) 『마누법전』2. 6; 2. 12
16) 『마누법전』2. 3

(사제)에 의해서 그 어떤 사회에서의 그것이 그렇듯이 사회의 어느 한 부분에만 적용되는 것이 아니라, 모든 부분에 가장 큰 영향력을 가지고 적용된다. 심지어 『마누법전』은 사람이 윗사람이 되는 것도 나이가 많거나, 돈이 많아서, 혹은 친족 관계의 위계로 보아 윗사람이 된다고 어른인 것이 아니라 베다를 알아야 어른이라고 했다.17)

다르마는 과연 누가, 언제, 왜 만든 것인가? 법전은, 다르마는 창조된 모든 것을 지탱하기 위해 창조자(Svayambhū)에 의해 부여된 것이라고 했다.18) 그렇기 때문에 이것은 창조된 세상에 속한 모든 것에 관한 가장 권위 있는 '잣대'이고, 어느 누구도 마음대로 가지고 휘두를 수 없는 기준이라는 것이다. 법전은 이 다르마의 권위를 더하기 위해 창조에 관한 언급과는 별개로 베다 이후 인도철학의 가장 큰 주제라 할 수 있는 '아뜨만'과 '아뜨만에 대한 지혜'를 끌어오고 있다. 수많은 우파니샤드를 통해 최고 관심사로 떠오른 '아뜨만'과 '아뜨만에 대한 지혜'가 법전에서는 '다르마와 다르마를 아는 자'와 부합되는 것으로 이해된다. 베다를 원류로 하는 모든 인도철학적 견지에서 너무나도 명백한 '아뜨만'의 존재론적 가치가 법전에서 '다르마'를 매개로 다른 각도로 즉 다르마의 당위성을 납득시키기 위해 사용되고 있는 것이다. 즉 "계시서(즉, 베다 및 우빠니샤드)와 그 전승서(즉, 신화집, 법전 등)에서 가르치는 대로 행동하는 것이 가장 훌륭한 다르마이니, 아뜨만을 아는 재생자는 그 행동거지를 바르게 해야 한다"19) 이와 같은 지혜를 알아보는 자가 현명한 자이며 또 '자신의 다르마에 확고히 선 자'20)인 것이다. 이러한 자는 인간의 지고의 목적지로 가게 되고21) 업보로 인해 윤회하는 구속의 길을 더 이상 가지 않아도 되게 된다.22) 그러니까

---

17) 『마누법전』2. 154
18) 『마누법전』1. 16
19) 『마누법전』1. 108
20) 『마누법전』2. 8
21) 『마누법전』6. 93

법전의 논리는 다르마를 아는 자는 아뜨만을 아는 자이고 그 결과는 그것을 알지 못해서 반복되는 윤회의 고리를 끊을 수 있다는 것이다. 사실 이러한 논리는『마누법전』밖에서도 통용된 것이다. 우리는『마누법전』과 대등한 시기의『바가와드 기따』, 중기 우파니샤드 이후의 문헌들을 통해 '다르마를 아는 자'와 '아뜨만을 아는 자'가 동의어처럼 사용되는 것을 흔히 볼 수 있다. 법전은 베다를 원류로 하고 있기 때문에 자연스럽게 다르마와 아뜨만의 범주는 통하게 되고 그래서 아뜨만을 '안다'는 '覺'의 문제는 다르마적 행위에 속하는 것이고, 따라서 아뜨만을 깨닫기 위한 노력이나 과정 등은 모두 다르마라는 틀 안에 속한다는 논리가 만들어지는 것이다.

법전의 마지막은 '다르마'가 '아뜨만'으로 대체된 듯 마치 우빠니샤드나 기따에서처럼 아뜨만을 중심으로 개개인의 마음가짐과 행동을 말하는 대로 하면 된다고 한다.[23] 마음을 가다듬고 참과 참이 아닌 모든 것을 아뜨만 안에서 보면 비다르마에 뜻을 두지 않게 되고 그 결과가 지고의 위치 혹은 원하는 자리에 도달하게 되는 것이다.[24]

선악의 판단도 다르마를 기준으로 이루어진다. 다르마로 규정한 것을 따르지 않은 자는 '타락한 자(pātaka)'[25], '의무를 저버린 자(karmavipāka)'이며 이러한 자들은 비난을 받고 각종 지옥으로 가게 되기 때문에, 이것을 피하기 위해서는 참회(prāyāścita)[26]를 해야 한다. 각종 서계(誓戒)들은 다르마를 거스른 자들이 지옥으로 떨어지지 않고 구제될 수 있는 구체적이고 실질적인 방법이다.

이러한 관점에서 보면『마누법전』의 다르마는 결국 베다의 '리따'이며, 우빠니샤드의 '브라흐만' 혹은 '아뜨만', 기따의 '뿌루샤'이고, 이

---

22)『마누법전』12. 1-20
23)『마누법전』12. 126
24)『마누법전』12. 118-126
25)『마누법전』11. 174-184
26)『마누법전』2. 187

것을 통해 윤리의 기준까지도 제시되는 아주 특별한 기준이라고 할 수 있다.

이처럼 『마누법전』의 다르마가 최고의 종교철학적 가치를 가진 것으로 설정되었지만 그 영향력은 우주의 질서, 인간 사이의 모든 관계에 까지 미치기 때문에 실제로는 '법규', '도리', '의무', '정의', '의식', '자연의 법칙', '보편적 진리'로 모든 면에서 드러날 수 있게 되었다.

2) 개개인의 삶 속에 적용된 다르마 – 업(業)과 인생기

종교철학적 기준으로서의 다르마는 개인의 삶, 행동양식에 적용된다. 그것은 때로 윤리의 기준으로서 나타난다. 법전은 "인내(dṛti), 용서(kśama), 자제(dāma), 도둑질 하지 않는 것(asteya), 정(淨 sauca), 감각의 절제(indriyānigraha) 지혜(dhī), 학문(vidyā), 진실(satya), 화내지 않는 것(akrodha) 이 열 가지가 다르마의 징표이니, 이것을 인생의 네 주기 동안 내내 지키라"고 한다.27) 또 "진실을 말하되, 듣기 좋게 말할 것이며, 혹 진실을 말하는 것이 듣기 좋지 않은 경우가 있더라도 진실을 말하는 것을 포기하지 말라, 이것이 영원한 다르마"라고 말한다.28) "부모와 스승을 항상 받들며,29) 계시서(베다)와 전승서들에 전하는 다르마의 근본과 그에 부합되는 행동거지(karma) 안에서 바르게 행동하면 그에 따라 그의 모든 다르마가 결실을 맺어 최고의 목적지로 간다"30)고도 하였다.

이와 같은 관점에서의 행동거지(혹은 업)란 다르마가 구체적으로 드러난 실질적인 행위위주의 '의무'라고 볼 수 있다. "자기 다르마는 좋은 질이 아니더라도 좋은 것이요, 남의 다르마는 좋지 않은 것이다. 남의 다르마를 따르는 자는 자기 신분(jati)으로부터 떨어져 빠띠따[타

---

27) 『마누법전』6. 91-92
28) 『마누법전』4. 138
29) 『마누법전』1. 234
30) 『마누법전』4. 155

락한 자]가 된다"[31]는 구절에서 '다르마'는 '업'의 의미가 된다.[32] 법전은 베다를 반복해 읽는 것도 최고의 다르마이고, 나머지는 모두 부수적인 다르마라고 한다.[33] 또 "계시서와 전승서에 전하는 다르마의 근본과 그에 부합되는 자신의 까르마 안에서 바른 행동하기를 게을리 하지 말라"[34]고 해서 다르마를 개개인의 삶에 있어서의 바른 양식으로 삼을 것을 권면하여 법전은 베다와 그 전통에서 말한 다르마를 좇아 처신하는 자는 이 세상에서 명예를 얻고 저 세상에서 가장 훌륭한 기쁨을 얻는다[35]고 했다.

한편 다르마를 지키지 않는 자, 정직하지 못한 방법으로 재산을 모으는 자, 폭력을 즐기는 자는 이 세상에서 결코 행복을 얻을 수 없는데[36] 그런 경우는 속죄의 서계를 해야 한다. 그 이유를 법전은 천상에 가기 위해서[37] 혹은 아래로 떨어지지 않기 위해서[38] 혹은 좋은 사람들이 있는 곳으로 가기 위해서 등이라고 한다. 이것을 한 마디로 말한다면 좋은 과보(phalam)를 얻기 위한 것이라고 할 수 있는데, 법전에 따르면 이러한 다르마의 과보가 그 자신에게 나타나지 않으면 그 아들에 이르러 아들에게 나타나지 않는다면 손자에 이르러 나타나게 된다. 업과 윤회가 또 하나의 다르마를 형성하고 있는 것이다. 행위자의 행위로 만들어진 다르마는 결코 과보가 없을 수 없다[39]는 논리는 다르마

---

31) 『마누법전』10. 97
32) 『마누법전』에 보면 이 두 용어의 관계는 사실 전자가 후자의 기준이 되는 것으로 이해된다. '까르마'가 '다르마'의 하위개념인 셈이다. 법전은 창조가 진행될 때 창조자가 개개의 까르마를 구분해내기 위해 그 기준으로서 다르마와 다르마가 아닌 것을 정하였다(1. 26, 29)고 말하고 있기 때문이다.
33) 『마누법전』1. 147
34) 『마누법전』10. 155
35) 『마누법전』1. 9
36) 『마누법전』4. 170
37) 『마누법전』3. 48; 8. 75, 103; 12. 20
38) 『마누법전』3. 16; 4. 197, 204; 6. 61; 10. 97
39) 『마누법전』4. 173

를 지키지 않으면서 번창하게 된 자는 복을 받거나 적을 이기더라도 그 뿌리와 함께 파멸한다[40])는 경고를 받아들일 수밖에 없게 한다. 이처럼 "개미가 집을 짓듯 저 세상에서의 복락을 위해 다르마를 쌓으라"[41]), "그 고행을 통해 죄를 소멸시킨, 다르마가 큰 자는 그 공덕이 하늘과 같이 빛나는 그의 육신을 저 세상으로 곧 바로 데려간다"[42])는 식의 설득은 개인의 행동양식을 다르마를 축으로 묶을 수 있는 강력한 무기가 된다. 여기에 다르마에서 벗어난 자는 흉측한 귀신이 된다[43])는 경고는 윤회의 우주관을 가진 고대인도인들에게는 더더욱 강력한 것이었음이 틀림없다.

인생기(āśrama)와 업-윤회 개념은 개인의 행동양식을 규정하는 보다 구체적인 이데올로기라고 할 수 있다. 아슈라마는 다르마가 구체적으로 인생의 시간대를 통해 형상화된 것으로써, 금욕학습기(禁慾學習期 brahmācāryāvastha āśrama), 재가기(在家期 gṛhastha āśrama), 임주기(林住期 vaṇaprastha āśrama), 기세기(棄世期 sannyāsavastha āśrama)로 나누어진다. 이 네 단계는 개개인이 삶을 다르마를 기준으로 살게 하기 위한 장치라고 할 수 있다. 하지만 각각의 인생기에서 따라야 할 다르마는 개개인이 삶을 브라만들의 네 인생기를 모본으로 삼아 살아야 할 의미를 마련해 주려는 데 목표를 두고 있다고 할 수 있다.

3) 사회단위에 적용된 다르마-신분제도와 구성원 중심의 각 다르마

신분제도와 인생기는 법전 전체 내용의 두 축이라고 할 수 있다. 이 가운데 신분은 사실 법전이 이상으로 제시하는 사회의 토대이다. 그래서 선인(仙人 Rṣi)들은 마누에게 모든 신분에 대해서 그리고 그 사이

---

40) 『마누법전』4. 174
41) 『마누법전』4. 238
42) 『마누법전』4. 243
43) 『마누법전』12. 71-72

에 난 자들이 지켜야 할 다르마에 대해서 말씀해 주십사고 청한다.44) 다르마를 사회단위에 적용시키기 위해 브라만의 다르마로부터 끄샤뜨리야(Kṣatriya), 바이시야(Vaiśya), 슈드라(Śudra) 그리고 베다를 기준으로 보았을 때는 그 존재가치마저 인정할 수 없는 각 신분들의 혼혈 즉 혼종신분(varṇasaṅkara)들의 다르마에 대해서 묻는 것이다. 브라만, 끄샤뜨리야, 바이시야, 슈드라 그 외의 배제된 자들을 나눈 신분의 구별은 적어도 『마누법전』이 공인한 당시 사회를 규정하는 토대였음이 틀림없다.

법전은 창조자가 '세상을 구분하기 위해' '다르마'를 기준으로 하여 여러 가지 까르마를 만들었는데, 이때 같은 목적으로 브라만, 끄샤뜨리야, 바이시야, 슈드라를 입, 팔, 다리, 발 등에서 나오게 했다45)고 한다. 즉 신분제도는 세상을 기능적으로 만들기 위한 것이고 그것이 신분제도의 목적이라는 것이다. 그래서 그 창조자는 베다를 배우고 가르치는 일, 제사를 치르고 주관하는 일, 증물(贈物 dāna)을 주고받는 일을 브라만에게, 인민을 지키는 일, 증물하는 일, 제사, (베다)학습 그리고 감각적 대상에 현혹되지 말 것을 끄샤뜨리야에게 정하고, 짐승을 기르는 일, 증물제사, 베다학습, 상업과 농사는 바이시야에게 정하고, 슈드라에게는 위의 세 신분들에게 봉사하는 의무만을 주었다는 것이다.46)

그러므로 브라만은 동틀 녘에 잠자리에서 일어나 다르마, 아르타를 깊이 생각하고 고통과 그 뿌리, 베다의 진정한 의미를 기억해야 하지만, 슈드라와는 절대 의견을 나누지 말고, 먹던 음식, 남는 제물도 주지 말며, 다르마나 서계에 대해서도 아무것도 가르쳐주지 말아야 한다고 하면서, 만일 가르침을 주는 자가 있으면 그는 그 슈드라와 함께

---

44) 『마누법전』1. 2
45) 『마누법전』1. 31
46) 『마누법전』1. 88-91

암흑으로 떨어진다고 경고하고 있다.[47]

또한 사회구성원들을 남성과 여성으로 나누어 남성의 다르마[48]와 여성의 다르마[49]를 거론하고 인생주기에 따른 다르마[50] 지역, 신분(jati), 가족의 다르마, 왕의 다르마[51] 그 외 집단의 다르마를 모두 마누의 권위를 빌어 규정하고자 한다.[52] 예를 들어 여성의 다르마에는 여자는 독립해서는 안되고, 남편이 아무리 못났더라도 그를 신처럼 섬겨야 하며, 여자에게는 제사, 서계, 금식이 따로 없고 남편을 잘 섬기면 된다고 하면서 동시에 그렇게만 하면 천상을 얻게 된다고 다독인다. 이와 같이 『마누법전』에 나타나는 다르마의 대부분은 원활한 사회기능을 위해 그 구성요소들의 역할과 의무를 규정하는 것이다.

물론 이러한 사회구성원들의 다르마는 철저히 브라만 중심으로 규정된 것이다. 브라만은 몸의 가장 위에서 생겨났으며,[53] 다른 모든 신분보다 먼저 생겨났고 베다를 가지고 있으므로 다르마로 보아 이 모든 세상의 주인이다. 또 브라만은 워낙 날 때부터 다르마의 형상 그 자체이며 브라만으로 태어나는 것이 땅위에서 얻는 가장 훌륭한 태어남이라고 까지 주장한다.[54] 브라만은 다르마의 뿌리이며 끄샤뜨리야는 꼭대기[55]라고 한 것은 브라만과 끄샤뜨리야의 사회적 위치 그리고 그들

---

47) 『마누법전』4. 92; 80-81
48) 『마누법전』5. 151-153; 167-169
49) 『마누법전』5. 146-150; 154-166
50) 『마누법전』6. 86, 91-97
51) 『마누법전』7. 144
52) 『마누법전』1. 188
53) 입에서는 브라만, 팔에서는 끄샤뜨리야, 배에서는 바이시야, 정강이에서는 슈드라가 나왔다고 했다. 『마누법전』은 일일이 들어 말하지는 않았지만 제1장 30절에서 '입 등에서 브라만 등이 차례로 나왔다'고 해서 최초의 원인 뿌루샤의 머리, 팔, 다리, 발에서 네 계급이 차례로 나왔다고 한 베다의 '뿌루샤 숙따'를 근거로 하고 있음을 암시하고 있다.
54) 『마누법전』1. 93; 98-99
55) 『마누법전』11. 82

사이의 갈등까지도 비쳐주는 상징적 구절이다. 그래서 번번이 브라만이 중심에 있지 않은 사회는 배제해야 할 사회이고 암흑의 세계라고 불만을 토해내고 있다.[56] 이것은 당시에도 실지는 브라만이 중심이 되지 못하는 사회가 있었고 그것도 상당한 범위에 이르는 것이었으리라는 추측을 하게 한다. 그러면서 슈드라에게는 그 어떤 일로도 신분이 더 이상 떨어지지 않을 것이며 그들이 의식을 치를 수 없고 다르마에 대한 권리도 없는 자들이나 다르마로부터 제외되지는 않는다[57]고 하여 브라만 중심의 사회 안으로 끌어들이려는 의도도 보인다. "거만하게도 브라만에게 감히 다르마를 가르치려드는 자들에게는 왕이 그 입과 귀에 뜨거운 기름을 부어야 한다"[58]는 대목은 다르마의 정확한 기준을 따져 묻는 자들에게 그들이 어떤 대응을 하는가를 여실히 보여주고 있으면서 한편으로 그러한 자들을 엄하게 다스려서 그 사회 안으로 거두겠다는 의도를 보여주고 있다. 따라서 이런 사회 분위기에서 사회 구성원들은 브라만과 같은 기득권을 갖지 못했더라도 자기 역할을 충실히 해야 하는 것이다. 법전은 이것을 '사회 구성원들의 다르마'라고 규정하였다.[59]

또 법전은 모든 행위 중에도 다르마에 부합되지 않는 일, 혹은 다르마라도 다른 자에게 고통을 주거나 세상이 비난하는 일을 하지 말라고 했는데,[60] 일일이 다루지 못한 규정들은 이처럼 표현함으로써 모든 일은 '다르마'를 기준으로 이루어져야 한다는 것을 강조한다. 하지만 여기에서도 도대체 그 다르마란 무엇이고 그 기준은 무엇인지 직접 언급하지는 않는데, 법전의 의도는 마지막 장에 드러난다. "지금까지 말한 경우에 들지 않는 상세한 사항은 고매한 브라만들이 말씀하는 것 그

---

56) 『마누법전』4. 60-61; 90-81; 8. 21-22
57) 『마누법전』10. 126
58) 『마누법전』8. 272
59) 『마누법전』2. 26; 10. 80
60) 『마누법전』4. 176; 9. 59

자체를 다르마로 알고[61] 그들이 말하는 대로 따라하라"는 것이다. 이런 '다르마'라면 이것을 기준으로 하는 세부적인 규정들은 심지어 언제든지 브라만의 판단에 따라 바뀔 수도 있다는 사실을 반영하고 있는 것이다.

사회에서 일어나는 다양한 현상 가운데는 브라만이 규정한 다르마에 부합되지 않는다고 해서 그대로 무시할 수만은 없는 경우도 있을 것이다. 예를 들어 형제의 맏이가 사망할 경우 대를 잇기 위해 행해지는 형수취사(niyoga)는 베다 어디에도 인정된 바가 없다면서도[62] 법전은 애욕이 목적이 아닌 경우의 형수취사는 인정한다.[63] 또 1장에서 언급한 '노름의 다르마'[64]라는 말은 노름을 무시할 수 없는 사회현상으로 인정하는 듯 보인다. 동일한 신분(jati)의 다르마를 가지지만 슈드라 여자에게서 난 자들은 비천한 자들이라고 한 것[65] 역시 법전이 베다에 언급된 네 신분만을 인정하는 것이 아니라 실제 존재하는 다양한 신분들을 인정할 수밖에 없음을 시인하는 것이다. 이혼의 경우는 인정하지 않는 듯하다. 부부는 서로에 대해 죽을 때까지 충실해야 한다[66]면서 여자를 팔거나 버린다고 해서 그 여자가 그 남편의 처라는 사실로부터 해방되는 것이 아니라고[67]하여 다르마로 혼인한 경우 인위적으로 그것을 해체할 수는 없다고 하였다. 이러한 예들은 법전의 목적이 다르마를 사회단위에 적용시킴으로써 단순히 사회 구성원들의 생활, 법규를 규정하는 것보다도 사회의 다양한 이탈현상을 브라만이 중심이 되는 원칙에서 벗어나지 않게 하려는데 더 큰 목적을 두고 있음을 엿볼 수 있게 하는 부분이다. 그러므로 우리는 이와 같은 '다르마'의 자의성

---

61) 『마누법전』11. 108
62) 『마누법전』9. 65
63) 『마누법전』3. 173
64) 『마누법전』9. 220
65) 『마누법전』10. 41
66) 『마누법전』9. 101
67) 『마누법전』9. 46

을 늘 염두에 두고 법전을 대할 필요가 있을 것이다.

7장과 8장을 보면 이 부분이 어떤 면에서는 현실적으로 힘을 가진 끄샤뜨리야를 대상독자로 한 것임을 추측할 수 있다. '끄샤뜨리야의 다르마는 그 인민을 보호하는 것이니 이익을 즐기는 것도 왕을 다르마에 결합시켜 주는 것'68)이라고 하면서 왕을 아그니, 바유, 아르까, 소마, 다르마의 왕, 꾸베라, 바루나, 인드라에 비유함으로써69) 현실적으로 힘을 가진 그들을 추켜 세워주고, 브라만이 중심이 되는 사회를 보호70)하고 유지하는 일을 맡긴다. 대신 끄샤뜨리야는 브라만을 배곯지 않게 해야 할 의무가 있고 브라만이 굶는 일이 생기는 일이 있으면 그것은 전적으로 끄샤뜨리야의 불찰이라고 말한다.71) 소송사건들의 심리, 처벌 등 왕이 행사하는 모든 권리들은 다르마를 기준으로 행사된다.72) 그러나 진실을 가리는 소송건의 심리과정에서 허위로 답변하는 자는 암 지옥으로 떨어진다73)면서도 진실을 알지만 다르마를 위해 허위 증언하는 자(브라만)는 천상에 가는데 아무런 장애가 되지 않는다74)고 했다. 이것은 그 애매한 다르마의 잣대를 쥔 브라만에 대해서 『마누법전』의 법들이 얼마나 기울어져 있는가를 보여주는 예이다.

4. 맺는 말

우리는 흔히 마누 스므리띠를 '법전(code 혹은 law book)'이라고 말하는 데 살펴본 바와 같이 그 내용은 단순한 법전이라고 할 만한 것이

---

68) 『마누법전』7. 144
69) 『마누법전』7. 7
70) 『마누법전』7. 35, 79
71) 『마누법전』11. 20
72) 『마누법전』8. 8
73) 『마누법전』8. 49
74) 『마누법전』8. 94-95

아니다. 특히 여기에서 다루는 '법' 즉 '다르마'는 당대의 확고한 종교 철학적 기준으로서 모든 규정, 법의 판결에 기준이 될 뿐만 아니라, 개인과 사회의 윤리를 규정하는 포괄적이고 추상적인 개념의 법이다. 이는 구체적으로 개인의 삶의 질적 발전을 가져오고, 그로 인해 사회가 원활한 기능을 할 수 있게 하는 것으로 제시된, 그리고 그를 통해서 궁극적으로 인간이 존재의 목표에까지 갈 수 있다고 제시된, 포괄적 적용범위를 가진 행동규범 삶의 양식이라고도 할 수 있다.

『마누법전』은 이와 같은 종교철학적 기준이 되는 추상적 개념의 다르마를 구체적인 현실에 자의적으로 적용시킴으로 하나의 사회적인 성격의 이데올로기라고 할 수 있는 신분의 다르마와 사회구성원 기개인의 삶에 적용된 인생기의 다르마, 여성의 다르마, 왕의 다르마, 가족의 다르마 등을 만들어 내었다. 따라서 많은 예외적인 규정들이 소위 '다르마에 합당한지의 여부'라는 애매하고 불분명한 기준에 의해서 허용 혹은 불허되었다. 과부의 재혼은 절대 금지라면서[75] 형이 죽은 경우 그 처와 '다르마'로서 혼인 하는 것은 허용한다든가[76], 살상이라도 제사를 위해서 하는 것은 (베다에서 다르마가 나왔으므로) 살상이 아니라고 하는 것 등은 일차적으로 그 문맥의 모순성과 그 모순에 담겨있는 법전시대의 복잡한 사회현상을 동시에 보여주는 좋은 예이다.[77]

우리는 이처럼 『마누법전』에 적용된 다르마의 용례를 통해, 다르가가 추상적인 성격을 가진 개념이기는 하지만 동서 철학의 '도(道)' 혹은 'logos' 등과 달리 인도적 사유방식의 범주에서 그 나름대로 의미의 적용이 통일되게 인식될 수 있는 독특한 개념이라는 것을 알 수 있다. 그렇기 때문에 소위 법전가들은 이것을 종교와 사회, 개인의 가치적 기준으로 삼아 여러 법전으로 편찬할 수 있었던 것이다. 법전이라고

---

75) 『마누법전』10. 64
76) 『마누법전』3. 173
77) 『마누법전』5. 44

번역된 '스므리띠'는 베다로부터 전승된 것이라는 의미이기 때문에, 거기에 명시한 다르마는 베다로부터 전승된 것이다. 『마누법전』의 영향력을 생각할 때 이와 같은 차원의 다르마를 이해하는 것은 베다 이후 힌두사회의 독특한 종교철학적 가치관을 이해하는 중요한 열쇠가 될 수 있다.

<참고 문헌>

이재숙·이광수(역), 마누법전, 한길사, 1999.

Kane, P. V., *History of Dharmashastra* Vol.2 Part 1, Poona, 1974.

Nakamura, Hajime, *Ways of Thinking of Eastern Peoples*, 1964(1991 Motilal Banarasidass).

Koller, John M., From Ṛta to Dharma), *Sanskrit and Related Studies*, Sri Satguru Publications, Delhi, 1990.

Dave, Jayantakrishna Harikrishna, *Manusmṛti, with the commentaries of Medhātithi, Sarvajñanānārāyaṇa, Kullūka, Rāghavānanda, Nandana, Rāmacandra, Maṇirāma, Govindarāja and Bhāruci*, Vol.1~7, Bombay, 1972~1984.

Müller, F. Max(ed.), *Ṛg Veda Saṁhita*, London, 1890.

Swāmī Rāmasukhadāsa(ed.), *Śrimad Bhagavadgītā*, Gītāpresa, Gorakhapūta, 1985.

Śri Kailāsa Āśrama Śatābdi Samāroha Mahāsamiti, *Bṛhadādāraṇyaka Upaniṣad*, Ṛṣikeṣi, 1979.

Śri Kailāsa Āśrama Śatābdi Samāroha Mahāsamiti, *Chāndogya Upaniṣad*, Ṛṣikeṣi, 1983.

Śri Kailāsa Āśrama Śatābdi Samāroha Mahāsamiti, *Taitirīya Upaniṣad*, Ṛṣikeṣi, 1983.

Śāstrī, Jagadīśalāla, *Manusmṛti*(śrikullūkabhaṭṭaviracitayā manavarthamuktāvalyā vyākhyayayā samupetā), Delhi, 1983.

(참고할 만한 영문 번역)
Doniger, Wendy, *The Laws of Manu*, New Delhi, 1991.

Shastri, Haragovinda, *Manusmṛti*, Varanasi, 1984.

인도 촌락사회 내의 집단의 역동성(Group dynamics)에 관한 소고(小考)

김 경 학*

1. 머리말

인도사회에서 촌락 또는 광역적(regional) 수준에서의 카스트구조와 지배성(dominance) 간의 관계에 관한 논의는 일반적으로 두 가지 차원에서 이루어지고 있다. 첫 번째는 인도사회의 성격규정에 관한 논의와 관련된 것으로서, 인도사회를 세속적 권력(power)에 대한 종교적 지위(status)의 지배성을 주장하는 뒤몽(L. Dumont, 1970)의 인도사회를 분석하는 모델이다. 다른 한 가지는 농촌 및 지방의 권력구조(power structure)를 분석하는 스리니바스(M.N. Srinivas, 1955, 1959)의 지배적 카스트(dominant caste)라는 개념이다.

첫 번째 것과 관련지어 뒤몽은 바르나(varna)라는 카스트체계가 인도사회의 근간이기 때문에 이에 따라 사제권과 왕권 간에는 절대적인 구분이 있으며, 끄샤뜨리아 왕이 종교적인 대권을 상실한 결과 직접 희생제의를 거행할 수 없게 됨에 따라 오직 브라만 사제를 통해서만 제의의 실행이 가능하다고 주장한다. 더 나아가 그는 끄샤뜨리아의 정치적 권력은 세속적 권위(temporal authority)인 반면 브라만의 지위는

---

* 전남대학교 인류학과 교수

영적인 권위(spiritual authority)이기 때문에 후자는 전자보다 항상 우월하다고 주장한다. 뒤몽이 자신의 모델로써 지역적 변이를 설명할 수 없음을 부분적으로 시인하고 있을지라도(1970 : 155), 본 글의 분석 대상 촌락이 속해 있는 중부 인도의 분델칸드(Bundelkhand) 문화영역에서 보여주듯 분델라(Bundela) 라즈뿌뜨(Rajput)에 대한 브라만들의 끄샤뜨리아에의 종속적 성격을 설명하는 데는 큰 한계를 보여주고 있다.

일반적으로 인도 촌락수준의 정치적 각축장(political arena)에서 전개되는 권력을 장악하기 위한 카스트들의 집단 역동학(group dynamics) 또는 파벌주의(factionalism)에 관한 대부분의 연구는 상이한 카스트 간(inter-caste)의 관계만을 중심으로 전개되는 상호작용을 강조하였다. 좀더 상술하면, 이 분야에 관련된 기존 대부분의 연구가 촌락 또는 지방의 지배적 카스트가 리더가 되고, 그를 따르는 그 밖의 카스트들이 정치·경제·의례적 맥락에서 상호 깊은 관련성을 맺는 하나의 파벌(faction)을 조직하여, 적대적인 다른 파벌과 정치적 권력의 장악을 위해 상호 반목·갈등하는 측면에만 주목하였다.

또한 동일 촌락 내의 단일 카스트(또는 하위 카스트) 내의 구성원들 간의 관계는 갈등보다 일치나 화합의 측면을 크게 강조하였다. 그러나 일반적으로 여러 부계혈통집단(patrilineal groups)으로 구성된 한 개 또는 그 이상의 부계씨족, 더 나아가 이것들이 모여 구성된 하나의 카스트 내부에는 상호 갈등의 결과로 인해 형성된 소규모의 분절(segments) 또는 집단(groups)이 존재한다. 또한 이들 분절이나 집단 소속원들이 특정한 사회·의례적 갈등상황에 따라 역동적으로 자신들의 멤버십을 변경하는 특성이 있다.

특히 정치력 획득을 둘러싸고 야기되는 공식적 또는 비공식적 전체 촌락 수준의 파벌 간 갈등에 관한 논의와는 달리, 단일 카스트 내부의 불화(dissensions)는 의례적인 청결과 오염(purity and pollution), 사회적 지위 경쟁이라는 사회·의례적(socio-ritualistic) 상황과 보다 밀접히 관련되어 있다. 단일 카스트 내부의 갈등으로 야기된 소규모 분절이나 집단이 보여주는 역동성도 결국은 인도 촌락에서 보여주는 지배성(dominance) 획득을 위한 과정으로 이해되어야 한다.

본 글은 인도 촌락수준의 사회·정치적 차원의 보다 체계적인 이해를 위해서 그동안 큰 관심영역이 되지 못했던 단일 카스트 내부(intra-caste)의 갈등과, 그 결과 생성된 소규모 분절 또는 집단의 역동성에 주목하여 인도 촌락의 '사회·정치적 지배성 및 분절화(segmentation)' 현상을 드러내 보이고자 한다.

2. 촌락 가테와라의 사회·경제적 배경

가테와라는 행정적으로 중앙 인도의 마디야 쁘라데시(Madhya Pradesh)주의 차따르뿌르(Chhatarpur)지방에 속하며, 지방 중심 소도시인 차따르뿌르와는 10km 떨어져 있다. 차따르뿌르를 포함한 마디야 쁘라데시 4개 군과 우따르 쁘라데시 8개 군을 합하여 분델칸트 영역이라 부르는데, 이슬람의 무갈(Mughal)제국과 영국식민지 시대까지도 작은 힌두 왕국(Hindu Kingdoms)들로 구성되어 있었다. 이 지역은 라즈뿌뜨(왕 Raja의 자손이란 의미) 끄샤뜨리아의 강력한 지배성과 밀접히 연관된 독특한 역사적 배경이 있으며, 라즈뿌뜨들은 오랜 세월 동안 모든 분야에서 핵심적 역할을 수행하였다. 힌두 왕들은 한 개 또는 여러 개의 촌락들을 해당 지역에 거주하는 라즈뿌뜨 카스트에게 하사하여, 그런 촌락들을 자기르(jagir)라 명명했고, 자기르의 소유자를 자기르다르(jagirdar)라 불렀다. 자기르다르는 자신의 영역 내에서는 일종의 왕과 유사한 권한을 누렸고 힌두 대명절에 왕에게 공물헌납과 전쟁 시 군사지원이 의무화되어 있었다.

가테와라에는 전체 346가구가 있으며, 촌락 전체 인구는 2,366명이다. 이들은 18개의 힌두 카스트들과, 아디바시라 불리는 부족, 4가구의 회교도로 구성되었다. 카스트 별 인구 분포를 보면 불가촉천민(untouchable)에 속하는 짜마르 카스트가 전체 인구의 27.77%로 가장 많고, 아히르(14.84), 라즈뿌뜨(13.99%), 브라만(5.16%)의 순으로 많다.

카스트에 따른 일상생활과 의례적 맥락에서의 촌락민들의 삶이 엄격히 구별되며, 각 카스트들은 자신들의 구역(sector)별로 분리 거주하며, 특히 불가촉천민들은 오직 자신들의 우물만을 사용해야 한다. 물과 음식을 주고받는 관계는 카스트들 간의 의례적 위계를 나타내는 준거로 흔히 언급된다. 음식 종류, 상황에 따라 주고받는 범위가 변하지만, 일반적으로 식사관계(commensal relationship)에 따라 그 위계를 구분해보면 다음과 같다.

(비불가촉천민)－브라만 / 라즈뿌뜨, 바니야(Baniya) / 꾸르미(Kurmi), 아히르(Ahir), 까치(Kachi), 로하르(Lohar) / 나이(Nai), 뗄리(Teli), 가다리아(Gadaria), 깔와르(Kalwar) / 바르하이(Barhai), 아디바시(Adovasi), 다르지(Darji), 무슬림(Muslim) / (불가촉천민)－짜마르(Chamar), 꼬리(Kori), 꿈하르(Kumhar) / 도비(Dhobi), 바스로(Basor)

토지는 인도 촌락 경제에 가장 중요한 재화이다. 가구당 평균 토지 소유정도를 카스트별로 구분할 때 라즈뿌뜨 8.91acres로 가장 많고, Kurmi(7.79), 브라만(7.13), Baniya(5) 등의 순이며, 반면 대부분의 불가촉천민과 무슬림 및 부족에게는 토지가 전무하거나, 평균 lacre미만이다. 불가촉천민 중 짜마르의 평균 토지양이 2.97acres로 높은 것은, 이들 대부분이 지난 20~30년 전 부터 대도시에서 임금 노동자로 활동하여 모은 현금으로 촌락에 돌아와 토지를 구입한 결과이다.

카스트라를 중심으로 작동하는 마을 전통경제 체계인 '키사니 체계(Kisani System)'는 농민 카스트와 서비스 제공 또는 장인 카스트간의 지속적인 경제관계를 말한다. 후자는 전자에게 서비스나 물품을 제공하고, 전자는 후자에게 정기적인 곡물지불로 그 대가를 치른다. 농민 카스트인 자즈만(jajman)과 서비스 또는 물품 제공 카스트인 까민(kamin)은 경제적 맥락 외에도, 의례적 정치적 맥락에서 상호 의존관계가 강하다.

한편 농촌 계급관계에 관련지어, 가테와라에는 몇 가지 촌락민들의 고유한 용어들이 사용되어, 이들 용어들은 모두 토지의 소유·사용에 관련된 용어들로 이들 용어들 간의 구체적인 관계들을 살펴보면 가테와라의 농촌 계급관계가 드러나게 된다. 예컨대 malik(토지 소유주)-hissedar(계약에 따라 생산량의 1/2 또는 1/3을 받는 물납 소작인으로, 토지는 malik의 것이다. 그 외의 생산에 관계되는 투자물 예컨대 노동, 비료, 소 쟁기, 등에 따라 분배량이 결정)-harwahe(무토지 농부로서 malik의 토지, 쟁기, 소 등 모든 것을 malik에 의존하고 오직 노동만을 투자하여 생산량의 1/4을 받는다)-naukar(농장 노동자로서 현금을 매개로 1년 단위의 계약을 한다)-thekedar(계약노동자로서 대체로 단기간 한정된 일만을 하며, 곡식으로 지불된다)-majudur(일일 임금 노동자) 등으로, 농촌계급관계 분석을 위해서, 이들 상호간의 생산, 분배를 둘러싸고 있는 제 관계는 중요하다. 대부분이 라즈뿌뜨와 쿠르미, 아히르 카스트 등 비 불가촉천민은 malik 또는 hissedar에 속한다.

1952년 자기다리 체계가 폐지되기 전에 가테와라의 모든 토지, 가옥, 산림, 인력들은 지배적 카스트인 라즈뿌드 끄샤뜨리아의 세 종족분절에 분배되어 소속된다. Malik(주인)을 정점으로 다른 모든 카스트들은 사회·경제·의례적 맥락에서 후원자와 피후원자 관계를 지니고 있다. 정치적으로, 라즈뿌뜨는 자신의 사람(앗사미)의 후견인이 되고, 앗사미는 자신의 라즈뿌뜨를 지지한다. 경제적으로 라즈뿌뜨의 토지위에서 그의 앗사미들이 물납 소작인, 농업 노동자 등의 신분으로 생계유지를 한다. 의례적으로 앗사미는 자신들의 라즈뿌뜨에게 봉사하고 대신 의복, 각축 등을 선물(inam)로 받는다.

3. 단일 카스트 내부(intra-caste)의 집단 역동학

동일 촌락내의 단일 카스트 집단은 흔히 상이한 씨족들, 또는 부계 혈통 집단들로 구성되어 있다. 따라서 이들 구성원 간에는 멀거나, 가까운 혈족 또는 인척 관계에 있는 경우가 많다. 혼인, 사망 등의 의례적 맥락에 이들 구성원들은 초대를 받으며, 자신의 카스트가 다른 카스트로부터 위협받는 상황에서는 일체감을 보여준다. 그러나 단일 카스트의 일체라는 이면에 특정 사회적 상황이나 사건에 따라 결성된 소규모 분절(segment)이나 집단(group)의 보편적 존재라는 갈등의 측면이 있다. 이 집단들의 소속원은 대체로 친족단위(kinship unit)와 일치하지만 그렇지 않은 사례도 빈번하다. 예컨대, 부계 사촌 형제가 사회·경제·의례적 이유로 다른 집단에 소속되어 갈등하는 사례가 있기 때문이다. 이러한 소규모 집단들의 다른 한가지 특징은 그 구성원의 소속이 특정 상황에 따라 역동적으로 변한다는 것이다.

일반적으로 동일 촌락내의 부계 종족 집단의 크기가 방대해지고, 그 세대의 깊이가 커서 헤아릴 수 없는 상황에서, 부(wealth), 여자, 토지를 둘러싸고 집단 성원간의 분쟁이나 갈등은 종족집단의 여러 소규모 분절, 또는 집단으로 분열되는 계기가 된다. 이러한 종족 확대집단 가족 간에 소규모 집단으로 분절되는 경우를 '바이 반드(bhai bandh : 형제관계)'가 단절되었다고 한다. 단절은 향후의 탄생, 사망 등으로 야기되는 집단의 의례적 오염의 범위도 단절됨을 의미한다. 즉 오염제거 의례의 분리도 포함된다.

한편 외혼 단위인 '고뜨라(gotra : 씨족)'의 다수가 모여 구성된 단일 카스트 내부에서의 갈등은 '칸빤(khan-pan : 먹고 마시는 관계)'이 단절되었다고 표현된다. 이로써 생성된 소규모 다른 집단들은 상호 다른 집단 구성원을 자신들의 의례적 맥락에 초대하지 않는다.

'바이 반드' 또는 '칸빠'의 단절로 생성된 단일 카스트 내부의 소규모 집단들의 공통점은 집단 구성원이 특정한 사회·의례적 상황에 따라 변한다는 것이다. 즉 이러한 집단의 성격은 상당히 일시적이며 역동적이라 말할 수 있다. 촌락 수준의 파벌주의(factionalism) 또는 집단역동학(group dynamics)이 주로 촌락 수준의 공식·비공식적 권력 추구 때문에 야기된다면, 단일 카스트 내부의 집단 형성과 그 역동성은 사회·의례적 요인 때문이다.

가테와라의 대부분 카스트들 내에 이와 같은 소규모 집단과 그 역동성이 존재하나, 본 글에서는 브라만 카스트의 사례만을 제시하겠다. 가테와라를 포함 분델칸드 내에는 브라만의 하위 카스트(sub-caste)로 까냐꾸브자(kanaykubja) 브라만과 주조띠아(Jujhautia) 브라만이 있으며, 전자의 후자에 대한 의례적 우위가 전설적으로 정당화되어 전해지고 있다.

가테와라 브라만은 다음과 같이 구성되어 있다.
까냐꾸브자 브라만(3)가구 - Dubey 씨족 3가구
주조띠아 브라만(13)가구 - Chaube 씨족 4가구
　　　　　　　　　　　　 Arjeriya 씨족 3가구
　　　　　　　　　　　　 Bajpais 씨족 2가구
　　　　　　　　　　　　 Awasthi 씨족 1가구
　　　　　　　　　　　　 Tiwali 씨족 1가구
　　　　　　　　　　　　 Upadhyaya 씨족 1가구
　　　　　　　　　　　　 Nayak 씨족 1가구

약 30여 년 전 Arjeriya 'B'의 한 구성원이 형사취수(levirate) 금기를 위반한 후, 브라만 samaj(사회)는 전체 Arjeriya를 추방하여, 브라만 내의 모든 사회·의례적 관계를 단절하였다. 가테와라 뿐만 아닌 인근 모든 촌락의 브라만은 가테와라의 Arjeriya와 혼인 관계뿐 아니라, 음

식, 물조차 받지 않으려 했다. Arjeriya는 자신들의 혼인 문제 해결을 위해, 비슷한 처지의 다른 브라만과 누이바꿈을 한다거나, 자신들의 치부가 알려지지 못할 정도로 먼 지역에서 가난한 집의 여자 구성원을 데려오는 혼인 방식을 택했다. 일반적으로 누이바꿈은 힌두 사회에서 열등한 혼인 유형에 속하는데, 그 이유는 이 혼인에는 위계(hierarchy)라는 개념을 찾아볼 수 없어서이다.

두 번째로 브라만 samaj에서 추방된 브라만은 홀아비 Chaube 'A'였는데, 그가 촌락내의 뗄리(전통직업이 유착업인 카스트) 카스트 과부와 부정한 관계를 유지하고 있어서였다. 이에 브라만 samaj가 Chaube 'A'에게 정화의례를 제안했으나, Chaube 'A'는 많은 경비가 소요된다는 이유로 거절하였다.

Arjeriya 'A'는 자신의 아들 혼인을 위해 브라만 samaj에 재 입영을 호소하자, 브라만 samaj는 형사취수를 저지른 Arjeriya 'B'(Arjeriya 'A'의 사촌형제)와 '바이 반드(형재애)'의 단절을 공표하고, 큰 규모의 정화의례를 실시하라는 조건으로 Arjehya 'A'를 받아들였다. 그러나 Arjeriya 'A'의 아들은 어린 시절 혼인한 후 아내를 친정에 보냈다가 다시 데려오는 제2의 혼인식이 거행되기 전 약 4개월간 외간 여자와 동거를 하여 다시 브라만 samaj는 Arjeriya 'A' 집안을 추방시켰다.

이미 추방된 Chaube 'A'와는 다른 종족 집단에 속하는 Chaube 'B'가 1978년에 높은 신부 지참금을 받는 조건으로 자신의 아들을 부인이 까치(전통직업이 채소 재배인 카스트)카스트인 브라만 가정과 혼인시킴으로써 Chaube 'B'는 브라만 samaj에서 추방되고, 그의 동생 Chaube 'C'는 자신의 형인 'B'와 '바이반드'의 단절을 공표하고 간단한 정화의례의 실시 후 브라만 samaj에 남을 수 있었다. 어느 카스트를 막론하고, 비공식적(informal) 남·녀의 결합(union) 예컨대 다른 카스트간의 (inter-caste) 결합은 사회적으로 인정되지 않으며, 그 결합으로 인한 후손들은 최소 5~6세대 이내에는 정상적인 가족과 혼인하기 어렵다. 일반적으로 비공식적 결합의 후손들은 자신들과 유사한 환경 속에 처해 있는 집안을 물색하여 혼인 문제를 해결하려 한다. 비공식적 결합이라는 흠을 지닌 집안의 여자의 혼인에서는 가끔 높은 신부 지참금(dowry) 지불을 조건으로 정상적 집안과 혼인을 시도하는 사례가 있다.

1989년 Awasthi 브라만은 인근 촌락 짠드뿌르(Chandpur)의 Misra 브라만으로부터 높은 지참금을 받는다는 조건으로 자신의 아들과 Misra 브라만과 혼인관계를 맺는 일로 인해 다시 가테와라 브라만 samaj로부터 칸빤(Khan-pan : 먹고 마시는 관계)이 단절되었다. 사실 자기르다리 시대에 바사리(Basari)라는 큰 규모의 촌락의 자기르다르인 한 라즈뿌뜨가 자신의 집에서 식사를 준비해 주는 브라만 미혼녀와 관계를 가져 임신이 확인되자 자신의 명성에 누가 되리라는 판단아래 Chandpur에 토지를 하사하여 그녀를 그곳에 정착하게 하였다. 현재의 Chandpur의 모든 Misra브라만은 그 라즈뿌뜨 카스트와 브라만 처녀간의 비공식적 결합의 후손들이다.

1990년대에 이미 추방된 Arjeriya 'A'가 브라만 samaj에 다시 접근하여 지난날 잘못을 회개하는 의미에서 다시 큰 규모의 정화의례를 행하였으며, 이로써 Arjeriya 'A'는 다시 브라만 samaj에 복귀되었다. Arjerya 'A' 가족은 아들의 제2의 혼인식 거행을 위해 다시 촌락의 브라만 samaj와 정상적인 관계 개선을 원했던 것이다. 이 당시, 이미 추방된 브라만들을 제외한 브라만 samaj는 Dubey, Arjeriya 'A', Bajpais, Chaube 'C', Upadhyaya, Tiwali로 구성되었다. 이에 반해 추방된 브라만은 Arjeriya 'B', Chaube 'A', Chaube 'B', Awasthi였다.

1991년 Arjeriya 'A'의 한 구성원의 장례식 절차 중 열흘째 되는 '딘(din)'이라는 오염해제 의례에 Arjeriya 'A' 가족은 평소 자신들과 까차 음식(kacha food)을 함께 먹었던 Bajpais, Chaube 'C', Tiwali를 초대했다. Dubey는 카냐쿠부자 브라만에 속하여 처음부터 다른 브라만의 kacha 음식은 받아먹지 않았다. Upadhyaya는 Dubey 가족과 먼 친척이 된다는 이유로, 비록 주조띠아 브라만이지만 kacha 음식을 함께 먹어 왔다. 한편 초대를 받은 Bajpais, Chaube 'C', Tiwli가 그간 함께 kacha 음식을 먹었던 Arjeriya 'A'의 음식을 받아먹지 않겠다고 초대에 참석하지 않았다. 이들은 Arjeriya 'A'와 같이 의례적 지위가 실추된 브라만의 kacha 음식을 받아먹을 수 없다는 주장이었다. 화가 난 Arjeriya 'A'는 딘 의례 3일 후 베풀어지는 사망자를 위한 성대한 의례에 자신의 초대에 거절한 세 브라만을 초대치 않고 오직 Dubey 3가구와 Upadhyaya 1가구만을 초대 하였다. 이로써 이미 추방된 몇몇의 브라만을 제외하고, 브라만 samaj가 두 집단으로 분절될 소지를 보여주었다.

같은 해에 이미 추방된 Awasthi 가족의 장례식에, Awasthi는 위의 세 브라만 중 Bajpais, Chaube 'C', Tiwali에게 접근하고 사과 후 자신의 사망으로 인한 오염해제 의례에 이들을 초대하였으며 세 브라만은 자신들이 Awasthi와 결합하여 하나의 집단이 형성되었음을 모두 함께 삭발함으로써 공표하였다. 원래 사망으로 인해 오염해제 의례시의 삭발은 오직 사망자의 부계종족집단의 남성 구성원에게만 강요되는 것이다. 이로써 가테와라의 브라만은 두 집단으로 형성되어, 편의상 집단(I)에는 Dubey, Arjeriya 'A', Upadhyaya가, 집단(II)에는 Awasthi, Chaube 'C', Tiwali, Bajpais가 속한 것으로 분류될 수 있다. 이 밖에도 기존 추방된 몇몇의 개별 브라만들이 있다. 두 집단의 브라만들은 일상적인 맥락에서 대화를 나누기도 하는데, 일상적 맥락은 물론 의례적 맥락에서 차, 음식은 주고 받는 일은 일체 일어나지 않는다.

브라만 내의 집단 역동의 본질은 그들 간의 의례적 지위를 둘러싼 경쟁으로 특징지을 수 있다. 카나쿠부자라는 의례적 지위, 부와 높은 학력수준을 기반으로 Dubey 브라만 종족집단은 집단(II)가 형성되기 전까지 모든 브라만을 통재하곤 했었다. 친족이라는 단위가 이러한 집단 형성에 기본이 되지만, 일부 브라만들은 촌락의 브라만 samaj와의 '뵤하르(호혜성)' 유지를 위해 자신의 종족집단 구성원과의 '바이 반드’의 단절을 공표하기도 한다. 한마디로 브라만 카스트 내의 집단 역동성은 Dubey 가족들의 다른 브라만 성원에 대한 지배성 확보와 일부 브라만들의 Dubey 브라만의 통제로부터 벗어나려는 과정이었다고 말할 수 있다. 또한 단일 촌락 내의 단일 카스트 내의 관계가 통합보다는 분열하려는 경향성으로 흐르고 있다고 지적할 수 있다.

브라만 사례뿐 아니라 거의 모든 카스트들 내부에는 소규모 집단이나 분절이 있으며 이러한 단일 카스트 내부의 집단 형성과 그 역동성, 즉 집단 구성원의 이동을 통한 융합과 분열(fusion and fission)을 결정짓는 요인들은 다음과 같다.

(1) 단일 종족집단 구성원들 내부에서의 재산, 특히 토지의 상속을 둘러싼 분쟁

(2) 남성인구의 증가로 인해 거듭되는 토지의 분할과 현금 경제의 촌락 내 도입과 같은 사회, 경제적 변화로 인해서 단일 또는 여러 종족이나 씨족집단들 내의 구성원들 간의 경제적 재화의 불균등한 분배

(3) 소위 재생 카스트(twice-born caste: 브라만, 끄샤뜨리아, 바이샤)의 형사취수(levirate) 실행, 가축 특히 소의 살해, 살인이나 성적인 공격들과 같은 카스트와 사회적 규범의 위반

(4) 상이한 카스트들 간의 혼인이나 카스트가 불분명한 여인을 현금으로 외부에서 구입하여 동거하는 것과 같은 비공식적 부부 관계

(5) 오염 등 사회·의례적으로 격리된 사람과의 식사 관계

일반적으로 (3), (4), (5)의 요인과 관련된 위반을 한 집단이나 구성원은 오염된(polluted) 상태라 인식되어, 규정된 또는 다른 구성원들이 지시한 정화의례를 행하지 않을 경우, 위반자들은 해당 집단으로부터 추방되게 된다. (1), (2)에 해당되는 구성원들은 흔히 상호 ‘바이 반드(형제애)’를 단절하고, 이 후 분리된 각 집단의 의례적 오염은 해당 분

절, 또는 집단에만 한정된다. 동일 촌락 내에 거주하는 단일 종족집단의 약한 결속력은 일부 구성원이 각종 규범을 위반한 구성원에게 오염 해제를 위한정화의례의 실행을 요구하여 이를 거부할 경우 등에서 나타난다.

이상의 단일 카스트 내의 집단 역동성은 촌락내의 공식적, 비공식적 권력추구와 보다 밀접한 '파벌주의'와는 구별이 된다. 후자가 촌락내의 정치적 요인과 보다 밀접히 관계가 있다면 전자는 오염 또는 사회적 지위의 경쟁과 같은 사회·의례적 상황과 보다 밀접히 관련되었다. 여기서 중요한 것은 단일 카스트 내부의 소규모집단 또는 분절형성이 지니는 역동성의 결정적 원인이 되는 사회·의례적 요인들은 흔히 의례적인 문제, 예컨대 청결과 오염이라는 개념의 지평을 뛰어 넘어 촌락내의 갈등의 과정 또는 갈등 상황의 일부가 된다는 사실이다.

4. 맺음말

본 글은 사회·정치적 지배성과 분절화의 논의 가운데, 단지 동일 촌락내의 단일 카스트 내부에 나타나는 집단 형성의 역동성 부분에 논의의 초점을 맞추었다. 물론 촌락 가테와라와 분델칸드 영역에서 보이는 카스트 상호간의 지배성 유형에 대한 논의를 위해서는 인류학적 연구의 적합한 대상들인 일련의 역사적 자료들 예컨대 신화, 전설, 족보, 왕조 이야기 등의 분석을 통하여 분델칸드 영역 내에서 가장 특징적으로 나타나는 지배성 확보과정과 권력과 지위간의 관계가 파악·언급되어야한다.

한마디로 말하여 신화적 단계에서 분델라 라즈뿌뜨는 태양의 후손임이 주장됨으로써 그들은 자신들 영토의 지배자가 됨이 정당화 된다. 전설들의 분석은 남계혈통이라는 이데올로기의 바탕위에 분델라 씨족

제도가 왕위의 계승과 재산의 상속과 밀접히 연관되어 있음을 드러난다. 여기서 부수적 기능을 하는 인척의 개념은 분델라 간의 남계혈통과 왕국형성과정을 보조해 준다.

　분델라 족보의 분석은 분델라 라즈뿌뜨가 인간과 영토에 대한 자신들의 지배성 확보를 위해 씨족제도와 혼인과 의사 친족(pseudo-kinship) 관계를 통해 다양한 카스트들과 동맹관계를 이용했음을 보여준다. 가테와라 역시 분델라 라즈뿌뜨가 지배적인 촌락이며, 이들의 지역 부계 친족 구성원들은 자신들의 영토와 그 속의 인간을 통제하여 왔다. 라즈뿌뜨의 지배성 확보과정과는 반대로, 분델칸드의 브라만들은 일찍이 다른 지역으로부터 이주해와 이 지역의 지배자인 라즈뿌뜨들의 왕권에 종속하여 살며, 강력한 정복자의 후견아래 왕권을 보좌하였다. 그러므로 봉건적 제도였던 자기르다리 체계동안의 상이한 카스트간의 관계는 라즈뿌뜨와 다른 카스트들 간의 정치, 경제적인 힘을 절대적인 불균등으로 요약될 수 있다. 봉건적 제도의 폐지와 근대 정부의 출현은 라즈뿌뜨의 정치·경제적 권력을 약화시켰으나, 기존의 불균등한 관계는 어느 정도 오늘날 까지 이어지고 있다.

　자율적 촌락 의회라는 공식적 권력 획득을 위한 선거제도의 도입과 현금경제의 촌락 내 유입 등으로 인한 부의 불균등 심화는 그 동안 지배적이었던 라즈뿌뜨 카스트의 정치적 힘의 분열을 야기 시켰다. 촌락 의회장직을 두고 상호 대립하는 파벌들이 형성되었으며, 각 파벌의 조직은 일부 라즈뿌뜨 카스트가 후원자, 또는 지도자가 되고 다른 카스트들은 라즈뿌뜨 카스트들의 피 후원자, 또는 추종자가 되었다.

　가테와라의 파벌주의의 역동성은 정치적 각축장(political arenas), 예컨대 촌락 의장과 주 의회 의원선거, 토지분쟁, 살인, 상이한 카스트간의 싸움 등에 관계된 촌락내외의 갈등, 촌락내의 오락 및 종교적 행사장 등에서 쉽게 발견된다. 가테와라 사례에서 보여 주는바 같이 파벌적 갈등에서, 한 파벌의 다른 적대적 파벌에 대한 공격은 일반적으로 간접적인 성격을 보인다. 즉 촌락내의 대부분의 파벌적 갈등은 파벌의 지도자격인 지배적인 분델라 라즈뿌뜨 카스트들의 조정으로 일어나는 것이다.

갈등이 만연된 촌락 분위기 내에서는 적대하는 두 파벌지지자간의 사소한 분쟁조차도 흔히 전(全)촌락 수준의 파벌적 갈등으로 확장되고, 또한 촌락의 파벌적 갈등이 빈번히 촌락의 범위를 벗어나 촌락외부의 보다 큰 주 정부차원의 정치적 지도자간의 갈등으로 확장되는 정치적 네트워크를 보여 주고 있다. 게다가 동일 촌락내의 단일 카스트 내부의 소규모 집단 또는 분절 간의 갈등이 상이한 카스트간의 관계가 중요시 되는 촌락 수준의 파벌주의로 이어지는 경우도 빈번하다.

그러므로 인도 촌락 수준에서의 집단 역동성의 적절한 이해를 위해서는 상이한 카스트간의 관계가 강조되는 '촌락 파벌주의(village factionalism)'와 동일 촌락내의 단일 카스트 내부에 존재하는 소규모 '집단' 또는 '분절'의 역동성을 함께 고려해야 한다. 특별히 그간 연구가 부족했던 동일 카스트 내부의 소규모 집단들 간의 역동성의 분석을 통해 지위(status)에 대한 영역(spheres)이 촌락 내의 정치적 과정에서 단순히 의례적 문제 즉 의례적 청결과 오염의 한계를 초월하여 촌락내의 갈등의 과정과 갈등상황에서 중요한 역할을 한다는 점에 주목해야 한다.

<참고 문헌>

김경학, 「힌두 자즈마니 체계(Hindu Jajmani System)에 관한 소고」, 『한국문화인류학』제24집, 1992.
김경학, 「인도 농촌사회 연구에 대한 소고」, 『비교문화연구』창간호, 1993.
Barnes.J.A., 1968, Networks and Political Process in Marc J. Swartz(ed.), *Local Level Poltics*. Chicago : Aldine Publishing Co.

Beals,A.R. and siegal, B.J., 1960, Pervasive Factionalism in *American Anthropologist*, 62, 394-417.

Beteille, Andre, 1974, *Studies in Agrarian Social structure*, Delhi : Oxford Univ. Press.

Dube, S.C., 1968, Caste Dominance and Factionalism, in *Contribution to Indian Sociology*, New series, No.II.

Dumont, L., 1988, *Homo Hierarchicus* (first published in 1970), Delhi : Oxford University Press.

Jain, R.K,, 1975, Bundela Genealogy and Legends : the Past of an Indigenous Ruling Group of Central India, in J.H.M. Beattie and R.G Lienhardt(eds.), *Studies in Social Anthropology*, Oxford: The Clarendon Press.

Kim.K.H., 1991, *The Challenge of Village Studies in India :A Sociological Exploration*, M. Phil. Dissertation (unpublished), New Delhi : Jawaharlal Nehru University.

Kim.K.H., 1994, *Socio-Political Dominance and Segmentation : An Ethnography of Group Dynamics in A village of Northern Madhya Pradesh.*, Ph. D. Dissertation (unpublished), New Delhi : Jawaharlal Nehru University.

Lewis, Oscar, 1954, *Group Dynamics in a North Indian village*, Delhi : Planning Commission.

Orenstein, M., 1965, *Gaon : conflict and Cohesion in an Indian Village*, Princeton : Princeton Univ. Press.

Srinivas, M.N., 1995, The Social Structure of a Mysore Village, in M. Marriott (ed.), *Village India*, Chicago : University Press.

Srinivas, M.N., 1959, The Dominant Caste in Rampur, in *American Anthropologist*, 61(1), 1-16.

인도자본주의 발전에 관한 학제간 연구모델*

백 좌 흠**

1. 머리말

인도 연구자들 사이에 인도가 자본주의적 발전의 길을 걷고 있다는 것에 대해서는 광범위한 합의가 되어 있다. 그러나 인도자본주의와 그 지배의 성격에 대해서는 많은 견해 차이가 있다. 인도 연구자들이 인도자본주의의 특수성에 관해 제기하는 의문점들은 대개 다음과 같은 것들이다. 인도자본주의의 성격은 무엇인가? 자본주의적 생산관계가 각 경제 분야에서 어느 정도 도입되어 있느냐? 그것들이 인도의 사회, 문화 및 정치적 생활의 갖가지 측면을 어떻게 반영하고 또는 어떠한 영향을 미치는가? 인도국가는 자본주의적 발전을 유지, 강화 또는 약화시키는 데 어떤 역할을 하는가? 각종 자본가 계급은 그들의 정책을 입안하고 실행하는 데 있어서 국가기구들을 어떻게 지배하고 통제하는가? 모든 자본주의 사회에서 나타나는 일반적인 모순 외에, 인도에 특수한 자본주의적 생산관계의 모순은 무엇인가?

인도자본주의의 발전과 관련하여, 특히 인도 농업관계와 축적의 성격을 둘러싸고 1968년부터 1970년대 말까지 약 10여 년에 걸쳐 격렬한

---

* 이 글은 2008년 5월 16일 경북대학교 아시아연구소 주최 학술회의에서 발표한 것을 정리한 것이다.
** 경상대 법학과 교수

논쟁이 진행되었으며 세계적 관심을 불러 일으켰다. 이 논쟁 즉 인도
의 '생산양식' 논쟁은 독립 후 인도농업의 자본주의적 발전의 특수성과
관련하여 많은 문제들을 제기하였고, 이 문제들에 대한 해답을 구하는
과정은 곧바로 영국식민지배가 인도에 미친 영향의 성격 특히 식민지
상품생산의 성격 및 그것과 독립 후 시기의 자본주의 발전과의 차이에
관련된 보다 광범위한 문제들을 제기하였다.[1]

　　그런데 이 논쟁은 맑스주의적 범주, 개념 및 용어를 부정확하게 사
용함으로써 인도사회의 정확한 이해와 실천적 전술의 채택에 그리 유
용하지 못했다고 평가된다. 빠뜨나이크 교수는 "이 논쟁은 이러한 개
념들의 다소 문언적인 측면을 지나치게 강조함으로써 이들을 실제 역
사 발전의 시금석에 비추어 명확하게 하지 못한 결함을 드러냈다. 이
는 이 논쟁이 오랫동안 식민지를 경험한 인도의 특수한 거시적 과정
과 그것이 독립 후 발전방향의 결정에 미친 방식에 대한 인식의 결여
에 기인한 것이었다"고 인정하고 있다(Patnaik 1990, 5). 나아가 이 논
쟁은 "전체와의 관련 속에서 부분을 보지 않는 가운데, 본질적으로 비
변증법적으로 진행되었고", 거기서는 "국가가 인도전체에 영향을 미
치는 계획들과 경제·정치·사회 및 이데올로기적 정책들과 조치들을
통해 재구성하는 전(全)인도 사회의 맥락이 대체로 무시되었다(Desai
1984, ix)."

　　따라서 인도농업자본주의를 포함하여 인도자본주의의 생산관계와
축적의 성격을 독립 후 인도국가에 의해 추진되고 있는 인도사회의 전
반적 변화의 맥락에서 총체적으로 이해하기 위해서는, 식민권력으로부
터 정치적 독립을 획득한 인도국가의 계급적 성격과 인도사회의 특수
한 규정요소인 카스트, 종교, 인종 및 언어의 다양함 등의 복합적 고려

---

　1) 인도의 '생산양식' 논쟁은 인도국내외 학계에서 주로 1968년에서 1978년 사이
　　의 *Economic and Political Weekly*의 지면을 통해 진행되었다. 이 논쟁은 빠뜨나
　　이크(Utsa Patnaik)에 의해 단행본으로 편집·정리되어 있다(Patnaik 1990).

하에 인도국가가 수행하는 정치적, 경제적, 이데올로기적 역할, 자본제적 생산관계의 구체적 현상형태로서의 계급관계 및 이러한 계급관계 갈등이 표출되는 구체적 장에서의 사회운동 등에 대한 체계적 분석이 요구된다.

이 글은 '한국자본주의 발전과 법'의 문제에 대한 분석을 평생의 과제로 삼고 있는 필자가 그것을 설명하기 위한 하나의 준거 틀로서 '인도자본주의 발전과 법'의 문제에 대한 사례연구를 진행해가면서, 인도자본주의 발전을 총체적으로 이해하기 위한 방안으로 정리해본 연구노트의 일부이다.

2. 인도자본주의 발전과 관련된 주제와 그 분석틀

(1) 인도자본주의 발전의 역사

1) 식민지 이전 시기의 인도 : '봉건제' 사회인가?[2]

인도자본주의의 생성·발전과 관련하여 가장 기본적인 하나의 문제는, 제국주의 식민지배를 경험한 다른 모든 나라의 경우와 마찬가지로, 식민지배 시기 이전의 생산체계 또는 사회조직의 성격이 어떠했는가, 식민세력의 개입이 없었다면 중세 후기 인도경제에서 자본주의가 발전될 가능성이 없었는가, 즉 식민세력의 인도 지배 직전에 인도에는 상당한 정도의 자본주의적 또는 자본의 원시적 축적이 일어나고 있었는가, 식민세력의 팽창이 이미 인도에 존재하고 있던 토착자본주의적 발전을 중단시켰는가, 아니면 식민주의가 수탈과정을 통한 것이기는 하지만 자본주의적 관계의 동력을 인도에 도입하였는가 하는 문제들에

대한 해명에 관련된다. 이것은 기본적으로 인도 '봉건제'의 성격에 관련된다. 구체적으로 인도 중세사회는 유럽과 같은 보편적 성격의 봉건제 사회였는가, 아니면 유럽과는 그 성격을 달리하는 특수한 사회였는가? 특히 이 특수한 성격의 인도 중세사회는 맑스의 '아시아적 생산양식'의 특징을 띠고 있었는가?

샤르마(R. S. Sharma)는 "봉건제는 세계 보편적인 현상이 아니나 어떤 보편적인 것들은 동일하다. 봉건제는 농업경제 중심의 사회에 나타나며 지주계급의 경제외적 강제에 의한 종속적인 농민층에 대한 착취가 필수적인 요소이다. 이러한 기본적인 보편적 측면 외에는 봉건제는 여러 가지 변형이 있을 수 있다(1997: 49-50)"고 전제하고는 유럽봉건제의 거의 모든 요소들(농노제, 영주, 자급자족적 경제단위, 수공업과 상업의 봉건제화 과정 등)을 인도의 발전에서 발견해낼 수 있으며, 유럽봉건제를 붕괴시킨 요소가 인도에서 비슷하게 나타났고 그것들이 비슷하게 인도봉건제를 붕괴시켰다고 주장한다(1980: 53-59, 71-74, 118, 238-44, 271, passim).

이러한 샤르마의 견해3)에 대해 무키아(Harbans Mukhia)는 "샤르마가 인도와 유럽봉건제의 특징에서 상당한 유사점을 확립했으나 이 둘 사이의 기본적인 차이점을 간과하고 있다. 유럽봉건제는 노예제와 게르만족 사이의 계층분화의 증가에 기인한 생산관계의 위기, 즉 근본적으로 사회의 토대 변화에 의해 발전되었다. 그러나 인도봉건제의 확립은 급여 대신에 또는 자선으로 토지를 부여한 국가행위와 이 토지를 증여 받은 자들이 국가로부터 받은 법적 권리에 의해 농민들을 복종시키는 행위에 기인한 것이었다(1997:112-113)"라고 주장한다.

---

3) 샤르마는 인도봉건제에 대한 체계적인 연구의 선구자이며 야다바(B.N.S. Yadava)가 중세초기의 북부인도에 대한 연구(Yadava 1973)를 통해 샤르마의 연구성과의 많은 부분을 보충하고 있다. 여기서 샤르마의 견해로 설명하는 것은 이 두 학자의 견해를 하나로 묶어서 얘기하는 것이다.

나아가 무키아는 "중세 인도농업의 생산조건이 농노노동을 필요로 하지 않았다. 당시 인도농업의 특징은 토양이 비옥하고 상대적으로 유용한 농기구와 기술의 이용이 가능했기 때문에 농업생산력이 높았고, 자연조건에 의한 농민들의 생계비 수준이 낮았기 때문에 유럽보다 훨씬 적은 토지만으로도 인도가계의 유지가 가능했으며, 유럽보다 소규모 토지보유는 생산과정에서 노동의 낭비를 회피하는 것을 가능하게 했고 다모작으로 일 년 내내 노동력이 분산되었기 때문에 짧은 기간에 대규모 노동을 고도로 집중시킬 필요가 없었다. 역사가들이 인도농민을 '농노(a serf)' 또는 '유사 농노(a near-serf)'로 표현할 때 그들은 토지세의 징수가 주관심사인 국가에 의한 토지에의 법적 기속으로 인해 이동의 자유가 없었고 토지의 자유로운 양도권이 없었으며 강제노동에 복종했다는 점을 근거로 하고 있다. 그런데 인도농민들은 그의 토지, 농기구 및 그의 노동에 대한 통제권을 보유하고 있었다는 점에서 경제적 의미의 '자유농(free peasant)'이었으며 이러한 자유농이 고대 및 중세 인도에서 주류를 이루었다. 이와 같은 중세 인도농업의 특징은 당시 인도사회의 상대적 안정을 유지시킨 요소였으며 아울러 농민들의 생산과정에 대한 독립적인 통제 때문에 전 생산체계의 중요한 변화를 초래하는 급격한 사회적 긴장의 가능성은 배제되었고, 잉여의 재분배를 둘러싼 갈등은 현존 사회체제 내에서 대체로 해결되었다. 중세 인도사회는 그 자체 부르주아 생산체제로 인도할 만한 충분한 긴장을 내장하고 있지 않았다"고 설명한다(1997: 113-131 참조).

샤르마는 이러한 무키아의 주장에 대해 하나하나 구체적으로 반박하고, "중세기에 인도아대륙의 대부분의 지역에서는 관습적 이데올로기적 기제에 근거한 상위의 농업적 권위의 힘에 복종하는 농민층의 존재와 이들의 노동을 착취하는 강력한 잉여소비계급의 존재가 두드러졌다. 사회구조는 그것을 지배하는 계급에 의해 확인되어진다. 생태적 요소들은 물질적 문화의 발전에 영향을 미치기는 하나 사회구조의 형태와 성격을 결정하지는 않는다. 따라서 농노제의 부재나 농민자치의 존재와 같은 구조적인 현상의 설명에 토양의 비옥도 등을 거론하는 것은 사회동학의 잠재성을 무시하는 것이다(1997: 84-85)"라고 결론짓는다.

그런데 인도에서 유럽식의 봉건제의 존재를 긍정하는 샤르마나 이를 부정하고 인도 중세사회의 특수한 성격을 주장하는 무키아, 하비브(Irfan Habib) 등의 학자들도 모두 식민지 이전 단계의 인도사회를 '아시아적 생산양식(the Asiatic Mode of Production)'으로 파악하는 맑스의 견해에는 명백히 반대한다.4)

맑스는 기본적으로 토지의 사적 소유의 결여와 농업과 수공업의 통일에 의해 지지되는 인도 농촌의 자급자족적 '자연경제'가 식민지 이전의 인도역사에서 무저항의 변화 없는 사회의 조건을 만들었다고 보았다. 이는 급변했던 유럽의 역사발전과는 대조적이었다. 맑스가 암시한 식민지 이전의 인도사회의 변화의 속도와 성격에 대한 유럽과의 중요한 차이는 이 사회들이 근대세계로 진입하면서 추종해온 서로 다른 발전의 경로에 대한 중요한 지침으로 인식되었고 이후의 연구자들에게 무비판적으로 수용되어 커다란 악영향을 미쳤을 뿐만 아니라 영국의 인도 통치 정당화의 의도적인 방책으로 이용되었다. 영국의 제국주

---

4) 아시아적 생산양식은 근대 이전의 천년 여에 걸친 전제군주 통치에 의한 동양의 정체와 그 당연한 논리적 귀결로 유럽인의 손에 의한 동양의 발전동력의 분출을 설명하는 이론으로 맑스에 의해 명명된 것이다. 이 이론을 구성하는 기본적인 요소는 다음과 같다. ①인도농업에 있어서 인공 관개가 결정적으로 중요하고 그 규모가 거대했기 때문에 국가만이 그 책임을 감당할 수 있었다. ②토지의 사적 소유가 존재하지 않았다. ③수많은 촌락사회가 고립된 경제적 자급자족 단위로 존재했으며 여기서는 '자연경제'가 농업과 수공업간의 통일된 형태로 유지되었다. ④농촌 바깥에서는 대체로 기생적 성격을 띠고 있었던 도시에서 상품이 유통되었다. 그리고 ⑤이 모든 상황은 공물이나 조세의 형태로 농업잉여를 징수하는 상위에 군림하는 전제국가에 의해 지배되었다(Marx 1970 :21).

의를 철저히 비난했던 맑스가 이 아시아적 생산양식을 정식화했던 것은 맑스 이전의 연구자들의 인도역사 서술이나 행정가들의 왜곡된 자료에 근거한 당시 무갈제국의 경제사회구조에 대한 잘못된 이해에서 나온 편견의 결과였다고 평가된다.

2) 인도농업의 자본주의적 생산관계의 성장 : '생산양식' 논쟁5)

인도자본주의 발전과 관련된 또 하나의 중요한 문제는 영국 식민지배가 인도 자본주의의 발전에 어떤 영향을 미쳤으며, 영국 식민지배 시기와 독립 후 시기 사이에는 어떤 주요한 질적인 변화를 인도자본주의가 경험하게 되었는가 하는 것이다. 이에 관해서는 인도 '생산양식' 논쟁에서 인도의 농업관계와 축적 문제를 중심으로 논의가 진행되었다. 이 논쟁에서 제기된 실질적인 기본적인 문제들은 다음과 같다. ① 인도와 같이 식민지를 경험한 나라의 농업 '자본주의'의 특수한 성격은 무엇인가? ②'봉건제'와 '반(半)봉건제'는 어떻게 개념 규정되는가? 그리고 ③지주-소작 관계의 지속은 독립 후 시기의 자본주의적 축적의 윤곽 형성에 어떤 영향을 미치는가? 이러한 의문들에 대한 해답을 구하는 과정은 곧바로 식민지가 인도에 미친 영향의 성격 특히 식민지 상품생산의 성격 및 그것과 독립 후 시기의 상업화의 발전과의 차이에 관련된 보다 광범위한 문제들을 제기하게 되었다(Patnaik 1990: 2).

처음부터 '생산양식' 논쟁은 크게 보면 두 가지 접근방법 또는 견해로 나뉘었다. 그 첫 번째는 인도농업의 자본주의적 생산관계의 발전에 있어서 식민지 시기와 독립 후 시기 사이에 아마도 전환의 속도가 다르다는 한가지 점을 제외하고는 어떤 주요한 질적인 '단절'이 보이지 않는다는 견해이다.6) 이 해석에 따르면 식민지 시기의 착취는 농업의

---

5) 자세한 내용은 Patnaik 1990 및 백좌흠 1999 참조.
6) 이 첫 번째 접근방법을 취하면서 논쟁에 참여한 학자는 Paresh Chattopadhyay (1990)와 Andre Gunder Frank(1990)이고 논쟁에는 참여하지 않았으나 대체로 동일한 견해를 갖고 있는 학자는 Sulkh Gupta(1962), R. Thamarjakshi(1969), Daniel

상업화의 증대와 임금노동의 증대와 관련된 것이고 그러한 상품생산은 필연적으로 자본주의적 생산관계의 발전을 함의한다는 것이다. 구체적으로 식민지 시기의 지주-소작 관계는 자본주의적 관계로 해석될 수 있고 이윤과 지대의 분석적 차이점은 중요하지 않으며, 독립 후의 발전은 계속 동일한 경향을 띠고 단지 더 빠른 속도로 진행된다는 견해이다.

두 번째 접근방법은 식민지 시기와 이후의 시기 사이에 인도농업에서 자본주의적 생산의 발전에 관한 명확한 '단절'을 확인할 수 있으며 이러한 단절은 주로 축적의 문제에 관련된다는 것이다.[7] 식민지적 조세 겸 지대의 착취는 농민들의 프로레타리아화 보다는 그들의 궁핍화를 증진시켰는데 이는 경제잉여의 실질적인 몫이 식민지 본국의 산업화를 위한 재정으로 이전되었기 때문이며, 식민지 경제환경에 특히 구미가 당기는 자본의 형식은 지주, 상인 및 고리대자본이었다는 것이다. 그 결과 이러한 형식의 자본들은 농업의 '강제된' 상업화 과정(농민들이 지대 겸 조세를 지불하기 위하여 매각해야 했기 때문에 '강제된' 것이었다)을 매개하였고, 이 과정에서 생산 토대 전환의 상대적 결여와 경제의 구조적 기형이 두드러지게 나타났다는 것이다. 독립 후 농업구조는 만연한 저고용과 실업의 형태로 이러한 과정의 유산을 물려받았으며, 국가의 투자와 자본주의적 생산을 권장하는 새로운 경제환경은 새로운 농업축적의 국면을 주도했지만 계승된 생산관계 특히 소작관계에 의해 제약되었다는 것이다.

한편 식민지 경험의 특수성에 대한 논쟁을 인정하면서 서유럽 중심부 산업국가들의 발전에 적용된 분석틀을 그대로 이들 식민지배를 당한 나라들에 적용할 수 없다는 시각에서 '식민지적 생산양식(the Colonial

---

Thorner(1976), A. R. Desai(1984) 등을 들 수 있다.

7) 이러한 견해를 취한 대표적인 학자는 Utsa Patnaik(1990a, 1990b, 1990c)이며 Ranjit Sau(1990)도 이에 동조하고 있다.

Mode of Production)'이라는 독특한 개념을 제시하면서 해결책을 추구
하는 학자들이 있었다.[8] 그러나 생산양식 논쟁에 참여한 대부분의 학
자들은 이 개념은 이론적으로 제기되지 말았어야 할 것이라는 점에 곧
동의하게 되었다.[9] 식민 지배를 당한 나라들 사이에는 최초의 사회경
제적 조건과 종속의 궤적에 있어서 커다란 차이점이 존재할 뿐만 아니
라, 그 당연한 귀결로 어떤 특수한 식민지적 '사회존재 형식'을 확인하
는 것이 불가능하였다. 이론적으로 분석적 개념인 하나의 생산양식이
라는 개념은 다양한 경험적 현실에 적합하게 과감하게 신축적으로 적
용시킬 수 있는 것이 아니다. 그러한 절차는 역사적으로 존재한 사회
구성체의 수만큼이나 많은 '생산양식'이 존재함을 논리적으로 함축하
게 되며 따라서 '생산양식'이라는 분석적 개념 그 자체의 파괴를 의미
한다(Patnaik 1990: 3-4).

따라서 이 논쟁은 농업에서의 계급형성과 계급분화라는 본래의 문
제로 되돌아갔다. 그러나 경험적 조사를 더 진전시키지 않고는 진행
중인 자본주의적 축적의 범위와 영향을 선험적으로 결정하는 것은 불
가능했다. 그리고 한편으로 현존하는 사회적 현실 그 자체의 적절한
조사는 이론적인 계급 범주의 적용을 필요하게 했다. 이러한 딜레마는
자본주의적 관계 또는 여타 관계를 가정하지 않고 양자를 모두 포섭하
는 노동착취의 일반적 지표를 정식화하는 방식으로 해결하거나[10] 즉
자적 계급(class-in itself)보다는 대자적 계급(class-for-itself)의 견지에서 계

---

8) Hamza Alavi가 이 견해를 대표한다. 그는 "식민지배 시기 동안의 인도에서의
  '봉건제' 개념이나 현재의 농촌 '자본주의' 현상은 모두 그것이 명확히 표현되
  는 세계적 규모의 제국주의의 맥락에서가 아니면 이론적으로 그 함의를 포착
  할 수 없으며, 이러한 관점에서 식민지적 생산양식 개념과 그것의 봉건제와
  중심부 자본주의와는 구별되는 구조적 특수성에 주목하게 된다"고 강조한다
  (1990:132).
9) Ashok Rudra(1990a)와 Gail Omvedt(1990)가 이를 반박하고 있다.
10) 빠뜨나이크는 가족노동에 사용에 대한 순수 외부노동 고용 비율인 노동착취기
  준을 사용하여 계급 구분을 시도하고 있다.

급형성을 강조함으로써 해결해보고자 하였다.[11]

빠뜨나이끄는 "이 논쟁의 주요 결함은 오랫동안 식민지를 경험한 인도의 특수한 거시적 과정과 그것이 독립 후 발전방향의 결정에 미친 방식에 대한 부적절한 인식이었다. 이 문제들에 대한 정확한 인식의 결여는 개념들의 문언적인 측면을 지나치게 강조함으로써 이들을 실제 역사 발전의 시금석에 비추어 명확하게 하지 못한 결과를 초래했다. 예컨대 생산자본과 유통자본 사이의 구별은 중요하며 그 자체 부정확한 것이 아니지만 그것은 확실히 부적절한 것이었다. 실제로 중요한 것은 식민지적 착취가 상대적으로 발전을 지연시키는 전반적인 경제 환경과 경제의 3류화로의 구조적 전환을 초래했다는 것이다. 그러한 환경 속에서는 심지어 수출용 상업작물의 경우와 같이 자본이 농업생산의 재원으로 흘러들어 가는 경우에도 그 과정은 흔히 내국 소비의 상대적 대체를 의미했다는 것이다. 이것은 주권적으로 산업화한 나라들이 경험한 상품경제의 역동적인 팽창과는 전혀 다른 시나리오이다. 내국의 기근과 결합된 무리한 수출 추진, 일자리를 창출이 결합되지 않은 산업의 성장, 자본수입과 결합된 세계 제2의 상품수출국의 지위 등과 같은 이러한 '발전' 유형의 역설은 독립적인 산업화의 경로를 거친 나라들의 역사에서는 찾아볼 수 없는 것이다"라고 논평하고 있다 (1990:4-5).

인도경제 특히 농업에 대한 식민주의와 제국주의의 거시적 영향을 분석하는 기획은 결코 끝나지 않았으며 진정한 의미에서 아직 시작조차 되지 않았다고 할 수 있다.[12] 빠뜨나이크는 영국의 식민지적 착취의 결과를 다음과 같이 요약하고 있다. "첫째로 인도의 경우 주어진 공업성장을 지속시키기 위해 필요한 국내 제1차 생산물 부문 성장률

---

11) 루드라는 인도농촌에 형성된 대지주계급과 농업노동자계급간의 갈등 즉 '두계급모델'을 통해서 이를 설명해보고자 한다.
12) 박찌(A.K. Bagchi)는 식민지 경제의 복합적인 현상 분석의 선구적 역할을 하고 있다. 그의 주요 저작으로는 Bagchi 1987, 1982, 1972 등이 있다.

은 오늘날 자본주의 선진국들이 그들의 전환기에 필요로 했던 것보다 훨씬 높아야 한다. 지난 40년간 인도가 추구해온 사적 자본주의적 축적의 과정은 더 높은 농업 성장의 획득과 함께 저고용과 빈곤의 척결이라는 인도의 특수한 문제들의 장기적 해결에 거의 희망을 제시하고 있지 못하는 것으로 보인다. 둘째, 농·공 연관 문제에 있어서 인도의 경우 농업은 공업을 위한 원시적 축적의 장으로만 보아서는 안되고, 공업생산을 위한 내국시장의 주요 분야로서의 농업의 역할이 식민지 해외시장 덕분에 기생적으로 성장한 나라들의 경우와는 훨씬 더 중요하다. 내국시장의 급속한 성장에서 농업의 사적 축적은 훨씬 덜 만족스럽다. 그것은 계급집중 뿐만 아니라 성장과실의 지역 편중이라는 과정을 통해 이루어지고 있으며, 인도 전역에 널리 흩어져 있는 농촌인구의 대부분이 이 과정에서 소외되어 있다. 지난 40년간의 인도의 경험은 농업생산물의 적절한 수준의 상업화는 적당한 전체 성장률의 범위 내에서 달성되지만 이 과정이 반드시 다수 농촌 인구의 고용과 소득의 증가를 가져오는 것이 아니고 영속화되는 상대적 빈곤에 의한 다수의 소비재 시장의 상대적 정체를 영속화시키는 경향이 있다. 1960년부터 약 25년의 기간 동안 인도연방의 15개의 대규모 주들에서 11개의 주에서 일인당 식량생산량이 정체되었거나 줄었다. 반면에 인도 북부 지역에서는 그것이 세배로 늘어났다. 가장 빠르게 성장하는 지역에서는 농업의 기계화에 따라 노동력의 사용량은 급격히 떨어졌으며, 이것은 농촌경제에서 실업의 전반적인 상승을 반영한다(1990: 8-9)."

3) 인도자본주의의 역사적 발전단계와 성격에 관련된 그 외의 주제들

① 식민지 이전 단계에서의 상인자본의 대두와 성장

14세기에 아시아와 유럽을 잇는 교통로 역할을 담당했던 인도 구자라뜨 지역을 중심으로 상인자본이 술탄하의 중앙집권화된 왕국의 등장과 씨·부족 국가의 몰락과 함께 성장했다. 15세기까지 대체로 상업과 도시 매뉴팩추어에 국한되고 있었던 상인자본이 17세기에는 조세농, 농업금융 및 장인 기반의 매뉴팩추어로 전환하였다. 그러나 19세기말 한 때 국제 상인자본의 지도적 중심지였던 구자라뜨는 후진지역으로 전락했다. 이 주제와 관련하여 하르디만(David Hardiman)의 독보적 연구들이 있다.13)

② 식민주의와 인도 '자본주의적' 기업의 성격

식민지 인도에 있어서 '자본주의적' 기업, 특히 인디고, 설탕 및 면직물 산업의 성격은 무엇인가? 이는 이들 기업 내에서 이용된 노동과정의 성격, 노동자에 행사된 통제 수단 및 소유주 또는 경영자와 국가기구와의 정치적 관계를 검토를 필요로 한다. 이 기업들은 노동, 토지또는 다른 투입물의 자유시장을 증진시키지 못했다. 농민들이 소위 자본주의적 기업가들보다 더 기술혁신적이고 적응력이 높았다. 이는 생산력의 낙후와 퇴보적인 노동과정의 채택과 관련된다. 이 주제는 식민지 사회의 성격과 변화에 관한 보다 심층적인 연구의 단초를 이룬다. 박찌(Amiya Kumar Bagchi)는 이 분야 연구의 선구이다.14)

③ 제국주의와 인도자본주의의 성장

인도자본주의가 식민지 시대에 어떻게 성장했으며 제국주의 자본축적을 위한 경제적 기지로서 기능했는가? 인도 자본가계급이 인도에서의 반제국주의운동의 성격과 과정을 결정하는 데 중요한 역할을 하게된 배경은 무엇인가. 인도자본주의는 독립 이후 크게 성장했으나, 라틴아메리카의 나라들과는 달리, 중심부 자본에 대한 신식민지적 또는 중핵에 대한 주변부의 의존에 의한 것은 아니었다. 계획경제체제하의 인도의 경제발전은 인도가 주변부화의 심화나 신식민지에로의 전환이

---

13) Hardimann 1987, 1990 등.
14) Bagchi 1987, 1982, 1972 등.

라기보다는 오히려 대부분의 식민지적 또는 주변부적 요소를 역전시킨 측면을 보인다. 그리고 1990년대 초부터 본격적으로 추진되고 있는 경제자유화는 어떤 변화를 초래할 것인가? 쁘라바트 빠뜨나이크(Prabhat Patnaik)가 이 분야의 대표적 연구자이다.[15]

(2) 인도국가와 자본주의 발전

인도국가의 인도자본주의 발전에서의 역할에 대한 평가와 이에 따른 성격규정을 명확하게 파악하는 것은 인도자본주의 발전의 성격을 이해하는 데 필수적이다. 그런데 모든 학자들이 국가가 생산과정에서 중요한 역할을 한다고 믿고 있지만 이들 사이에는 국가에 대한 평가와 이에 따른 성격 규정에 있어 큰 차이가 있다.

1947년 이후 거의 20년 동안, 인도공산당 바깥에서는, 인도국가의 성격은 심각한 관심을 끈 주제가 아니었다.[16] 그러나 1960년대 중반부터 인도국가의 성격은 보다 광범위한 관심의 대상이 되었다. 1960년대

---

15) P. Patnaik 1995.

16) 인도 공산당들의 인도국가에 대한 평가를 살펴보면, 이들이 국가를 '계급지배의 기관'으로 본다는 점에서는 기본적으로 같다. 그러나 어떤 계급이 지배적인가, 그리고 인도부르주아지가 민족적인가, 매판적인가 등에 대해서도 견해가 다르다. 대표적으로 인도공산당(맑스주의자)[CPI(M)]은 현재의 인도국가를 "자본주의적 발전의 길을 추구하면서 점차 해외금융자본과의 협조를 증가시키는 대부르주아지에 의해 주도되는 부르주아지와 지주들의 계급지배의 기관"으로 규정한다. [CPI(M) 강령 1972: 23]. 인도공산당(CPI)에 의하면, "인도국가는 대부르주아지가 강력한 영향력을 행사하는 민족 부르주아지 계급 전체의 지배기관이다. 이 계급지배는 지주들과 강력한 연관을 갖고 있다"[CPI 강령 1968: 31]. 그리고 인도공산당(맑스레닌주의자)[CPI(ML)]은 "인도국가는 대지주와 매판관료자본주의의 국가이며, 주요모순은 봉건주의와 광범한 인도인민 대중사이의 모순이다"라고 주장한다[CPI(ML)강령 1970, Sen 외 1978: 379]. 인도 공산당들의 인도국가에 대한 이러한 평가의 차이는 다소 조야하고 교조로 굳어져 있으며 인도사회의 모순을 은폐·유지시키는 인도국가의 본질을 정확히 파악하고 그 극복을 추구하기 위한 구체적인 분석에 의해 지지되는 것이 아니고 인도사회의 복합성을 추상한 것에 불과한 것으로 보인다.

중반에 들어서 독립 이후 인도국가가 추진해온 계획에 대한 환상이 깨지기 시작하고 아울러 이 계획을 주도해온 인도의 사회변혁과 경제발전의 대행자로서의 인도국가의 관념이 붕괴하기 시작하자, 인도국가의 성격에 대해 논의가 인도계획의 맥락에서 그리고 보다 일반적인 관점에서 심각하게 이루어지기 시작했다.[17]

　　필자는 「독립 인도의 국가성격에 대한 연구」라는 논문에서 "마르크스주의 국가론의 관점에서 인도국가에 대한 기존의 몇몇 대표적인 견해들에 대한 비판적 분석과 독립 후 인도국가가 시행한 일부 정책들과 관련법들의 개관을 통해 독립 이후 인도국가는 자본주의적 관계를 심화시키고 그 과정에서 자본가를 중심으로 한 '비극빈계급'의 이해를 대변하고 극빈계급을 착취하는 억압적 성격의 자본주의 국가라는 결론에 도달하였다(백좌흠 2001)."

---

17) 독립 후 인도국가의 계획의 위기에 대한 문제제기와 그것에 대한 비판에 대해서는 Hanson 1966, Byres 1967, Desai 1984 등 참조. 인도국가에 대한 연구로서는 인도국가와 사회와의 관계(Desai 1974, Bose 1986), 국가의 계급적 성격(Mukherjee 1982, Ghosh 1988) 및 인도에서의 국가의 변천(Sen 1982 1장, Sharma 1997, 1980)을 분석하기 위한 여러 시도가 있었다. 몇몇 학자들은 개발전술과 제도건설 및 연방정치에 입각해서 네루시대와 그 후에 있어서의 인도국가의 작용에 관한 특수한 명제들을 정식화했다(Mehta 1983, Kothari 1987, Bhambri 1987). 인도사회 전반의 변화에 초점을 맞춘 체계적인 연구의 선구자로서 데사이(A.R.Desai)의 많은 연구가 있다(Desai 1969, 1979, 1986). 유명한 인도의 '생산양식' 논쟁은 빠뜨나이크(Utsa Patnaik)에 의해 단행본으로 편집·정리되어 있다(Patnaik 1990). 인도자본주의 발전에 대해 비록 시론적 수준이기는 하나 종합적 분석을 시도하고 있는 Shah (ed.) 1990, Karlekar (ed.) 1998 등의 연구결과물들이 있다. 최근에 독립 이후 인도의 정치적 담론의 변화하는 국면을 학제적 관점에서 설명하는 싸티야무르티(T.V. Sathyamurthy) 편집의 "인도의 사회 및 정치 담론-권력구조, 저항운동"이라는 제목 하에 출간된 4권으로 된 연속기획논문집은 상당히 진전된 논의를 담고 있어 주목된다(Sathyamurthy (ed.) 1994, 1995, 1996a, 1996b). 독립 후 50년간의 인도정치를 조망하는 연속기획의 첫 번째 논문집(Chatterjee 1997)과 인도국가의 개발계획과 개방화의 문제를 집중적으로 논의한 토론회의 결과물을 정리하여 보완한 Byres 1997이 있다.

그러나 이러한 개략적 서술이 인도국가의 성격을 이해하는 데 필요
한 여러 과제들을 제시하는 점은 별도로 하고, 자본주의 국가로서의
인도국가의 억압적 성격을 극복하고 인간다운 삶의 조건을 확보하려
는 노동하는 근로민중의 노력에 기여할만한 구체적이고 실증적인 분
석이 아님을 필자는 명확히 인식하고 있다. 독립 후 인도에서의 착취
율과 자본형성간의 상호관계에 대한 실증적인 분석, 지배불력 뿐만 아
니라 노동자, 농민, 부족민 등 피지배계급내의 분파간의 조정과 대립
까지를 아우르는 구체적인 계급 역관계의 분석, 세계자본주의체제 내
에서의 한 하위단위로서의 성격 외에 인도자본주의가 갖는 특수한 성
격의 분석, 피착취계급의 저항과 투쟁에 대한 연구 등이 인도국가의
성격과 관련하여 제기되는 필자의 앞으로의 과제들이다.

(3) 인도의 법과 자본주의 발전

기본적으로 인도의 법, 특히 제정법은 인도자본주의의 형성·전개
의 역사과정에서 단지 그것에 대응하여 발전하는 것이 아니라 그것을
추진시키는 특별한 역할을 담당한다. 인도자본주의 발전과 법의 관계
에 대한 연구에서 검토해야 할 과제는 대체로 인도 법질서가 ①자본의
원시적 축적 과정, ②농업에서의 자본주의적 관계의 성장, ③자본을
대신하거나 자본의 명령에 따른 노동통제, ④산업자본과 금융자본의
분파간 충돌의 조정, ⑤상층 계급의 헤게모니적 지배와 사회적 자원의
사유화, ⑥사회의 피지배계급에 대한 억압 등에 어떻게 배치(配置)되고
있는가를 확인하는 작업이다. 인도자본주의의 발전과 법과의 연관에 대
한 대표적인 연구자로는 Upendra Baxi가 있다.[18]

필자는 위 ②의 "농업에서의 자본주의적 관계의 성장"과 관련된
「인도의 농업개혁법과 자본주의 발전」이라는 논문에서 인도의 토지개

---

18) Baxi 1986, 1990 등.

혁과 그 외 농업제도의 개혁 및 '녹색혁명'의 추진에 대한 인도정부의
정책과 시행과정을 분석한 후 "인도헌법규정과 농업개혁법들은 사회
정의의 외양을 띠나 실제로는 농업노동자를 비롯한 대다수 농민대중
의 민주적 권리의 희생이라는 비싼 대가를 너무나 쉽게 받아들이면서
토지소유계급의 입장에서 이들의 기득권을 보호하고 그들의 주관 하
에 농업에서의 자본주의적 관계의 성장을 가속화하는 데 역사적으로
기여했다. 이러한 자본주의적 관계의 발전으로 농업노동자와 토지소유
자간의 관계는 더욱 격화되고 적나라해졌으며 이러한 착취관계에 대
항하는 농민들의 투쟁도 인도의 전 지역에서 점점 더 다발적이고 폭력
적인 형태로 일어나고 있다. 그러나 이러한 농민들의 투쟁은 구조적인
민주적 개혁의 추진을 가져오기 보다는 항상 '극렬분자들'의 불법행위
로 기본적으로 '법과 질서'의 문제로 취급되어 국가권력에 의한 피 흘
리는 억압을 초래하고 있다. 따라서 인도농촌에 뿌리 깊은 빈곤과 불
평등을 해소는 결국 핍박받는 대다수 농민대중이 스스로를 조직하여
자신들의 민주적 권리를 쟁취할 때에만 실현되어질 수 있는 것으로 보
인다"는 결론을 내렸다(백좌흠 1996).

필자는 또한 위 ③의 "자본을 대신하거나 자본의 명령에 따른 노동
통제"라는 주제와 관련하여 「인도의 노동쟁의 해결에 관한 법 : 강제중
재를 중심으로」라는 논문에서 "인도에서 노동쟁의를 해결하는 데 있어
서 인도 정부의 역할은 압도적이다. 특히 노동쟁의의 강제중재 회부를
결정하는 정부의 권한은 거의 준 주권적이다. 그것은 가끔 그리고 분
명하게 노사갈등을 인도경제 전체의 발전이라는 이해에 입각해서 정
치적으로 해결하는 수단으로 기능한다. 동시에 정부의 중재 회부권한
의 재량의 폭은 중재 회부를 유보 또는 거부함으로써 유효한 노조의
권능과 지도력을 새롭게 재구성할 수 있는 정도이다. 노동쟁의가 노조
를 통제하려는 정부의 정치적 고려에 의해 지배되는 이 병리는 오랜
시간이 경과한 케케묵은 분쟁의 중재 회부에서 가장 노골적으로 드러

난다. 그런데 중재 회부를 결정하는 정부의 권한에 대한 입법상의 규정이 없으며, 지체된 회부 때문에 분쟁이 재발하기 전에 당사자들이 심리되어야 한다는 어떠한 사법적 주장도 없다. 인도 의회는 최소한 정부가 이전에 거부한 적이 있는 노동쟁의를 중재에 회부하는 사건에서 이유를 언급할 필요를 명기하도록 하고 또한 정부가 노동쟁의가 존재하거나 발생할 우려가 있다는 의견을 형성한 후에 언제든지 회부할 수 있는 무제한의 변덕을 부릴 수 있도록 내버려둘 것이 아니라 회부명령을 할 수 있는 일정한 시기 제한을 규정하는 것이 바람직해 보인다. 이렇게 하면 오래된 죽은 분쟁이 되살아나는 것을 막을 수 있을 것이다. 이것은 공정한 행정을 위한 최소한의 요구이며 노사평화와 화합에 도움이 될 것으로 보인다. 그러나 이러한 최소한의 조치에 대한 바람도 인도의 정당들이 그들의 정치적 목적을 위하여 노조를 계속해서 이용하고 인도의 노동운동세력이 이를 극복하지 못하는 한 여전히 꿈으로 남아있을 것으로 보인다"라는 우울한 결론을 내린 적이 있다(백좌흠 2007).

(4) 인도농업에 있어서 자본주의적 관계의 성장

독립 당시 인도농촌은 비합리적이고 불평등한 토지제도, 뒤떨어진 농업기술수준 및 농업기반시설의 결핍 등과 같은 구조적인 성장장애요인을 식민지시대의 유산으로 물려받고 있었다. 따라서 독립 후 인도국가는 새로운 나라건설의 과제로서 식민지배가 결과한 과거의 사회경제구조를 개혁하기 위한 일환으로 토지개혁조치와 그 외의 농업제도개혁을 위한 광범위한 노력을 기울여왔다. 그러나 토지개혁을 중심으로 한 이러한 제도개혁의 노력에도 불구하고 농업생산력의 증대가 이룩되지 않고 만성적인 식량부족사태가 계속되자, 인도국가는 1960년대 중반부터 농업정책의 중심을 제도개혁으로부터 신기술체계를 도입함으로써 생산력의 증대를 도모하는 신농업전략 즉 '녹색혁명'으로 전환하였다.

인도국가의 이러한 농업개혁의 실시는 인도농촌에서 토지소유와 경작에 있어서의 불평등 관계를 해소하고 소작제와 가난으로 인한 모든 봉건적 형태의 착취를 불식시키며 농업노동자와 영세농들의 경제적 조건을 개선함으로써 농업성장과 사회정의를 실현하는 것을 목표로 하고 있었다. 그러나 토지개혁을 중심으로 하는 제도개혁과 녹색혁명은 토지에 기초한 기존의 불평등관계를 온존시키면서 농업생산의 상업화와 농업에서 자본주의적 관계의 발전을 촉진시켰다. 기술혁신과 제도개혁조치는 소수의 부농과 자본주의적 기업농을 집중적으로 지원하고 이들에게 농업개선을 의존함으로써 토지 없는 농업노동자와 빈농들을 포함한 인도농촌의 가장 취약한 계급의 경제적 상황을 크게 변화시키지 못했으며 오히려 대다수 농민들의 파산과 빈궁화를 초래하였다.

이러한 과정이 자본주의적 농업으로의 경향을 심화시키고 있는 것은 분명하나 이것을 '농업에 있어서의 자본주의적 생산양식의 성립'으로 볼 수 있을 것인가의 여부에 대해서는 이미 앞에서 언급한 바와 같이 '인도농업의 생산양식에 관한 논쟁'에서 많은 논의가 전개되었다.

이 문제에 대해서 필자는 「인도의 토지개혁과 농민운동」(백좌흠 1995), 「인도의 농업개혁법과 자본주의 발전」(백좌흠 1996), 「인도 농업자본주의 발전에 관한 학제간 연구모델」(백좌흠 1999), 「신경제정책 하의 인도 농업문제」(백좌흠 2002) 등의 분석을 한 바 있다.

(5) 인도자본주의 발전과 계급분화

인도사회는 전통적으로 불평등을 바탕으로 하고 있으며 카스트, 물질적 부, 남녀간의 성 차이에 기초한 위계적 가치관이 사회생활의 모든 측면에 스며들어 있다.

특히 인도농촌에는 사회적 신분과 경제적, 정치적 힘의 차이에서 생기는 불평등이 심각하다. 인도농촌에서 가장 중요한 생산수단은 물론 토지이며 누가 얼마만큼 토지를 소유, 운용하고 있는가가 가장 중요한 문제이다. 따라서 인도농촌에서의 자본주의 발전에 대응한 계급분석은 토지의 소유, 통제 및 이용을 둘러싸고 형성되는 관계를 중심으로 해야 함은 물론이다. 그러나 인도처럼 카스트가 농촌의 사회적 관계를 규정하는 데 중요한 영향력을 행사하는 사회에서는 카스트체계의 물질적 기반에 대한 분석이 계급구조에 대한 분석과 아울러 행해져야 한다.[19]

인도농촌의 계급구조는 지역에 따라 큰 차이가 있으며 토지의 통제와 이용을 둘러싼 계급들 간의 관계도 너무도 다양하고 복잡하게 나타나기 때문에 그 모두를 하나의 일반적 틀로 포괄하는 것은 매우 어렵다. 그러나 인도농촌에서 나타나는 갈등과 대립은 기본적으로 토지소유관계에서 발생하며 그 외 착취관계의 모든 측면이 중첩된다. 현재 "인도농촌의 가장 중요한 모순은 '대지주계급'과 '농업노동자계급' 사이에 존재하며 생산력의 발전은 이들 두 계급간의 모순의 심화를 초래하며 다른 한편으로 이들 두 계급간의 투쟁만이 농촌계급구조에 변화를 가져올 수 있는 추동력을 제공한다"는 루드라(Ashok Rudra)의 '두계급모델'[20]은 그것이 갖는 여러 가지 문제점에도 불구하고 인도농촌의 계급관계의 성격을 파악하는 유용한 실마리를 제공한다.

---

19) 필자는 1996부터 3년간 '카스트'에 관한 연구를 역사학, 인류학 전공자와 함께 학제간 연구를 수행하였으며, 그 결과 이광수 외 『카스트: 지속과 변화』를 발표하였다.

20) Ashok Rudra, "Class Relations in Indian Agriculture" in Utsa Patnaik, *Agrarian Relations and Accumulation-The 'Mode of Production' Debate in India*, Delhi : Oxford, 1990, p.267.

(6) 인도자본주의 발전과 사회운동

독립 이후 인도는 경제성장 가속화에 실패하였고 동시에 사회적 평등을 달성하는 데도 실패하고 오히려 불평등이 심화되었다. 이에 따라 심화되는 계급간의 모순은 피착취계급의 저항과 투쟁을 유발한다. 특히 인도는 1960년대에 광범위한 '급진적' 농민운동을 경험했다. 이 운동은 80년대에 들어와 쇠퇴하고 있기는 하지만 비하르와 안드라 프라데쉬에서는 아직도 그 여세가 남아 있다. 이는 기본적으로 토지소유농민과 빈농 및 농업노동자들 사이의 지나친 생활격차에서 유래한다. 그리고 노동조합을 결성하고 있는 조직부문 노동자들을 중심으로 하는 노동운동도 끊임없이 계속되었다.

한편 인도에서는 자본주의사회 일반에서 전개되는 농민운동과 노동운동 외에 인도사회가 갖는 특수성으로 인한 사회운동이 또한 끊이지 않았다. 카스트 위계에 저항하는 달리뜨(Dalit)운동, 지정카스트와 지정부족민에 대한 특혜적인 기회의 동등한 확보를 추구하는 여타후진계급(Other Backward Classes)운동, 지배적인 힌두세력에 대항하는 부족민들의 저항, 열악한 여성들의 지위를 개선하기 위한 여성운동 등이 전개되었다.

3. 인도자본주의 발전에 대한 국내외 연구현황

(1) 국내학계 현황

인도 근대화의 역사적 과정이 우리나라와 비슷한 경로를 거쳐 왔고 제2차 대전 후 인도와 한국은 크게 보면 같은 세계자본주의체제하에서 경제적 발전을 해왔음은 주지의 사실이다. 그러나 세부적으로는 서로 상

당히 다른 시행착오의 경로를 겪어 왔다고 볼 수 있다. 이러한 차이점
을 비교해보기 위한 인도자본주의 발전에 대한 연구는 중요하다.

그러나 한국에서 인도자본주의 발전에 대한 연구는 대단히 실로 미
미하다. 1990년대 초부터 비로소 인도에 대한 사회과학적 방법론에 입
각한 '인도의 사회경제구조'에 대한 연구가 시작되었고, 그간에 인도사
회에 대한 입문서로 백좌흠 외의 『내가 알고 싶은 인도』, 인도경제 분
야에서는 박종수의 『인도경제의 이해』, 박섭의 『식민지의 경제변동 :
한국과 인도』, 인도사회 분야에서는 이광수 외의 『카스트 : 지속과 변
화』, 김경학의 『인도문화와 카스트구조』, 김경학 외 『암소와 갠지스』, 박
정석의 『카스트를 넘어서』, 인도역사 분야에서는 이광수의 『인도사에
서 종교와 역사만들기』, 이옥순의 『인도현대사』와 『식민지 인도의 희
망과 절망』 등의 중요한 단행본들이 나왔고 그 외 백좌흠의 법사회학
적 관점에서의 인도자본주의 발전과 법과의 문제를 다룬 몇 편의 논문
들이 필자가 알기로는 전부이다.

(2) 국제학계 동향

인도자본주의와 발전과 관련된 '사회경제적' 연구는 인도내외에서
상당히 진전되어 있다. '인도농업의 생산양식에 관한 논쟁'은 인도의 자
본주의적 관계의 발전과 관련하여 중요한 쟁점들을 제기했으며 세계적
관심을 불러 일으켰다. 이 논쟁에 주도적으로 참여한 Utsa Patnaik 교
수는 *Agrarian Relations and Accumulation-The 'Mode of Production' Debate
in India*에서 그 전 과정을 정리하고 있다.

인도사회 전반의 변화에 초점을 맞춘 체계적인 연구의 선구자로서
데사이(A.R. Desai)의 많은 연구가 있다(Desai 1969, 1979, 1984, 1986
참조). 구하(Ranajit Guha)가 편집하는 '민초연구(Subaltern Studies)' 시
리즈는 인도역사와 사회의 주요문제에 대한 심층적 분석을 시도하는

훌륭한 논문들을 생산하고 있다. 인도자본주의 발전에 대해 비록 시
론적 수준이기는 하나 종합적 분석을 시도하고 있는 Shah (ed.) 1990,
Karlekar (ed.) 1998 등의 연구결과물들이 있다. 최근에 독립 이후 인도
의 정치적 담론의 변화하는 국면을 학제적 관점에서 설명하는 싸티야
무르티(T.V.Sathyamurthy) 편집의 『인도의 사회 및 정치 담론-권력구
조, 저항운동』이라는 제목 하에 출간된 4권으로 된 연속기획논문집
은 상당히 진전된 논의를 담고 있어 주목된다(Sathyamurthy (ed.) 1994,
1995, 1996a, 1996b).

인도자본주의 발전의 역사와 관련하여 영국 지배하의 인도의 자본
주의 발전을 정리하고 있는 R.P. Dutt의 *India Today*, D.R. Gadgil의 *The
Industrial Evolution of India in Recent Times*와 Dharma Kumar의 *The
Cambridge Economic History of India* 등이 있다.

인도국가에 대한 연구로서는 인도국가와 사회와의 관계(Desai 1974,
Bose 1986), 국가의 계급적 성격(Mukherjee 1982, Ghosh 1988) 및 인도
에서의 국가의 변천(Sen 1982 1장, Sharma 1997, 1980)을 분석하기 위
한 여러 시도가 있었다. 몇몇 학자들은 개발전술과 제도건설 및 연방
정치에 입각해서 네루시대와 그 후에 있어서의 인도국가의 작용에
관한 특수한 명제들을 정식화했다(Mehta 1983, Kothari 1987, Bhambri
1987).

인도자본주의 발전의 동인에 관련한 연구로서 A.R Desai의 *Peasant
Struggles in India*와 *Agrarian Struggles After Independence*가 주목된다.
인도자본주의의 발전과 국가와의 관련에 대해서는 L.I. Rudolph & S.H.
Rudolph의 *In Pursuit of Lakshmi-The Political Economy of The Indian
State*와 *Modernity of Tradition-Political Development of India*가 의미
있는 분석을 하고 있다. 인도자본주의의 발전과 법과의 연관에 대
한 대표적인 연구자로는 인도 델리대학교 법과대학의 Baxi 교수의
연구(1986, 1990) 등이 있으며, Upadhayaya의 "Some Legal Aspects of

Agrarian Reforms in India"(mimeo, Ph.D. Thesis, University of London), 미국 콜롬비아대학의 H.C.L. Merillat 교수의 *Land and Constitution in India* 등의 연구들이 있다.

인도의 토지개혁, 녹색혁명, 농업의 자본주의적 발전, 농민운동 등 농업문제에 관해서는 '생산양식' 논쟁에 참여한 많은 학자들 외에 Beteille, Breman, Das, Dhanagare, Joshi, Ombedt, Thorner 등 수많은 연구자들이 있다.

<참고 문헌>

김경학, 『인도문화와 카스트 구조』, 전남대학교 출판부, 2001.
김경학·이광수, 『암소와 갠지스』, 산지니, 2006.
박 섭, 『식민지의 경제변동 : 한국과 인도』, 문학과지성사, 2001.
박정석, 『카스트를 넘어서』, 민속원, 2007.
박종수, 『인도경제의 이해』, 경상대학교 출판부, 1998.
박종수·백좌흠·장상환, 「인도의 토지개혁과 농민운동」, 『지역연구』제4권 제 4호(겨울), 서울 : 서울대학교 지역종합연구소, 1995, 43~90쪽.
백좌흠, 「인도의 농업개혁법과 자본주의 발전」, 민주주의법학연구회 편『민주법학』제11권, 서울 : 관악사, 1996, 317~394쪽.
백좌흠, 「인도 농업자본주의 발전에 관한 학제간 연구모델」, 한국인도학회 편, 『인도연구』제4권, 1999.
백좌흠, 「독립 인도의 국가 성격에 관한 연구」, 한국인도학회 편, 『인도연구』제6권 2호, 2001.
백좌흠, 「신경제정책하의 인도 농업문제」, 한국인도학회 편, 『인도연구』제7권 2호, 2002.
백좌흠, 「인도의 노동쟁의 해결에 관한 법 : 강제중재를 중심으로」, 한국외국어대학교 남아시아연구소 편, 『남아시아연구』제13권 1호, 2007.
이광수, 『인도사에서 종교와 역사 만들기』, 산지니, 2006.
이광수 역, 『인도민족주의의 역사 만들기 ; 성스러운 암소신화』, DN자 지음, 푸른역사.

이광수 · 김경학 · 백좌흠 · 박정석, 『카스트 ; 지속과 변화』, 소나무, 2003.
이옥순, 『인도현대사』, 창비, 2007.
이옥순, 『식민지 조선의 희망과 절망』, 푸른역사, 2006.

Athreya, V.B., Djurfeldt, G. and Lindberg, S. 1990. *Barriers Broken: Production Relations and Agrarian Change in Tamil Nadu*. Sage Publications, Delhi.

Bagchi, A.K. 1987. *The Evolution of the State Bank of India, Vol.1, The Roots 1806-1876*. Part I & II. Oxford University Press(OUP), Bombay.

Bagchi, A.K. 1982. *The Political Economy of Underdevelopment*. Cambridge University Press(CUP), Cambridge.

Bagchi, A.K. 1972. *Private Investment in India 1900-1939*. CUP, Cambridge.

Banerjee, D., (ed.), 1985. *Marxian Theory and the Third World*. Sage Publications, New Delhi.

Bardhan, P.K. 1984. *Land, Labor and Rural Poverty*. OUP, Delhi.

Baxi, U. 1986. *Towards a Sociology of the Indian Law*. Satvahan, New Delhi.

Baxi, U. 1990. Law and State Regulated Capitalism in India: Some Preliminary Reflections. In Shah, G., (ed.), 1990, pp.185-209.

Bergeroglu, B., (ed.), 1992. *Class, State and Development in India*. Sage Publications, Delhi.

Beteille, A., (ed.), 1983. *Equality and Inequality: Theory and Practice*. OUP, Delhi.

Beteille, A. 1974. *Studies in Agrarian Social Structure*, OUP, Delhi.

Breman, J. 1974. *Patronage and Exploitation : Changing Agrarian Relations in South Gujarat*, Manohar Publications, Delhi.

Breman, J. 1985. *Of Peasants, Migrants and Paupers : Rural Labour Circulation and Capitalist Production in West India*. OUP, Delhi.

Cassen, R.H. et al, (ed.), 1992. *Poverty in India*, OUP, Bombay.

Chakravarti, A. 1983. Some Aspects of Inequality in Rural India: A Sociological Perspective. In A. Beteille, (ed.), 1983, pp.129-181.

Chattopadhyay, P. 1990. On the Question of the Mode of Production in Indian Agriculture. In Patnaik, I., (ed.), 1990, pp.72-83.

Dantwala, M.L. and Shah, C.H. 1971. *Evaluation of Land Reforms: with Special Reference to the Western Region of India*, Vol. 1. University of Bombay, Bombay.

Das, A.N. 1983. *Agrarian Unrest and Socio-Economic Change, 1900-1980*. Manohar, New Delhi.

Das, A.N. and Nilakant, V., (ed.), 1979. *Agrarian Relations in India*. Manohar, New Delhi.

Desai, A.R., (ed.), 1969. *Rural Sociology in India*. Popular Prakashan, Bombay.

Desai, A.R., (ed.), 1974. *A Positive Programme for Indian Revolution*. C.G. Shah Memorial Trust, Bombay.

Desai, A.R., (ed.), 1979. *Peasant Struggles in India*. OUP, Bombay.

Desai, A.R. 1984. *India's Path of Development*. Popular Prakashan, Bombay.

Desai, A.R., (ed.), 1986. *Agrarian Struggles in India After Independence*. OUP, New Delhi.

Dhanagare, D.N. 1983. *Peasant Movement in India: 1920-1950*. OUP, Delhi.

Djurfeldt, G. and Lindberg, S. 1975. *Behind Poverty: The Social Formation in a Tamil Village*. Studentlitteratur, Lund.

Dutt, R. 1960. *The Economic History of India*, 2 Vols. Publication Division, GOI, New Delhi.

Dutt, R.P. 1992. *India Today* (Reprint). Manisha, Calcutta.

Dutta, R.C. 1968. *Land Problems and Land Reforms in Assam*. S.Chand & Co., New Delhi.

Frank, A. G. 1990. On 'Feudal' Modes, Models and Methods of Escaping Capitalist Reality. In Patnaik, I., (ed.), 1990, pp.107-110.

Frankel, F.R. 1971. *India's Green Revolution : Economic Gains and Political Costs*. OUP, Bombay.

Gadgil, D.R. 1972. *Planning and Economic Policy in India*. Gokhale Institute of Economics and Politics, Poona.

Ghosh, A. 1988. *Emerging Capitalism in Indian Agriculture*. PPH, New Delhi.

Ghosh, A. and Dutt, K. 1977. *Development of Capitalist Relations in Agriculture (A Case Study of West Bengal 1793-1971)*. PPH, New Delhi.

Goyal, S.K. 1979. *Monopoly Capital and Public Policy in India*. Allied Publishers, New Delhi.

GOI 1951. *First Five Year Plan(1951-56)*. Planning Commission, New Delhi.

GOI 1956. *Second Five Year Plan(1956-61)*(Summary). Planning Commission, New Delhi.

GOI 1961. *Third Five Year Plan(1961-66)*. Planning Commission, New Delhi.

GOI 1969. *Fourth Five Year Plan(1969-74)(A Draft Outline, Summary of Contents, Approaches and Policies)*. Planning Commission, New Delhi.

GOI 1973. *Report of the Task Force on Agrarian Relations*. Planning Commission, New Delhi.(mimeographed)

GOI 1986. The Causes and Nature of Current Agrarian Tensions. In Desai, A.R. (ed.), 1986, pp.36-43. Ministry of Home Affairs.

Gough, K. and Sharma, H.P., (ed.), 1983. *Imperialism and Revolution in South Asia*. Monthly and Review Press, New York.

Guha, R. *Subaltern Studies Series*. OUP, Delhi.

Gupta, D. 1990. Theopy Against Practice: A Critique of the "Theories" of the Capitalist State with Special Reference to India. In Shah, G., (ed.), 1990, pp.162-184.

Gupta, S.C. 1962. Aspects of Indian Agriculture, Enquiry, No.6.

Habib, I. 1969. Problems of Marxist Analysis. *Enquiry Vol VIII, No.2*, pp.52-67.

Haque, T. and Sirohi, A.S. 1986. *Agrarian Reforms and Institutional Changes in India*. Concept Publishing Co., New Delhi.

Hardiman, D. 1990. Penetration of Merchant Capital in Pre-colonial Gujarat. In Shah, G., (ed.), 1990, pp.29-44.

Hardiman, D. 1987. The Bhils and Shahukars of Eastern Gujarat. In Guha, R., (ed.), *Subaltern Studies V*, OUP, pp.6-15 and 278-34.

Hiro, D. 1976. *Inside India Today*. Routledge & Kegan Paul, London.

Jeong, C.S. 1994. Agrarian Class Structure in India: An Analysis Based on Contemporary Sources. Dissertation for Master of Philosophy, Delhi School of Economics, University of Delhi, Delhi.(mimeographed)

Joshi, P.C. 1975. *Land Reforms in India: Trends and Perspectives*. Allied Publishers, Delhi.

Joshi, P.C. 1986. *Marxism and Social Revolution in India*. Patriot Publications,New Delhi.

Karlekar, H. (ed.), 1998. *Independent India-The First Fifty Years*. OUP, Delhi

Khusro, A.M. 1958, *Economic and Social Effects of Jagirdari Abolition and Land Reforms in Hyderabad*. Osmania University Press, Hyderabad.

Kohli, A. 1987. *The State and Poverty in Inida: The Politics of Reform*. Orient

Longman, Delhi.

Kothari, R. 1990. Capitalism and the Role of State. In Shah, G., (ed.), 1990, pp. 115-136.

Kotovsky, G. 1964. *Agrarian Reforms in India* (trans. K.J. Lambkin), PPH, New Dehli.

Kumar, D, (ed.), 1983. *The Cambridge Economic History of India*, Vol.2. Cambridge University Press, Cambridge.

Mao, Tse-Tung 1926. Analysis of Classes in Chinese Society. In *Selected Works Vol.1*. 1965, pp.13-21, Foreign Language Press, Peking.

Marx, K. 1970. *A Contributon to the Critique of Political Economy*. Foreign Language Press, Moscow.

Mencher, J.P., (ed.), 1983. *Social Anthropology of Peasantry*. Somaiya Publications, Bombay.

Mohanty, M. 1990. Duality of the State Process in India. In Shah, G., (ed.), 1990, pp.149-161.

Moreland, W.H. 1929. *The Agrarian System of Moslem India* (Reprinted in 1990). Low Price Publication, Delhi.

Mukhia, H. 1997. Was There Feudalism in Indian History. In Kulke, H., (ed.), 1997, pp.86-133.

Mukhia, H. 1993. *Perspectives on Medieval History*, Vikas Publications, New Delhi.

Mukhia, H. 1985. Marx on Pre-colonial India : An Evaluation. In Banerjee D., (ed.), 1985, pp.173-184.

Omvedt, G. 1990. India and Colonial Mode of Production : Comment. In U. Patnaik, (ed.), 1990, pp.161-164.

Omvedt, G. 1986. Caste, Agrarian Relations and Agrarian Conflicts. In Desai, A.R., (ed.), 1986, pp.168-195.

Omvedt, G., (ed.), 1982. *Land, Caste and Politics in Indian States*. Authors Guild Publications, Delhi.

Panikkar, K.N., (ed.), 1980. *National and Left Movements in India*. Vikas Publications, New Delhi.

Patel, G.D. 1957. *Agrarian Reforms in Bombay: Legal and Economic Consequences of the Abolition of Land Tenures*. N.M. Tripathi, Bombay.

Patnaik, Prabhat, 1995. *Whatever Happened to Imperialism*. Tulika, Delhi.

Patnaik, U., (ed.), 1990. *Agrarian Relations and Accumulation-The 'Mode of Production' Debate in India.* OUP, Delhi.

Patnaik, U. 1990a. Capitalist Development in Agriculture: Note. In Patnaik, U., (ed.), 1990, pp.38-56.

Patnaik, U. 1990b. On the Mode of Production in Indian Agriculture: Reply. In Patnaik, U., (ed.), 1990, pp.84-97.

Patnaik, U. 1990c. Class Differentiation within the Peasantry: An Approach to the Analysis of Indian Agriculture. In Patnaik, U., (ed.), 1990, pp.193-226.

Patnaik, U. 1987. *Peasant Class Differentiation : A Study in Method with Reference to Haryana.* OUP, Delhi.

Radhakrishnan, P. 1989. *Peasant Struggles, Land Reforms and Social Change: Malabar, 1836-1982.* Sage Publications, New Delhi.

Rao, M.S.A. 1984. *Social Movements in India.* Manohar, New Delhi.

Rasul, M.A. 1989. *A History of the All India Kisan Sabha.* National Book Agency, Calcutta.

Ray, R. 1988. *Naxalites and their Ideology.* OUP, Delhi.

Rudolph L.I. and Rudolph, S.H. 1987. *In Pursuit of Lakshmi-The Political Economy of The Indian State.* Orient Longman, Bombay.

Rudra, A. 1990a. India and the Colonial Mode of Production: Comment. In Patnaik, U., (ed.), 1990, pp.156-16.

Rudra, A. 1990b. Class Relations in Indian Agriculture. In Patnaik, U., (ed.), 1990, pp.251-267.

Rudra, A. 1992. *Political Economy of Indian Agriculture.* K.P. Bagchi & Co., Calcutta.

Rudra, A. and Bardhan, P. 1983. *Agrarian Relations in West Bengal: Results of Two Surveys.* Somaya Publications, Bombay.

Sathyamurthy, T.V. (ed.), 1994. State *and Nation in the Context of Social Change.* OUP, Delhi.

Sathyamurthy, T.V. (ed.), 1995. *Industry and Agriculture in India since Independence.* OUP, Delhi.

Sathyamurthy, T.V. (ed.), 1996a. Region, Religion, Caste, Gender *and Culture in Contemporary India.* OUP, Delhi.

Sathyamurthy, T.V. (ed.), 1996b. *Class Formation and Political Transformation in*

Post-Colonial India. OUP, Delhi.

Sau, R. 1990. On the Essence and Manifestation of Capitalism in Indian Agriculture. In Patnaik, U., (ed.), 1990, pp.111-116.

Sen, S. et. al. 1978. *Naxalbari and After: A Frontier Anthology. Vol.2*. Kathashilpa, Calcutta.

Shah, G., (ed.), 1990. *Capitalist Development: Critical Essays*. Popular Prakashan, Bombay.

Sharma, K.L. 1973. The Green Revolution in India: Prelude to a Red one? In Gough, K. and Sharma, K.L., (ed.), 1973, pp.77-102.

Sharma, K.L. 1994. *Social Stratification and Mobility*. Rawat Publications, New Delhi.

Sharma, R.S. 1997. How Feudal Was Indian Feudalism? In Kulke, H., (ed.), 1997, pp.48-85.

Sharma, R.S. 1980(second revised edition). *Indian Feudalism*. Macmillan India, Madras.

Shrinivas, M.N. 1976. *The Remembered Village*. OUP, Delhi.

Shrinivasan, T.N. and Bardhan, P.K., (ed.), 1990. *Rural Poverty in South Asia*. OUP, Delhi.

Singh, M.H. 1990. *Changes in Agrarian Scene of Punjab Since Independence*. PPH, New Delhi.

Singvi, L.M., (ed.), 1973. *Law and Poverty*. Tripathi, Bombay.

Sinha, D.S. 1983. *Law and Social Change in India*. Deep & Deep Publications, New Delhi.

Thamarjakshi, R. 1969. Intersectoral Terms of Trade and Marketed Surplus of Agriculture Produce, 1951-52 to 1965-66, EPW, June 28.

Thorner, D. 1980. *The Shaping of Modern India*. Allied Publishers, Delhi.

Thorner, D. 1976. *The Agrarian Prospect of India* (2nd ed.)., Allied Publishers, Bombay.

Thorner, D. and Thorner, A. 1962. *Land and Labour in India*. Asia Publishing House, Bombay.

인도 헌법의 형식과
내용상의 독특성에 관하여

강 경 선*

1. 머리말

인도는 brics라는 표현으로 상징되듯 세계에서 괄목한 나라로 자리 잡았다는 점이다. 사실 인도가 이 대열에 끼는 데까지 온 것만 해도 기적이다. 세계 최대의 빈곤인구를 가진 인도가 super power는 아닐지 라도 middle power의 한 국가로 인정받게 된 것은 결코 쉬운 일은 아 니었다.

오늘날 인도는 중국에 이은 빠른 경제성장의 국가로 분류된다. 2030 년에 이르면 세계 3대 경제강국으로 자리 잡을 것이라는 예측도 나온 다. 그러나 그때까지 갈 필요도 없이 이미 인도를 들여다보면 세계화 의 관점에서 볼 때 약간의 모순 혹은 불합리한 점을 발견하게 되었다. 국가별 GDP지수로 보면 경제후진국이지만, 인도에는 상당한 고소득자 가 너무나 많다는 것이다. 다시 말해 국가단위로 부국, 빈국을 분류하 는 것은 이 시대문제해결을 위해 본질을 간과하는 측면이 있다는 것이 다. 빈부격차가 심한 이 세계에서 고소득자는 그만큼 세계시민으로서 의 책임을 질 수 있도록 동기부여할 것이 필요하다고 생각된다. 만약,

* 한국방송통신대학교 법학과 교수

현재 세계정부가 있어서-물론 UN이 있지만-'세계시민세(world citizen tax)' 개념을 도입하여 세계 평균소득을 상회하는 고소득자에 대한 자발적 세금을 징수하게 하여, 이들로 하여금 세계시민으로서의 책임의식을 부여하려 한다면, 아마도 이에 포함되는 숫자는 인도도 단연 top 수준이 될 것이다. 줄잡아서 볼 때, 인도의 2억, 중국의 3억은 우리나라 중산층 4천만과 같은 소득수준이 될 것으로 본다. 미국 2.5억, EU 3~4억, 일본 1억의 인구가 이에 해당할 것이다. 세계정부의 관점에 서서 인류가 당면한 여러 문제에 대한 해결방법을 찾는 것도 좋을 것이라고 본다.

이런 상상을 하는 것은 인구와 면적이 큰 중국, 인도와 같은 나라들이 잘 살아야 세계와 인류를 지탱해 나갈 수 있다는 인식에서이다. 잘 살아야 할 뿐만 아니라, 동시에 바르게 살아야만 이웃나라를 비롯한 전 세계에 피해를 주지 않을 것이다. 바르게 산다는 것은 헌법적 정의(constitutional justice)를 세우는 국가를 의미한다고 볼 때, 이 발표문은 인도가 세계화라는 외부환경의 영향 아래서 어떻게 '좋은 정부(good government)'로 가기 위한 노력을 해왔는가를 살펴보는 것을 주요목적으로 한다.

2. 세계화와 인도헌법

(1) 욕망의 충족과 세계화

인간의 욕망구조(욕구와 희망)는 삶의 양식과 지평을 변화시켜왔다. 이런 변화과정이 편한 방식으로 진행된 것은 아니다. 한 사람이나 한 지역인들의 욕구충족을 위해서 새로운 기술을 개발하고, 남다른 노력을 해야 했다. 그리고 결국에는 이를 실천하기 위한 새로운 모험에 나서야 했다. 모험은 난관과의 만남이다. 가장 큰 난관은 다른 사람, 다른 지역인들의 욕망구조와 충돌하는 경우이다. 충돌을 해결하는 방법은 타협이나 물물교환이나 무역 등의 방법으로 상호공존의 방법도 있겠으나, 왕왕이 살육이나 전쟁을 불사하는 경우가 나타났다. 결국은 무한경쟁과 승자독식의 원리가 지배적이었던 사회가 역사의 대부분이었다는 것을 알게 된다. 하지만, 동시에 이 모든 과정에서 접촉하는 두 집단의 문화가 서로 섞이고, 또 헤게모니를 위하여 상호격돌하다가도 마침내는 일정한 보편적 원리로 수렴되어 정리되어가는 그런 모습을 목격할 수 있는 것도 사실이다.

아마도 법은 이런 보편적 원리의 집합체라고 할 수 있다. 과거의 보편적 원리는 또 다른 변화를 거쳐 현재에 이르렀고, 부분집단의 보편적 원리는 더 큰 집단의 보편적 원리로 정착되어 갔다. 우리는 근대 이후 시민국가의 성립, 법치주의, 의회주의, 국민주권주의의 고양과 현대로 들어서서 실질적 평등, 인권보장, 세계평화원리 등이 불가침의 명제로 헌법의 조문으로 자리 잡는 단계까지 도달하게 된 것을 보게 되었다.

인간의 행, 불행이 혼재하는 이런 문명의 전이와 융화과정을 지금도 피할 수 없다. 다만, 우리는 과거에 비해 좀 더 보편적 원리를 발견하고 확립함으로써 불행을 작게 하고, 행복을 더 누릴 수 있는 안전장치를 만들어가고 있는 것이 사실이다. 아마도 법치주의나 입헌주의의 과제가 바로 여기에 있을 것이라고 본다.

(2) '간다라 헌법'

이상과 같은 인간욕구의 무한팽창과 보편적 명제로의 정착과정을 우리는 근대 인도헌정사에서도 발견할 수 있다. 인도는 아대륙(亞大陸)이라 불릴 정도로 결코 작지 않은 면적을 가지고 있다. 동시에 인더스 문명 이래의 오랜 역사를 가진 나라다. 서아시아와 아프리카와는 쉽게 교통할 수 있는 지리적 환경을 가지고 있지만, 다른 한편 열대기후, 밀림과 야수, 해충, 히말라야산맥 등 생존하기에 열악한 조건이 동시에 존재하는 지역이기도 했다. 그래서 일찍이 알렉산더가 동방정복을 나섰다가 인도에서 더 이상 진행하지 못한 채 회군하였던 난관의 지역이었다.

인도는 중국과 달리 전국적인 통일국가가 부재했다는 특징을 가진다. 아쇼카왕국, 무굴제국, 그리고 영국의 식민지 지배시대가 그나마 가장 범위가 컸던 통일국가의 시대였다고 한다. 수 백 개의 소왕국으로 다원화된 삶의 모습이 인도의 특징으로 남는다. 서양이 아직 충분히 근대화되기 이전 서양의 세력이 인도를 꿈꾸기 시작하였다. 유럽인들에게 인도는 많은 보물로 가득 차 있는 환상의 나라로 다가왔다. 그래서 인도로 향하기 시작하였다. 그 선상에서 서인도가 먼저 발견되었다. 새로운 아메리카의 시대가 열린 것이다. 인도를 향한 항해가 계속되었다. 마침내 말 그대로 '희망봉(The Cape of Good Hope)'을 거쳐 인도항로가 개척되었다. 근대가 열리던 시절 유럽인들에게 있어서 세계는 인도를 중심으로 그려져 있었다. 서인도(West Indies)와 동인도(East Indies)로 전 세계가 파악되었다. 동인도회사의 동방진출은 근대시기의 세계화과정이라고 볼 수 있다. 유럽인들의 욕망구조(욕구와 희망)를 인도가 온통 채워주고 있었다. 인도는 정복되었고, 인도에는 서양의 문화가 유입되었다. 그러나 서양의 문화가 충분히 자립잡기에는 인도의 문화와 역사와 사회가 너무나 복잡다기했다. 인도가 영국으로부터 독립하고 신생독립국가로 현대 인도연방국가로 출범한지도 어언 60년이 되고 있다. 그 간에 동서냉전체제에서는 비동맹국가로서 노선을 취했고, 또 냉전체제의 종식이후에는 세계화와 신자유주의의 팽배 아래 작용과 반작용을 하면서 변화하고 있다. 줄잡아 400년간 계속되고 있는 유럽과 인도 두 대륙간의 문화의 혼합과정은 마치 과거 알렉산더의 동방정벌 이후에 나타났던 간다라미술을 연상시킨다. 서양헬레니즘의 영향을 받은 인도불교의 예술적 표현이 간다라미술이라고 한다면, 근대 이후의 서양문화와 인도문화의 조우와 혼합 후에 빚어지는 모습은 또 다른 간다라문화가 되지 않을까 생각해본다. 정확히 말해서 아직은 그렇게 말할 단계는 아니지만, 현대판 간다라문화가 창출되기를 기대하고 있다. 그렇다면 문화의 한 갈래로서 법문화가 있기에 우리는 '간다라 헌법'의 가능성을 언급할 수 있을 것이다.

3. 동인도회사

(1) 동인도회사와 인도의 조우

동인도회사가 인도헌법에서 차지하는 의미는 크다. 많은 헌법학자들은 250년 계속된 동인도회사의 변모과정이 곧 인도헌법의 모태가 되었던 것을 부인하지 않는다. 영국군주의 특허를 받고 독점적 무역을 하게 된 동인도회사는 상업적 수익을 얻었을 뿐만 아니라, 그에게 한정적으로 부여된 국가의 권력(통치권, 형벌권, 군사권, 전쟁선포권)을 조직하고, 집행하면서 인도 식민지화에 첨병역할을 한 것이다. 상업자본주의시대의 동인도회사는 산업자본주의에 접어든 시기를 넘어서면서 더 이상 독점기업으로 남을 수 없게 되었고, 마침내 소멸하고 말았다. 1776년 미국의 독립전쟁이 동인도회사와 연관되어 있다는 점을 보면 흥미롭다. 동인도회사가 1757년 플랏시전투를 통해 벵갈지역에 대한 직접지배를 시작하고, 인도인들로부터 징세권을 획득하면서, 동인도회사의 상업상 수익과 경영은 소홀해지고 문란해졌다. 그 결과 부실화된 동인도회사를 구제하기 위해 동인도회사의 차에 대한 면세 특혜를 준다. 이런 특혜는 아메리카의 차 상인들에 큰 타격을 입히고, 그 결과 보스턴 티파티(차를 싣고 보스턴 항구에 정박한 동인도회사의 선박에 불을 지른 것)가 기폭제가 되어 독립전쟁이 시작된 것이다. 이렇게 해서 이미 자본의 흐름이 세계적 정치지형과 인류의 삶의 양식을 바꿔놓았다는 것을 보여주고 있다.

그리고 동인도회사의 지배방식에 대한 인도민중의 저항이었던 1857년 세포이난을 계기로 해서 동인도회사시대는 종지부를 찍고, 대영제국이 직접 지배하는 체제를 갖추게 된다. 세포이반란은 인도역사에서 구시대와 신시대를 가르는 분수령이다. 세포이난은 인도인들에게는 제1차 독립전쟁으로 평가된다. 이를 통해 국민(nation)으로서의 일체감이 처음 싹이 튼 것이다.

이후부터 인도인들은 하나의 국민이 되기 위한 과정을 겪고, 독립을 향한 운동과 독립 이후에 대한 국가적 비전을 형성해 나가기 시작했다.

(2) 영국 동인도회사의 태동과 변모

1) 영국의 동인도회사는 근대회사의 맹아 이상의 의미를 가지고 있었다. 당시에 '우주에서 가장 큰 상인들의 모임'이라 평을 받았던 이 회사는 군사를 보유하고, 광범위한 지역에 대한 실질적 지배와 형벌권을 행사했다. 동인도회사를 돕기 위해 런던에는 신항만이 건설되었다.

1599년 9월 24일 80명의 상인과 모험가들이 런던시청에 모여 엘리자베드1 여왕에게 동인도회사의 개설을 간청하였다. 1600년 12월 31일, 218명으로 구성된 동인도회사(The Governor and Company of Merchants trading to the East Indies)에게 아시아, 아프리카, 아메리카에서 희망봉과 마젤란해협 밖의 모든 지역, 항구, 도시에서의 영업활동에 대한 15년 동안의 독점권을 인정하는 특허장이 발부되었다. 처음에는 대개 3년 간격의 모험(venture)회사로 지속되다가, 그 후 16개월의 항해기간으로 정착되어갔다. 주요 수입품은 향신료였다.

2) 인도 근대 법제사는 이때부터 시작된다. 영국의 지배와 함께 시

작된 현재의 법제는 분명 그 이전시기와의 단절이 존재하기 때문에 영국의 동인도회사가 설립되는 시점을 근대 인도법의 시작으로 보는 것은 무리가 없다.

영국은 지배의 초기부터 법체계의 중요성을 인식하고 있었다. 영국법은 세계적으로 알려진 common law를 발전시킨 법의 국가였고, 지금도 인도는 common law를 바탕으로 하고 있다.

인도에 대한 영국의 지배는 무역을 위해 설치된 세 개의 도시관구(The Presidency Towns)로부터 시작되는데 이곳에서도 재판의 필요성은 있었고, 재판을 행정을 담당했던 비법률가였던 무역상인들이 맡았다. 영국의 법체계에 전혀 알지 못했던 이들이 재판을 할 수밖에 없었기에 재판은 대단히 초보적이었고, 거의 공정성과 평등원칙(fair play and equity)에 입각하여 이루어졌다고 보아야 한다. 이런 행태는 1774년 캘커타에 대법원이 설치됨으로써 큰 변화가 있었다. 여기에는 영국의 정식 법관과 변호사가 와서 직무를 수행하였다. 영국본토의 법원을 그대로 옮겨 놓은 재판소였다. 법원은 독립적이었을 뿐만 아니라 더 나아가서는 행정부를 지배하기까지 하였다. 이런 법원이 마드라스와 봄베이에도 설립되었다.

3) 1757년 플랏시전투의 명장 클라이브와 직후 총독 헤이스팅스를 지나면서 회사는 정부의 형태를 띠기 시작했다. '제국 내의 제국'이라 불렸다. 세금수입이 상업상 수입을 능가하였다. 많은 이사회, 위원회, 집행부 등이 런던과 인도에 설치되었다. 인도로 향하는 선박들은 이제 상품을 싣기보다도 군대와 무기로 채웠다. 주로 상거래무역에 치중했던 중국이나 극동지방에서도 민첩한 사기업들과의 경쟁도 커져만 갔다. 왕실해군과 해상보험의 확장이 대외무역상의 위험요소들을 감소시킬 수 있었으며, 이는 특허회사들의 존재이유들을 부식하는 결과가 되었다.

당연히 비평가들은 더욱 정치화되는 집단인 동인도회사는 당연히 국유화되어야 한다고 보았다. 1773년 의회는 회사에 아메리카의 차에 대한 독점권을 부여하는데, 이는 보스턴 티 파티의 원인이 되고, 곧 미국 독립전쟁의 길로 향하게 된다.

4) 1813년에는 회사에 대한 독점권을 폐지했다. 1833년에는 무역권을 박탈하고, 회사는 정부기업의 하나로 전환되었다. 1853년에는 경쟁 심사제의 도입과 함께-회사는 완전히 후원자를 상실하기에 이른다. 1857년 인도에서 세포이난이 발생하자, 회사는 이 폭동의 원인제공자로 지목이 되고, 회사의 육군은 영국군주로 이양되고, 해군은 해체된다. 1874년 6월 1일 특허장은 종료된다.

4. 모방헌법으로서의 인도헌법

인도는 1947년 독립했다. 2차대전 이후 독립을 전제로 한 예정된 수순을 밟고 있었다. 이 기간 중 최대 난제는 인도와 파키스탄의 분리문제였다. 영국과 인도는 인도헌법제정을 위한 제헌회의를 위한 총선거가 완료되었고, 제헌회의가 소집된 과정에서 영국의 집권정당 노동당의 주도로 <인도독립법>이 제정된 것이다. 1946년 12월부터 1949년 12월까지 제헌회의가 활동했고, 1950년 1월 26일 헌법이 발효되었고, 정부가 공식 출범하였다. 3년에 걸친 제헌활동기간 중 인도인들은 지적인 작품으로서의 헌법을 제정하였다.

제정된 인도헌법의 70%는 1935년의 <인도정부법>을 기초로 해서 수정과 변형을 가한 것이다. 연방과 주의 조직과 상호관계, 비상사태 선포에 관한 규정이 여기에서 비롯했다. 그리고 헌법의 많은 부분들은 외국의 헌법을 모델로 했다. 국가정책의 지도원리(Directive Principles of State Policy)는 아일랜드로부터(아일랜드는 'Directives on Social Policy' 라는 명칭으로 되어 있다), 내각이 의회에 대해 책임을 지는 의원내각제 정부형태는 영국으로부터, 대통령이 집행부 수장과 군통수권자가 되고, 부통령이 당연직 상원의장이 되는 것은 미국으로부터 각각 차용한 것이다. 기본권조항은 미국 헌법의 권리장전에서 따왔다. 또한 캐나다헌법은 특히 연방의 구조와 연방과 주의 상호관계와 권한배분의 모델이 되었다. 헌법 부칙 제7조에서 규정한 통상, 교역, 왕래에 관한 내용과 의회특권에 관한 연방과 주의 경합사항들은 오스트레일리아 헌법을 따른 것이며, 비상조치에 관한 권한은 특히 독일 바이마르헌법의 것이라 할 수 있다. 물론 의회주권의 원리와 영장발부와 관련된 규정들은 영국법이다. 법원 조직, 법률가 양성, 법의 운영과 해석, 판례와 관습법의 중요성 등 영국의 common law 전통이 바탕이 되면서, 미국과 유럽의 대륙법도 함께 공존하는 모습을 띠고 있다.

헌법제정위원회 위원장이었던 암베드카는 "대부분 국가들의 헌법은 대동소이하다. 후에 만들어진 헌법의 과제란 선행 국가들의 문제점을 제거하고 자신들에게 필요한 헌법을 만드는 일이다"라고 언급한 바 있다. 인도의 경우 헌법의 형식은 서구의 많은 국가들의 헌법으로부터 모방하고 차입했지만, 헌법현실은 인도에게만 고유한 토착적인 문제들 즉 종교간 갈등, 카스트와 낙후계층, 광범위한 빈곤과 사회정의의 실현, 언어와 정당의 다원성 등을 떠날 수 없기 때문에 헌법조문과 그 해석들이 다른 나라에서 찾아볼 수 없는 매우 특징적인 것으로 가득차 있다.

5. '연성적' 헌법 : 의회주권원리와 사법심사제의 공존

(1) 개관

인도의 경우도 거의 같은 기간 중에 인도헌법으로서의 특징을 보여주면서 정착되었다. 그러나 인도는 우리의 경우와 달랐다. 독립이전에 헌법에 대한 실습과정이 있었고, 또 제헌준비도 3년에 걸친 긴 과정이 있었고, 헌법발효 후에도 93차의 개정을 통해 헌법에 대한 첨삭과정을 거쳤다. 인도헌법은 세계 최장의 헌법이다. 1949년 헌법은 원래 395개 조문과 8개의 부칙을 포함하고 있었지만, 현재 헌법은 443개 조문과 12개의 부칙으로 확대되었다. 한 권의 책에 해당하는 분량이다. 동시에 인도는 2차 대전 이후 독립한 제3세계국가 중에서 유일하게 군사쿠데타, 정변을 거치지 않고, 의회제 민주주의를 유지한 유일한 국가이기도 하다. 그런 점에서 인도는 세계 최대, 최고(最古)의 민주국가임을 자부한다.

이렇게 헌정의 중단 없이 민주주의를 계속할 수 있게 된 한 이유가 개헌의 용이성에서 찾을 수 있지 않을까 한다. 인도헌법은 성문헌법국가면서도 '연성에 가까운(more flexible than rigid)' 성격을 가진다. 그래서 필요하면 일반법률제정절차(헌법 제107조)를 통해 의회의 의결로써 불합리한 헌법조문을 수정할 수 있다.

그러나 일부헌법조항은 개정을 위해 일반법률개정절차보다는 좀 더 까다로운 정족수를 요한다. 이 경우 개헌발의는 제368조를 따라야 한다. 양원 중 어느 한 원이 발의할 수 있으며, 각 원의 전체의원 과반수의 참석과, 투표자의 3분의 2 이상의 찬성을 얻은 경우에 통과된다. 통과된 개헌법안은 대통령에게 전달되어 승인된 후, 헌법으로서의 효력을 가진다. 다만, 헌법이 정한 몇 개의 사항에 대한 개헌은 대통령에게 승인을 얻기 위해 전달되기 전에 각 주의 입법부들이 발효에 대한 결의를 하는 방식으로써 전체 주의 과반수의 의회에서 비준을 받아야만 한다. 이때도 미국과 같이 전체 주의 3분의 2가 아닌 과반수에 불과하다. 그래서 전체적으로 볼 때 의회의 과반수를 점한 정당의 경우, 마음만 먹으면 쉽사리 개헌을 단행할 수 있도록 되어있다.

그렇다면 의회의 횡포에 의해 헌법이 침해되면 어떨까하는 우려가 발생한다. 이에 대한 헌법 자체 내의 방벽은 없다. 헌법일반론으로 볼 때 헌법제정권력, 헌법개정권력에는 한계가 있다고 한다. 인도헌법에서는 이와 관련해서 대법원에서 사법심사권을 통하여 의회는 헌법규정상 개헌에 관한 무제약적 권한이 있다는 것은 인정하지만, 내용적으로 헌법의 본질을 훼손해서는 안된다는 입장으로 맞섰다.

가장 유명한 하나의 판결이 1967년의 Golak Nath 판결이다. 그해 인디라 간디의 집권에 따라 향후 국민의 자유가 훨씬 제약될 것으로 예상되는 가운데 나온 대법원의 판결로, 대법원은 어떤 헌법도 자신의 전복을 허용할 수는 없는 것이며, 그 한 예로 기본권을 부인하는 개헌은 할 수 없다고 하였다.

이에 대해 인도의 철의 수상으로 불리는 인디라 간디는 제42차 개헌을 통해 의회의 개헌법률에 대해서는 사법심사권을 배제한다는 강력한 헌법규정을 추가하였다. 이에 대해 대법원은, 1973년 Kesavanand Bharti Case와 1992년 Kihoto Hollohon Case를 통해서 헌법의 기본구조(basic structure) 혹은 핵심사항(basic features)은 헌법개정의 한계에 해당하며, 사법심사권의 배제는 헌법의 기본구조에 해당하는 것이기 때문에 헌법개정으로 배제할 수 없는 사항임을 명백히 하였다.

대법원이 해석을 통하여 혁신적으로 확보한 헌법의 기본구조 혹은 핵심사항이 무엇이냐에 대해 대법원 스스로가 구체적으로 그 내용을 밝힌 바는 없다. 그러나 여러 판결례를 통하여 다음과 같은 사항들이 목록으로 포함되었다.

①헌법의 우위, ②법의 지배, ③권력분립원리, ④헌법전문에 선언된 목적, ⑤사법심사(제32조, 제226조), ⑥연방주의, ⑦세속주의, ⑧주권적, 민주적, 공화적 구조, ⑨개인의 자유와 존엄, ⑩국가의 통일과 통합, ⑪평등원칙, 개별적 평등을 넘어선 평등적 정의의 본질, ⑫제3부에 규정된 기본권의 본질, ⑬사회경제적 정의의 개념, 복지국가의 건설, 제4부(국가정책의 지도원리) 전체, ⑭기본권과 지도원리의 조화, ⑮의원내각제, ⑯자유롭고 공평한 선거원리, ⑰제368조가 부여한 개헌권력에 대한 제한, ⑱사법부의 독립, ⑲재판에의 효과적인 접근권, ⑳제32조, 제

136조, 제141조, 제142조상의 대법원의 권한

인도헌법이 연성헌법인 것은 네루의 '성문헌법과 의회주권과의 화해
(Reconciliation of a written Constitution with Parliamentary Sovereignty)'라
는 발상에서 연유한다. 이렇게 해서 네루는 의회주권의 발휘함으로써
인도헌법을 탄력적으로 살찌워 나가기를 바랐다. 동시에 사법심사제를
두어 다수당의 횡포라는 문제점을 해소하기 위한 미국의 제도를 도입
한 것이다. 이렇게 해서 민주주의 전통의 역사에서 가장 확고한 영국
의 의회주권원리와 새로운 근대 시민국가 미국이 창안한 사법심사제
를 동시에 포용한 셈이다. 사실, 오늘날 헌법이론에서 가장 난해한 문
제 중의 하나가 민주주의와 입헌주의의 갈등이다. 인도는 이것을 체험
을 통해서 익히고, 또 극복해 나왔던 것이다. 위에서 보았듯이 대법원
은 기본구조론으로 인해 의회주권원리나 권력(엄격)분립론을 대신해 사
법부의 우월론(judicial supremacy)을 확보하고 있다.

(2) 법률에 의한 개헌(완전한 연성헌법)

1) 헌법적 근거

제107조(법률안의 제출과 의결)에 따르면, 예산법률이나 재정법률안
이외의 일반법률제정의 발의는 제107조(1)에 따라 양원 중 어느 한 원
에서 발의가 된 후 양원 모두에서 통과되어야 한다. 통과된 법안은 대
통령에게 전달되어 승인을 얻어야 한다. 법률안이 다른 한 원에서 거
부되거나 의견이 불일치할 때는 대통령은 양원합동회의를 소집할 수
있다. 제100조는 특별한 규정이 있는 경우를 제외하고, 일반법률안의 심
의통과는 출석투표자의 과반수득표라는 단순과반수로 가능하도록 하고
있다.

2) 의회는 많은 헌법규정을 단순다수결로서 개정할 수 있다. 물론
이것들은 너무 단순한 것이라 제368조가 예정하는 헌법개정의 범주에

포함시키지 않고 있다.

　　①제2조, 제3조, 제4조 : 새로운 주의 창설, 주의 경계, 명칭의 새로운 설치나 변경

　　②제5조부터 제11조 : 인도 국적(의회의 법률에 의해 보충)

　　③제81조 : 선거구

　　④제100조(3): 의회의 정족수

　　⑤제105조 : 연방의회 의원의 특권

　　⑥제106조 : 연방의회 의원의 봉급과 수당

　　⑦제118조(2) : 상하양원에서의 의사절차

　　⑧제120조(2) : 영어를 헌법시행 15년 이후에는 공식언어로서의 기능폐지

　　⑨제124조(2) : 대법원 대법관들의 임용

　　⑩제138조 : 대법원관할의 확대

　　⑪제169조 : 주입법부의 제2원(상원)의 창설과 폐지

　　⑫제240조 : 연방직할지역의 행정

　　⑬부칙 제2조 : 대통령, 주지사, 상원의장과 부의장, 하원의장과 부의장, 대법원장과 대법관, 고등법원장과 고등법관, 감사원장 등의 봉급과 수당

　　⑭부칙 제5조, 제6조 : 지정부족과 지정지역에 대한 행정

3) 일부 조항(제285조, 제300조)은 별도의 의회입법이 없는 한도 내에서 효력을 갖는 것도 있다.

4) 또한 헌법관례(constitutional conventions)의 역할이 크다. 영국과 마찬가지로 의원내각제를 운영하는 인도에서 내각의 사퇴와 의회해산이라는 결정은 명확한 규정보다는 많은 부분 관례에 의존하게 된다.

이렇게 해서 헌법의 내용은 상황에 부응하여 융통성 있게 적응해나간다. 이런 점에서 보면 인도헌법은 미국의 성문법의 특색과 영국의 의회주권의 특색을 결합시키고 있다고 말할 수 있다. 네루를 비롯한 헌법제정회의 대표자들은 애당초 영국의 자유주의 철학에 침윤되고 있었다.

(3) 헌법 제368조에 의한 개헌('경성' 헌법 부분)

1) 헌법에 포함된 어떤 규정에 대해서도 의회는 이 조문이 정하는 절차에 따라 증보, 변경, 폐지를 할 수 있다.

2) 개헌발의는 양원 중 어느 한 원이 할 수 있다. 개헌안은 각 원의 전체의원 과반수의 참석과, 투표자의 3분의 2 이상의 찬성을 얻은 경우에 통과된다. 통과된 개헌법안은 대통령에게 전달되어 승인된 후, 헌법으로서의 효력을 가진다. 다만, 다음 사항의 개헌은 대통령에게 승인을 얻기 위해 전달되기 전에 각 주의 입법부들이 발효에 대한 결의를 하는 방식으로써 전체 주의 과반수의 의회에서 비준을 받아야만 한다.

①제54조, 제55조 : 대통령선거와 선거방식
②제73조 : 연방집행권의 범위
③제162 조 : 주 집행권의 범위
④제241조 : 연방직할지역의 고등법원
⑤제5부의 제4장(대법원 관련조문), 제6부의 제5장(각 주의 고등법원 관련조문), 제11부의 제1장(연방과 주사이의 입법권의 분배)
⑥부칙 제7조의 목록(제246조 관련사항임. 목록1은 연방사항, 목록2는 주의 사항, 목록3은 경합사항이다.)
⑦부칙 제4조(연방상원에서의 각주의 대표자 수)
⑧이 조의 규정

3) 제13조는 이 조문에 의한 개정을 할 수 없다.

4) 이 조문에 따른 헌법개정은(제3부의 규정을 포함해서) [1976년의 제42차 개헌법률 제55조의 시행 이전, 이후에 관계없다] 어떤 법원도 어떤 이유에 의해서도 문제 삼을 수 없다.

5) 의문을 불식시키기 위해서, 이 조문에 의거한 증보, 변경, 폐지 등 의회의 헌법개정권력은 무제한임을 선언한다.

(4) 일반법률과 개헌법률과의 차이

1) 헌법 제368조에 따라 인도헌법은 통상의 연방의회에 입헌권을 부여하고 있고 개헌을 위한 별도의 특별기구(예컨대, 헌법제정회의)를 두고 있지 않다.

2) 주의회에는 개헌을 위한 제안권이 없다. 연방의회의 양원 중의 어느 하나가 개헌발의를 할 수 있을 뿐이다.

3) 헌법 제368조를 보면 개헌발의는 일반법률의 발의와 그 절차가 똑같다. 특별정족수가 있는 것을 제외하면, 법률제정과정과 다를 것이 없다.

4) 헌법안은 일반법률안과 절차상에서 다른 몇 가지가 있다.

　　①제108조는 법률안과 관련하여 양원 사이에 이견이 존재하는 경우, 양원합동회의의 개최로써 난국을 해결하도록 하고 있다. 하지만 일반법률안은 헌법 제5부 제2장의 것이고, 개헌권은 제368조의 (2)에 의거하여 양원의 특별정족수를 요구하고 있으므로 개헌법률발의에 있어서는 양원합동회의의 적용이 없다고 보아야 한다.

　　②개헌발의안에 대해서는 대통령의 사전 재가가 필요 없다.

　　③헌법 제111조에 따라 일반법률안은 양원을 통과한 법안은 대통령에게 전달되는데, 이때 대통령은 승인하는 대신에 그를 보류할(withhold) 수 있다. 법률안은 법률로 발효할 수 없게 되는 것이다. 그렇지만 개헌안에 대해서는 1971년 제24차 개헌을 통해 제368조 제2항의 수정을 통해 대통령은 보류권이 없고, 승인 '해야만' 한다고 바뀌었다.

5) 그렇다면 개헌법률도 헌법 제13조 제3항이 규정하는 '법률'과 동일하기 때문에 동조 제2항의 적용을 받아야 하는가하는 문제가 발생한다.

6) 문제점

제368조는 개헌에 관한 '완결된 법전'이 아니다. 헌법개정관련 조항들이 헌법의 곳곳에 산재해 있으며, 연방정부조차도 때로 어떤 조문을 근거로 헌법을 수정해야 할지를 모르는 경우가 나타난다. 예컨대, 제61

차 개정법률은 전체 주의 과반수의 동의를 얻었는데 이것은 헌법상 불
필요한 것이었다.

6. 연방제 : 준연방제

인도 헌법은 고전적인 의미에서의 연방제, 혹은 미국의 연방제를
취하지 않고, 연방 우위의 연방국가체제를 취하고 있다. 현재 연방국
가는 28개 주와 7개의 연방직할지역(Union Territories)으로 구성되어 있
는데, 인도 헌법은 각주들과 연방국가를 위한 헌법이다. 각 주들은 자
신들의 독자적인 헌법을 갖지 않는다. 따라서 하나의 동일한 헌법이
연방국가와 각주들의 구조, 권력과 기능 그리고 그것의 한계를 제시해
준다. 또한 법원의 조직도 단일국과 같다. 즉, 대법원을 정점으로 하는
법원체계가 주마다 있지 않고, 연방전체에 걸쳐 대법원이 유일하게 존
재한다.

헌법제정부터 발효직후에 헌법제정자들이 당면했던 문제는 국가의
통일과 통합, 민주주의, 사회혁명이었다. 이들을 실천함으로써 국민들
에게 좋은 나라를 만드는 것이 최우선과제였다. 문제는 이들 과제가
서로 길항관계를 띠고 있었다는 것이다. 사회혁명은 민주주의의 희생
을 요구했고, 사회의 변혁 없이는 더 많은 사람들이 평등하게 되는 민
주주의가 달성될 수 없었다. 그러나 당장 국가의 통일과 통합이 없이
는 사회경제적 개혁이나 민주적 정부의 성립자체가 불가능하게 보였
다. 530개에 이르는 군주국을 하나의 국가로 통합하는 것이 최우선 과
제였고, 오늘날까지도 여전히 연방제로부터의 분리이탈의 불안이 부분
적으로 존재하고 있다. 그래서 중앙정부의 권한이 강한 연방제 즉 준
연방제(quasi-federalism), 협력적 연방주의(cooperative federalism)가 불가
피한 것이 사실이다.

연방주의가 갖는 장점은 이것이 민주주의와 상통하는 방식이라는 것이다. 가장 아래로부터는 소단위의 마을자치로부터 출발해서 중간 크기의 지방자치를 거쳐, 주의 자율성, 그리고 연방국가의 존재 이렇게 연결되는 사회는 그 어디서든지 자율과 자유, 자립과 자활이 가능한 것이다. 인도는 1992년 이후 빤차야트제도가 헌법적으로 보장되고 있다. 빤차야트는 민주주의의 최소단위이다. 이렇게 해서 최저 기초단위에서 최상의 연방주의 국가까지가 수미일관성을 갖게 되었다. 이제 실천하는 일만 남았다. 그러나 이런 꿈의 공동체는 아직은 시기상조인 것이다. 아직은 분리주의로부터의 위협을 방지하기 위해 중앙집중의 연방주의가 필요한 것이 인도이다. 중앙집중이 강한 한 민주주의는 계속 한계를 노정할 것이다.

7. 의원내각제

(1) 인도 내각제의 특징

인도의 의원내각제는 영국의 것을 답습하였다. 오랫동안의 식민지배하에서 이 방식이 익숙한 것이었다. 그러나 영국의 군주와 다르고 또 다른 의원내각제 국가와도 다르게 인도에서 대통령은 적지 않은 권력, 권한을 보유하고 있는 것이다. 또한 인도 의원내각제는 이의 전제 내지 바탕이 되는 정당제도가 지극히 다양한 모습을 띠고 있다는 점을 특징으로 들 수 있다.

(2) 기본구조

연방국가는 중앙정부의 수반인 인도의 대통령에 의해 대표된다. 대통령은 당선된 의회 양원 의원 및 당선된 각 주 의회 의원들로 구성된

선거인단에 의하여 선출된다. 정부형태가 의원내각제이기 때문에 대통령은 원칙적으로 명예직이다. 그러나 약간의 실권을 보유하고 있다. 부통령제가 있다. 부통령은 당연직으로 상원의 의장이 된다. 부통령은 양원 합동회의에서 단기이양식투표의 방법에 의한 비례대표제의 원칙에 따라서 선출된다. 대통령은 인도 수상에 의해 이끌어지는 내각에 '조력과 권고'를 한다. 수상과 내각의 장관들은 의회 의원들 중에서 대통령이 임명한다. 내각은 공동으로 하원(Lok Sabha)의 의원을 책임지며, 의회의 신임을 잃을 경우 내각이 사퇴하게 된다.

의회는 두 개의 원으로 구성된다. 상원(Rajya Sabha)은 연방국가의 각 주들을 대표한다. 상원은 상설 기관으로 구성원의 3분의 1이 2년에 한번씩 새로이 선출된다. 하원은 각 지역구에서 선출된 국민의 대표자들로 구성된다. 보통 하원의 임기는 5년이다. 양원은 인도 연방국가내의 모든 법의 입법권한을 갖고 있다. 그러나 의회에 의해 가결된 법률들은 대통령의 동의를 얻어야 한다.

각주의 정부도 같은 원칙에 의해 구성된다. 각주의 주지사는 대통령에 의해 임명되고, 주정부의 내각 수반은 주의 수상이다.

(3) 대통령의 권한

그러나 인도의 의원내각제는 대통령의 권한이 단순히 명예직으로 머물러 있지 않고 약간의 적극적인 권한행사를 할 수 있다는 점에서 특징적이다.

대통령의 권한은 헌법의 100개 조문 이상에서 언급하고 있다. 대통령의 권한행사는 내각을 통해서 또 내각과 상의해서 한다.

1) 집행권

대통령은 집행과 행정의 수반이다. 모든 집행권은 그에게 부여되어 있다(제53조). 또한 제77조는 인도정부의 모든 집행행위는 대통령의 이름으로 표현되어야 한다. 대통령은 수상을 임명하고, 수상의 제청에 따라(on the advice of the PM) 다른 각료들을 임명한다. 그는 하원 다수당의 지도자를 수상으로 지명한다. 어느 당도 다수당이 되지 못했을 때, 그는 수상에게 정한 기간 내에 원내에서 다수를 확보할 수 있는지를 물어볼 수 있다.

수상은 제78조에 따라 대통령에게 행정에 관한 모든 사항을 통지해야 한다. 대통령은 수상에게 어떠한 정보도 요청할 수 있다. 행정권이란 법을 집행하고 정부의 여러 부서의 일을 처리하는 것이다. 대통령이 형식상으로는 연방집행권의 수장이므로, 모든 집행행위는 대통령의 이름으로 한다. 실권은 내각에 있지만, 대통령은 연방의 일에 관하여 그 정보를 요청할 권리가 있다. 행정권과 관련해서 대통령은 연방의 고위 행정관들을 임명하고 교체시킬 권한이 있다. 구체적인 대상은 다음과 같다.

－수상, 내각의 각료, 법무장관, 감사원장, 대법원 법관, 각주의 고등법원 법관, 각주의 주지사, 연방직할지역의 행정관, 해외주재 대사와 고등판무관, 중앙수자원위원회 위원, 재정위원회 위원, 연방공공서비스위원회 위원장, 선거관리위원장, 지정카스트와 지정부족위원회 위원장 및 위원, 지정지역에 대한 행정위원회 위원장 및 위원, 낙후계급위원회 위원장 및 위원, 공식언어위원회 위원장 및 위원, 언어소수집단에 대한 위원회 위원장 및 위원.

또한 대통령은 다음과 같은 관리들을 교체할 권한이 있다.

－능력이 부족한 연방각료, 법무장관, 각주 주지사, 연방직할지역의 행정관, 대법원의 결정을 참조하여 연방공공서비스위원회 혹은 주공공서비스위원회 위원장 및 위원, 연방의회의 결의에 기초하여 대법원 법관 및 고등법원 법관, 연방의회의 결의에 기초한 선거관리위원장

2) 각 주들에 대한 지시권의 발동

제256조, 제257조는 대통령이 각 주의 행정에 관하여 지시권을 발령할 수 있도록 했는데, 이를 통해서 연방의 주에 대한 감독권이 생기며, 연방과 주의 일체감을 형성하게 된다. 대통령은 각 주에 소재하는 국가적 혹은 국방의 중요성이 있다고 선언된 시설이나 통신장비에 관하여도 지시를 내릴 수 있다. 대통령은 안다만과 니꼬바르제도의 연방직할지역에 대한 평화, 발전, 좋은 통치를 위하여 규정을 제정할 수도 있다.

3) 의회의 소집과 해산권

대통령은 의회의 양원 혹은 일원의 회의소집하고 개회할 수 있으며, 임기만료 이전에 록사바를 해산할 수도 있다. 또한 양원사이에 교착이 생겼을 경우 양원모두를 회의소집할 수 있다. 대통령은 양원 혹은 한 원에서 언제든지 발언할 수 있으며, 이 경우 의원의 출석을 요구할 수 있다. 제87조는 대통령은 총선거 실시 후 첫 회의나 매년 첫 회기가 시작할 때 양원모두에게 연설의 기회를 가진다. 그의 연설은 내각에서 준비되며, 정부정책을 담는다.

4) 의회에 대한 교서전달

제86조에 따라 대통령은 양원 어디에든지 교서를 전달할 수 있다. 그 내용은 첫째, 법안에 관한 것, 둘째, 의회가 가급적 신속하게 고려해주어야 한다고 보이는 사안과 관련해서이다. 이 권한을 통해서 대통령은 자신의 견해를 공개하는 기회가 된다. 특히 내각의 견해에 대해서 대통령이 마음에 내키기 않을 때 사용할 수 있는 방법이기도 하다.

5) 입법이전에 사전지지 혹은 권고할 수 있는 권한

헌법이 정한 바에 의하면, 대통령의 권고는 다음과 같은 경우에 필요하다. 첫째, 현존하는 주의 지역이나 경계, 혹은 명칭을 변경할 경우 (제3조), 둘째, 화폐에 관한 법안, 셋째, 연방재정에서 지출할 내용을 포함하는 의안, 넷째, 주의 이해관계가 걸린 조세나 의무의 부과 혹은 변경하는 의안, 다섯째, 무역과 상업의 자유를 제한하는 법안(제304조)

6) 연방입법에 동의 또는 보류하는 권한

연방의회를 통과한 법안은 대통령의 동의를 얻어야 법률로써 확정 된다. 화폐에 관한 법안 외에는 대통령은 동의를 하거나 혹은 보류하 거나 혹은 환부를 해서 법안을 재심사해줄 것을 요청할 수 있다. 이때 수정에 대한 의견을 첨부해도 좋고 없어도 좋다. 그 경우 양원에서 다 시 그 법안을 통과시켜(수정을 하거나 혹은 수정을 하지 않거나) 대통 령에 송부되었을 때 대통령은 동의를 해야 한다(제111조).

7) 사법에 관한 권한

제72조에 따라 대통령은 사면권을 가진다.

8) 대통령의 비상조치권

헌법 제18부에는 대통령의 비상조치권에 관하여 규정하고 있다. 이 것은 비상시의 특별한 권한이다. 제352-360조의 규정들은 3가지 형태 의 비상상황을 예정한다. (1)외부의 침략전쟁이나 내란이 발생한 경우, (2)어떤 주에서 헌법이 정지되는 비상사태가 발생한 경우, (3)재정적 위 기에 따른 비상사태 등이다. 이중 첫 번째 것은 '국가적' 비상사태로서 다른 두 가지가 각각 헌법적 비상사태, 재정적 비상사태인 것과 상이 하다.

① 전쟁 혹은 안전보장과 관련한 비상사태(제352조) : 이 권한과 관 련해서 권한남용방지를 위해 6개의 안전장치가 마련되어 있다. 첫째, 비상사태의 선포는 내각이 명시적 의견을 대통령에게 서면으로 제출 한 이후에만 가능하다. 둘째, 모든 비상사태선포는 1개월 이내에 연방

의회 양원에 전달되어야 한다(종전에는 2개월). 셋째, 대통령의 선포는 의회에서 3분지 2이상의 참석과 투표결과 과반수의 동의를 얻어야 한다. 넷째, 비상사태는 6개월을 넘지 않아야 한다. 의회가 3분지 2이상의 참석과 투표자 3분지 2이상의 찬성으로 특별다수결을 얻는 경우에는 예외이다. 다섯째, 록사바 의원의 10분지 1은 대통령 혹은 의장에게 비상사태의 선포를 거절하기 위한 특별한 회의를 소집할 수 있다. 여섯째, 비상사태 선포의 합헌성여부는 그 악의여부(malafides)를 토대로 해서 법원에서 심사한다.

전쟁으로 인한 비상사태 하에서 헌법상의 연방에 관한 규정은 정지될 것이다. 중앙과 주사이의 재정관계도 적잖이 수정될 것이고, 의회의 자치에 따라 연방의회는 인도전역에 걸쳐 주의 목록에 포함되는 사항에 대해서까지 전면적인 입법권을 행사하게 될 것이다. 더욱 중요한 것은 인도정부가 주정부에 대해서 주의 목록에 포함된 사항에 대해서 집행에 관한 지시를 하게 될 것이다. 제44차 개헌 전만하더라도 그런 비상사태의 출현은 헌법상의 기본권을 제359조에 따라 대통령에 의해 정지될 수 있었다. 신체의 자유권, 생명권 등 자유권이 비상사태기간 동안 정지된다.

② 헌법의 붕괴로 인한 비상사태(제356조) : 대통령은 주지사의 보고나 기타의 방법에 의해서 어떤 주가 헌법에 따른 업무를 수행할 수 없다고 판단할 경우 헌법적 비상사태를 선포한다. 대통령은 이때, (1) 주의 기능 전부 혹은 일부를 장악하거나 혹은 이들 기능을 주지사 혹은 주의 어떤 부서에게 부여한다. (2)주의회의 권한은 연방의회가 행한다고 선언한다. (3)비상사태선포의 목표를 완성하기 위한 필요한 규정들을 제정한다. 사법부를 제외한 헌법적 기구나 조직의 정지를 포함한다.

③ 재정적 비상사태(제360조) : 만약 대통령이 국가의 재정적 안정 혹은 신용, 혹은 영토의 일부지역이 위협을 받는다고 판단하게 되면,

그는 재정에 과한 비상사태의 선포를 할 수 있다. 이 경우, 대통령은 첫째, 특정 주에 대해 지시에 명시된 재정적 소유의 원칙을 잘 준수할 것을 명할 수 있으며, 둘째, 대법원과 고등법원법관을 포함한 모든 공무원들의 봉급과 수당을 감액하는 조치를 취할 수 있고, 셋째, 모든 예산안과 재정에 관한 법안들이 주의회를 통과한 후라도 잠시 보류될 수 있다는 명령을 내릴 수 있다.

재정적 비상사태의 선언은 주의 비상사태 때와 마찬가지로 2개월 이내에 의회의 승인을 요한다. 그리고 6개월 이상 존속할 수 없다. 그리고 그 연장은 최대 3년까지다. 이러한 유형의 비상사태는 인도에서 내려진 적이 없다.

9) 대통령의 재량권

인도 헌법은 대통령의 재량권에 대하여 아무런 언급이 없다. 그러나 헌법전문가들의 견해로는 영국의 여왕과 마찬가지로 인도의 대통령은 적어도 두 분야에서 재량권을 행사할 특권을 가진다고 본다. 첫째, 수상의 임명, 둘째, 록사바(하원)의 해산이다. 평상시에 이 특권은 헌법의 규정에 의해 규제된다. 학설에 따르면, 대통령의 재량권은 그가 선서한 내용, "헌법을 보존, 보호, 방위하며, 인도국민에 대한 봉사와 안녕을 위하여 헌신을 다할 것"(제60조)에서 연유한다.

① 수상의 선택에 있어서의 재량권(제75조) : 대통령은 수상을 지명한다. 일반적 조건하에서는 재량이 없다. 그의 선택은 록사바의 다수당의 지도자를 선택하는 것이다. 그렇지만 만약 어떤 한 개의 정당이나 연정도 하원의 다수를 점하지 못할 경우이거나, 수상이 직무 중 사망한 경우 등에는 대통령의 수상선임권에 재량권이 존재한다. 어떤 비판자의 견해에 따르면, 대통령이 결정적인 역할을 할 수 있는 때는 다음과 같은 때이다. 즉, 집권당의 다수가 당의 내분, 갈등으로 인하여 갈가리 찢어졌을 때, 혹은 일부 집단이나 파당이 탈당이나 당을 옮기

는 등 당의 응집력을 붕괴시킬 때, 부패관행이 집권당의 평판을 먹칠하고 있을 때 등이다. 평상시에는 대통령의 선택은 새로운 지도자가 하원의 다수를 지휘해야 한다는 사항에 의해 제약된다.

② 재량권과 록사바의 해산(제85조) : 대통령에 의해 록사바가 해산된 예는 있다. 하지만 그 해산에 대한 조언을 하는 수상은 의회에서 다수가 아닌 적이 없었다.

8. 기본권, 국가정책의 지도원리, 기본의무

(1) 기본권 규정의 특징

인도헌법을 보면 제3부에 규정된 기본권조항은 주로 자유권적 기본권에 해당한다. 그리고 제4부에 규정된 국가정책의 지도원리는 사회적 기본권의 내용이라 할 수 있다. 바이마르공화국은 이 두 가지 기본권을 모두 헌법에 규정한 것까지는 좋았으나 실제로 이를 수행할 역량이 없었기 때문에 실패한 헌법이다. 그 후 서독헌법(현재의 독일헌법)은 과거의 반성을 통해 현실적으로 감당하기 곤란한 사회적기본권의 목록을 헌법에서 제거함으로써 헌법의 실효성을 높이는 방법을 선택했다.

(2) 기본권의 내용

먼저 기본권편을 보자. 헌법조문 중 어떤 것들은 인도 국민에게만 인정되고, 다른 것들은 외국인에게도 동등하게 인정된다. 법률, 명령, 관습, 관행 혹은 행정명령도 기본권을 부인할 수 없다는 의미에서 기본권은 불가침이다.

기본권은 중앙과 주의 각각의 집행부와 입법부 그리고 지방 및 여타의 권력을 포함한 모든 권력을 구속한다. 그렇지만 기본권은 절대적인 것은 아니다. 기본권은 법률에 의해 제한될 수 있다. 이 때 기본권에 대한 모든 제한은 사법심사에 구속되고, 만약 기본권과 반하는 경우 미국과 같이 대법원에 의해 무효로 선언될 수 있다. 더욱이 기본권이 헌법의 기본구조를 형성하는 한 헌법개정에 의해서도 폐지될 수 없다.

헌법상의 기본권 조항 중 주요한 것은 다음과 같다. 즉, 법 앞의 평등(제14조); 인종, 종교, 카스트, 성별, 출생지, 등에 의한 차별금지(제15조); 고용기회의 평등(제16조); 불가촉천민(Untouchability)제도의 폐지(제17조); 작위의 수여 금지(제18조); 언론·출판·집회·결사·운동의 자유(제19조 제1항, 제2항, 제3항), 거주와 주거의 자유(제19조 제4항, 제5항), 직업 및 영업의 자유(제19조 제7항); 소급형벌법의 금지(제20조 제1항), 이중위험의 금지(제20조 제2항), 진술거부권(제20조 제3항); 생명과 신체의 자유(제21조); 체포사유를 알 권리(제22조 제1항 전단), 변호인의 조력과 방어를 받을 권리(제22조 제1항 후단), 체포의 경우 24시간 내에 법원의 판단을 받을 권리(제22조 제2항); 인신매매(제23조 제1항), 강제노동(제23조 제2항), 위험한 작업에 아동 고용 금지(제24조); 종교의 자유(제25조~제28조); 소수자가 자신의 언어, 글, 또는 문화를 유지할 권리(제29조), 그리고 자신들의 선택에 의해 교육기관을 설립하고 관리할 권리(제30조); 기본권 보장을 위해 대법원에 접근할 권리(제30조) 등이다.

기본권의 발달과 관련해서 대법원은 1950년의 판결에서의 기본권에 대한 조심스런 접근을 시작으로 어느 한 기본권으로부터, 혹은 헌법의 다른 영역에서, 혹은 인권에 관한 국제적 발전으로부터 또 다른 기본권을 끌어냄으로써 자신들의 영역을 서서히 넓혀 왔다. 그리하여 법원은 기존의 기본권으로부터 많은 새로운 권리를 창조해 왔다.

(3) 국가정책의 지도원리

헌법 제4장의 제36조부터 제51조까지 16개 조항에 걸쳐 「국가정책의 지도원리」라는 제목 아래 규정하였다. 제39조에서는 ①남녀에 대한 동등한 생활수단의 보장, ②공공복지적 관점에 적합한 사회자원의 소유와 지배의 적정배분, ③공공에 유해할 정도의 경제적 조직과 운영의 공공복리성과 부와 생산수단의 집중방지, ④남녀 임금차별 금지, 동일노동 동일임금원칙, ⑤남녀노동자의 건강 및 체력 보장, ⑥아동에 대한 혹사 금지, ⑦연령과 건강에 적정하지 않은 직업의 강요 금지, ⑧아동과 청소년에 대한 착취와 정신적 물질적 유기로부터의 보호가 규정되어 있다.

이외의 주요 내용으로, 빤짜야뜨의 조직(제40조), 노동권 및 교육권의 보장, 실업과 노령, 질병, 장애, 빈곤에 대한 공공부조(제41조), 공정한 근로조건과 산모의 휴가보장(제42조), 농공산업에 종사하는 근로자에 대한 생활급여와 여가 및 문화생활조건의 확보(제43조), 통일민법전의 제정(제44조), 헌법 제정 10년 이내에 만14세까지의 학령아동에 대한 무상의무교육 실시(제45조), 지정카스트, 지정부족 등 사회적 약자에 대한 교육과 경제적 기회증대(제46조), 영양과 생활수준, 국민보건의 향상(제47조), 영농과 축산업의 조직화(제48조), 환경과 수목, 야생동물들의 보호(제48A조), 문화재와 국가적 기념물의 보존(제49조), 사법부의 집행부로부터의 독립(제50조), 기타 국제평화와 국제법규의 존중(제51조)들이 있다.

한마디로 복지국가를 위한 프로그램적 성격으로 여겨지는 국가정책의 지도원리는 사법적 구제나 강제집행의 대상은 아니다. 그럼에도 불구하고 이것은 국가 통치에 있어 기본적이며, 국가는 입법에 있어 이를 적용할 의무를 가지는 것으로 대단히 중요한 의의를 가진다. 기본권규정들이 주로 자유권적 성격을 지닌다면, 지도원리는 사회국가에 바탕을 둔 내용들이기 때문에 양자는 상호 충돌할 소지가 많다. 헌법이 발효된 직후부터 대법원은 국가정책의 지도원리와 기본권이 충돌하는 경우에 전자는 후자에 구속된다는 견해를 가져왔다. 이러한 법원의 판결은 기득권층의 이익을 보호하기 위한 측면에서 많이 내려졌다. 그렇기 때문에 의회는 사회적 하층민을 위한 보호를 헌법에 규정한 1951년의 제1차 헌법개정을 가져오게 되었다. 몇 년 후에 법원은 자신의 입장을 바꾸고 양자가 충돌하는 경우 조화와 타협을 이루어야 한다고 하였다. 국가정책의 지도원리와 기본권은 모두 헌법의 '양심'에 해당하는 것으로 어느 하나를 우위에 두고자 할 때 헌법의 파괴를 초래할 위험이 있다. 따라서 기본권의 해석과 구성을 위해서 국가정책의 지도원리를 활용할 수 있어야 한다.

또한 인도헌법에는 기본권보장 외에 기본적 의무규정을 상세히 나열하고 있다. 좋은 국가가 되기 위해서 국민의 의무가 필수적임을 의식한 결과라 본다.

(4) 기본적 의무의 내용

1976년 개정을 통하여 헌법 제4장의 제51조의 A로 열 개항의 국민의 의무가 헌법에 부과되었다. 그 의무로는 헌법을 준수할 의무, 헌법의 이념과 제도를 존중할 의무; 자유를 위한 국민적 투쟁으로부터 나온 존엄한 이상을 간직하고 따를 의무; 인도의 주권과 통일과 통합을 지키고 방어할 의무; 모든 국민의 보편적 형제애 정신과 조화를 촉진하고, 여성의 존엄에 반하는 행위를 금지할 의무; 복합문화의 풍부한 유산의 가치를 인정하고 보존할 의무; 과학적 분위기의 발전시킬 의무; 폭력을 배제할 의무; 모든 개인과 단체 활동에서 최선의 노력을 다할 의무 등을 포함한다.

9. 헌법전문

인도헌법은 다음과 같이 시작한다. "우리 인도국민은 인도를 주권적, 사회주의, 세속적(secular), 민주주의 공화국으로 건설할 것과, 인도의 모든 시민들에게 사회, 경제, 정치적 정의의 보장과 사상과 표현, 신앙과 종교, 경배의 자유의 보장과, 신분과 기회의 평등을 보장함과 아울러, 개인의 존엄과 국가의 통일과 완전한 통합을 보장하는 우애를 전 국민들 간에 증진시킬 것을 엄숙히 결의하는 바이다. 1949년 11월 26일 헌법제정의회에서 이를 채택하고 시행에 옮긴다."

인도헌법의 전문은 명문이다. 그리고 역시 특징적인 몇 가지 내용을 포함하고 있다. '사회주의'(socialist), '세속적'(secular)이라는 단어가 우리에게는 생소하게 다가온다. 이 두 단어는 1976년의 제42차 개정헌법에서 추가된 것이다. 물론 헌법제정당시부터 '사회주의 국가'임을 명시하자는 주장이 있었으나 실패했다. 제42차 개헌 당시에 '세속적' 공화국이라는 수식어가 추가될 때 이는 "인도가 더 이상 종교상의 차별국가가 되어서는 안된다"는 의미를 담는다고 하였다. 또한 '사회주의'란 "인도에서는 사회적, 정치적, 경제적 등 일체의 착취가 있어서는 안된다는 뜻"을 담고 있었다. 그 이후의 판결을 통해서 "헌법상의 사회주의철학의 편입은 소득과 지위, 생활수준 상의 불평등을 제거함을 목표로 하는 것"(D.S. Nakara v. Union of India, 1983; Kerala Hotel and Restaurant Assn. v. State of Kerala, 1990)이고 "법원으로 하여금 산업의 국유화와 국가소유에 동조하도록 만들기 위함"(Excel Wear v. Union of India, 1978; National Textiles Worker's Union v. P.R. Ramakrishnan, 1983)이라고 밝힌 바 있다.

인도는 결코 우리가 알고 있는 그런 경제적 사회주의국가가 아니다. 영국의 식민시대부터 독립이후까지 자본주의가 지배적인 체제이다. 그런데 인도의 국부들은 사회주의자였다. 특히 간디와 네루가 그러하다. 이들은 맑시스트는 아니었다. 간디가 이상적 공동체주의자(현대적 개념의 anarchist)라면, 네루는 페이비아니스트였다. 빈곤이 편만하였기에 인도의 지도자라면 사회주의자가 되지 않을 수 없었을 것이다. 물론 미소 냉전체제에서 비동맹노선의 선택을 통한 국제정치·외교상의 인도 역할도 한몫했다. 이들이 건국의 핵심인물이기 때문에 인도에서는 사회주의에 대해 거부하는 일이 없다. 실제로 일부 주(웨스트 벵갈, 께랄라)에서는 장기간 공산당이 집권하고 있다. 이 이상은 한때는 주요 기간산업의 국유화로 나타났지만, 지금도 빤차야트, 국민의 기본의무, 연방주의, 공존의 개념, 자연환경의 보호 등에서 그 사상이 배어있다.

특히 네루집안에 대한 존경과 신뢰는 아직까지 계속되고 있다는 점에서 간디와 네루의 이상주의적 사회주의는 인도인들에게는 공동체생활로서의 이상사회로 남아있다고 볼 수 있다.

세속주의(secularism)를 구태여 헌법에 시킨 것은 가상스런 노력으로 보인다. 서남아시아 국가들이 대부분 신정정치에 입각하여 국교를 갖고 있는 데 비해 인도는 비록 현실은 압도적으로 힌두교 일색이지만, 국가의 지향점만큼은 세속주의에 두고, 신교의 자유를 보장하고 있다. 종교공동체주의(communalism)로 인한 고통은 파키스탄의 분리라는 비극으로 나타난 바 있고, 아직도 카시미르 국경지대의 분쟁과 힌두교도와 국내의 이슬람교도들과의 폭력적 갈등관계는 첨예한 상태다. 한 때 문제가 되었던 뻔잡지방의 시크교도의 분리주의는 요즈음은 잠잠한 상태다. 힌두교(와 불교)의 발상지인 인도가 서양의 정치, 경제, 문화가 지배하는 세계 분위기 속에서, 기독교, 이슬람교의 영향에 어떻게 대처할 것인지는 인류문화적 관심사임에 틀림없다. 이런 동서양의 문화적 조우와 양자의 변화과정이 인도헌법의 전개과정에 반영되고 있다.

여러 사회주의 경향에 동감하고 있던 제헌의회가 사회주의적 정책에 경도된 헌법을 제정하였다는 것은 잘 알고 있는 사실이다. 물론 제헌의회가 만든 헌법은 서구 자유주의 전통에 기반하고 있었지만, 1970년대 후반부터 정부는 사회주의적 정책을 추구하고 따라서 재산의 사회화, 산업의 국유화, 그리고 경제에 대한 국가의 통제에 관한 법률이 만들어졌다. 1980년대 이러한 경향은 느슨해졌다. 1991년 결국 시장경제에 기반한 새로운 경제정책이 채택되었다. 그 때 이후로 경제의 탈규제화와 자유화 과정이 진행되었다. 인도는 세계무역기구(WTO)의 회원국이며, 그에 상응하는 법률들을 만들고 있다. 그렇지만 여전히 헌법전문상의 '사회주의' 국가라는 표현은 지워지지 않고 있다.

10. 빤차야트

빤차야트는 베다시대부터 존재했다는 마을협의회이다. 마을협의회는 사법기능을 포함한 행정을 목적으로 구성된 주민회이다. 빤차야트는 말 그대로는 5인 협의회라는 뜻이지만, 실제로는 이 숫자에 구애받지는 않았다. 기원전 304년 인도 짠드라굽타 궁을 방문했던 그리스 대사 메가스테네스는 『인도지』를 비롯한 많은 고전과 문헌을 통해서 볼 때 인도에는 전통적으로 마을과 지방의 도시에서 자치제도가 널리 확산되어 있었음을 알 수 있다. 중앙정부는 마을이나 지방도시가 세금을 제대로 납부하는 한 행정이나 사법에 관여하지 않았던 것이다.

물론 무굴제국이 되면서 이 전통은 거의 소멸되었다고 한다. 그리고 영국의 지배 하에서 영국은 지방자치제도를 도입하기 시작하였다. 그와 함께 빤차야트의 부활이 논의되기 시작했다. 독립운동시절 간디는 5단계의 빤차야트에 기초를 둔 사회를 이상향으로 삼았다. 그리고 이것이 헌법제정에 유일한 당부사항이었다. 간디의 유훈이었기 때문에 빤차야트는 헌법의 국가정책의 지도원리편으로 규정되어 있었다. 연방 정부를 꾸리기도 바쁜 상황에서 이상에 가까운 이것을 조직하는 것은 무리였다. 하지만, 빤차야트에 대한 네루의 독려는 계속되었다. 부분적으로 진행되다가 도충하차를 거듭하였다. 그러나 1980년대 중반 연방 정부는 다시 빤차야트의 부흥에 관심을 가졌다. 1992년 제73차 개헌법률이 통과되었다. 그리고 93년 17개의 주의회 동의를 얻어 4월부터 효력을 발생했다.

제73차 개헌은 빤차야트를 헌법상 지위를 부여하였다. 이 조직은 3단계 구조로 되었다. Gram Panchayat(village마을, 인구 500명 이상의 촌락), Panchayat Samiti(block구역), Zilla Parishad(district지역)가 바로 그것이다. 모든 단계의 빤차야트는 7명에서 31명의 위원들로 구성되며 그 위원들은 직접선거로 선출한다. 그람 빤차야트의 의장선출은 각 주가 자율적으로 결정하기로 했다. 빤차야트 사미띠와 질라 빠리사드는 간접선거로 선출한다.

사회 낙후 집단인 불가촉천민과 부족에게 할당되는 의석은 각 단계에서 그 집단의 인구비율에 의해 결정된다. 이 집단들과 여성들에게 할당되는 의석은 최소 3분의 1이 되어야 하며 이 할당의석은 순환제에 의해 부여된다.

빤차야트는 1) 사회정의와 경제개발을 위한 계획의 수립 및 수행, 2) 부칙 제11조에 나열되어 있는 사항들에 관한 권한이다. 빤차야트에 재정권을 부여하였다. 주정부는 빤차야트에게 적절한 지방세를 할당하여 그 징수권과 사용할 권한을 주었다. 부칙 제11조에 나열된 사항은 모두 29개이다. 1) 농업과 관련분야, 2) 농지개선, 농지개혁의 실행, 3) 소규모 수로, 수질관리와 수량분배의 발전 등.

2006년 12월 정부보고서에 따르면 인도에는 약 24만 개의 빤차야트가 있고, 빤차야트 구성원으로 선출된 인원이 약 300만 명에 달한다. 여성들이 전체 빤차야트 구성원의 약 37%를 차지한다. 불가촉천민과 부족, 여타 사회낙후집단들도 각 지역 빤차야트 내의 인구비율에 따라 할당된 수의 구성원으로서 활동하고 있으며, 그 비율이 전체의 30%를 넘고 있다.

11. 소수자와 사회적 하층민에 대한 특별한 보호

헌법제정자에게 주어진 제일차적 과제는 소수자 보호였다. 국가정책의 지도원리를 통해 이런 방향이 설정되었다. 헌법상 소수자가 적극적 행동을 할 수 있는 구체적 장치와 행정적 수단들을 제공함으로써, 소수자의 기본권 보장을 통하여 자유롭게 자신들을 보존하며 자신의 독립적 정체성을 추구함은 물론이고, 또한 그들이 국가의 정치적·사회적 삶에 적극적으로 참여할 수 있게 하였다.

1946년 12월 13일 네루는 목적결의를 하는데 제5절에는 "사회경제 정치적 인도의 정의 …"가 실현되며, 제6절은 "… 사회적 소수집단이 …". 그럼에도 불구하고, 무슬림연맹과 국민회의 사이에는 무슬림 소수자들에 대한 직업할당에 관한 문제로 논란을 계속했다(MPSingh, p.499. 중하단 참조). 네루는 당시에 무슬림에 대해서뿐만 아니라 모든 소수자들의 그런 요구에 반대했다. 내각위원회(Cabinet Mission Plan)의 제안에 따라 기본권과 소수자권리보호에 관한 자문위원회가 제헌의회에 의해서 설치되었다. 물론 소수집단 대표도 포함하고 있었다. 자문위원회 내에서 각자의 집단에 대한 의석할당제에 대한 요구가 시크와 앵글로 인도인들에 의해서 제기되었다. 암베드카르는 지정카스트에 대한 강력한 요구를 했다. 소수자문제를 위한 소위원회는 빠텔이 위원장으로 있는 자문위원회에 보고서를 제출했다. 빠텔은 어떤 공동체에 대해서도 할당제는 반대한다고 하였다. 위원회는 권고안에서 헌법의 어느 부분에서나 혹은 부칙에서 행정의 효율성유지와 일치하는 한에서 공무원임명에서 소수자들의 권리를 보장하는 내용이 삽입되어야 한다는 내용을 담았다. 그 결과 헌법은 제341조, 제342조에서 지정카스트와 지정부족을 인정하고, 제330조와 제332조에서 입법부에서의 할당제형태를 보장하는 내용을 담고, 제335조와 기타 제17조, 제338조, 제339조에서 에서 공무원임명에서의 할당의 가능성을 열어놓고 있다.

헌법 제9부의 제243조 이하의 규정에 따르면 특히, 의회, 주 의회, 빤짜야트와 기초자치단체에 지정최하층(불가촉천민)과 지정부족(토착부족)이 인구비례에 의해 일정비율로써 참여하도록 하였다. 촌장회의와 기초자치단체의 3분의 1은 여성에게 주어졌다. 각주에서도 빤짜야트나 기초자치단체의 관리공무원직에 최하층천민, 토착부족, 그리고 여성들이 참여할 수 있도록 규정하였다. 의회와 각주의회에도 여성을 위한 의석 마련을 위한 노력이 있었다. 의회의 2석, 각주의회의 1석은 또한 앵글로-인도인의 구성원에게 배려되었다.

헌법은 또한 중앙과 주의 공공업무와 관련하여 각 공공서비스와 관직의 결정에서도 최하층천민과 토착부족의 주장을 고려하도록 규정하였다. 동시에 영국계 인도인을 위한 철도, 관세, 우편, 전화 등 공공서비스와 교육기관을 제공하도록 규정하였다. 헌법은 또한 최하층천민과 토착부족의 보호와 복지, 번영에 관한 모든 문제를 돌보도록 하고 규정하고 있다.

12. 맺는말

세계 최대의 문맹인, 빈곤인구, 카스트제도가 온존하고 있는 인도가 헌법의 노력을 통해서 변화한다는 것은 지난한 일임에 틀림없다. 하지만, 이 상태를 벗어난다면 그것은 곧 인류에게 희망이다. 필자는 이 글을 통해서 인도헌법이 현대의 '간다라헌법'이 될 것을 희망하는 메시지를 전달하고 있다. 멀리 알렉산더의 동방원정과 인도의 문화가 만나면서 동서양이 융화된 작품이 나왔던 것처럼, 근대에 들어서서 동인도회사를 앞세운 서양의 인도침략과 인도문화가 만나면서 동서양이 융화된 문화가 나오리란 것은 예상할 만한 것이다. 이 연장선에서 현대의 세계화를 통한 서양자본과 문화의 강력한 영향과 그에 대한 인도인들의 반응과정을 볼 때 인도인들은 서양의 것에 크게 영향을 받는 것이 사실이지만 결코 동화되지 않는 대국으로서의 자부심 혹은 대범함이 묻어나오고 있다는 점이 발견된다. 헌법제정과 그 후의 발달과정을 살펴볼 때 인도인들은 서양헌법을 수입하되 스스로가 필요한 만큼 취사선택하는 과정을 거치고, 또한 결코 헌법정신과 헌법적 정의를 포기함이 없이 자신들이 감당할만한 방법으로써 지속적으로 헌법을 발전시켰다는 점에서 다른 나라에서는 찾아볼 수 없는 독특한(unique) 인도헌법문화가 지금 형성 중이라는 것을 말할 수 있다.

<참고 문헌>

Mira Kamdar, Planet India, Scribner, New York, 2007.
A.P.J. Abdul Kalam with Y.S. Rajan, India 2020, Penguin Books, 2002.
Zoya Hasan, E. Sridharan(ed.), India's Living Constitution, Permanent Black, 2006.
Herbert M. Kritzer(ed.), Legal Systems of the World, ABC CLIO, 2002.
Mahendra P. Singh, Constitution of India, Eastern Book Co., 2003.
Durga Das Basu, Introduction to the Constitution of India, Wadhwa Nagpur, 2007.
Granville Austin, The Indian Constitution, 1972.
Granville Austin, Working A Democratic Constitution, 2003.

인도 수자원의 문제점

최 경 숙*

1. 개요

인도는 서쪽으로는 아라비안해와 인도양을, 동쪽으로는 벵갈만을 끼고 위치한 남아시아국으로, 북쪽에는 히말라야 산맥을 포함하고 있는 네팔, 중국, 부탄과 접경을 이루고 있으며 동으로는 방글라데시, 미얀마, 남쪽으로는 스리랑카, 서쪽으로는 파키스탄과 접경을 이루고 있다. 세계에서 7번째 큰 면적을 소유하고 있는 인도는 약 3,288천 ㎢의 전체 면적이 우리나라의 33배 정도를 차지하며, 이 중 51%의 면적이 경작지로 활용되고 있다. 인구는 1,166백만 명으로 세계에서 중국 다음으로 많으며 이 중 70% 정도가 농업에 종사하고 있음으로 농업이 인도경제에 상당한 역할을 담당하고 있음을 알 수 있다. 따라서 인도의 수자원이용량 중 농업용수의 이용량도 상당히 높은 비율을 차지하고 있는데, 2000년도 인도정부의 통계자료에 의하면 농업용수 이용률이 86%에 육박하며, 그 외에 생활용수가 8%, 공업용수가 5%로 이용되고 있는 것으로 집계되었다. 높은 인구와 국가전체 수자원이용량 중 농업용수가 차지하는 비율이 상당히 높아 전체 물수요량이 상당히 높은 인도는 심각한 물 부족 현상으로 고질적인 수자원 문제를 겪고 있는 나

---

* 경북대학교 농업토목공학과 교수

라이다.

인도는 대륙에 가까운 큰 면적을 소유한 나라이므로 기온의 지역적인 편차가 매우 심한 편이다. 평균기온은 23~27℃로서, 위도상으로는 아열대에서 온대에 걸친 기후대에 위치하고 있지만 히말라야 산맥에 의하여 전체적으로 열대몬순기후의 특성을 나타내며, 이로 인해 비교적 높은 기온과 건조한 겨울특성을 나타낸다.

계절은 뚜렷한 4계절을 가지며 이는 3월에서 5월까지의 여름(pre-monsoon), 6월에서 9월까지의 몬순기(south-west monsoon), 10월에서 12월까지의 몬순후기(post-monsoon), 1월에서 2월 동안의 겨울(Winter rains) 기간으로 나뉜다(<표 1> 참조). 여름기간은 혹서기로 매우 더운 날씨를 나타내며, 몬순기는 우기이며, 몬순후기와 겨울은 건기에 속한다. 표 1에서 보여주는 바와 같이 인도의 대부분 지역은 연강우량의 대부분이 몬순기인 6월에서부터 9월 사이에 집중되어 내리며, 이 기간 동안 내린 강우의 양은 농작물을 비롯한 기타 산업에 막대한 영향을 끼치게 된다. 이 기간에 강우량이 너무 적게 내리면 가뭄이 엄습하게 되고, 또 너무 많이 내리게 되면 수백만 명의 수재민을 야기하는 등 홍수재해를 야기하기 때문이다.

<표 1> 인도의 강우의 시간적 분포

Season	Months	Percentage
Pre-monsoon	March-May	10.4
South-west monsoon	June-September	73.4
Post-monsoon	October-December	13.3
Winter rains	January-February	2.9

이렇듯 강우의 시간적·공간적 불균형적인 분포는 수자원의 이용과 관리에 상당히 불리한 조건으로 작용하여 인도의 고질적인 물 부족 현상을 야기하게 되었으며, 수량뿐만 아니라 수질측면 모두 심각

한 상황에 이르게 되었다. 물수요량에 비해 턱없이 부족한 수자원량에 의해 지역간 혹은 물이용자간의 갈등이 야기되고, 물분쟁의 소지가 되고 있다.

본 논문은 인도가 겪고 있는 수자원 문제의 해결방안을 모색하기 위한 기초자료로 활용하기 위하여 먼저 인도 수자원의 전반적인 현황을 조사하고, 수자원의 이수·치수 측면에서 발생되고 있는 문제점들에 대하여 파악해 보고자 하였다.

2. 수자원의 일반적 현황

인도는 58개의 크고 작은 하천들이 존재하며 이 중 유역면적이 20,000㎢보다 큰 경우는 12개 하천으로 이 하천들이 차지하는 전체 유역면적은 253M.ha 정도이다. 이는 20,000㎢보다 작은 유역을 가진 나머지 46개의 하천이 차지하는 전체유역 24.6M.ha보다 10배 정도는 더 큰 셈이다.

지역적으로 인도 하천을 크게 4가지 수계로 구분하다면 히말라야수계, 반도수계, 해안수계, 내륙수계로 분류된다. 히말라야수계는 히말라야 산맥의 만년설과 몬순기의 풍부한 강우량 등으로 하천수량이 풍부한 반면 히말라야 수계를 제외한 나머지 수계들은 우기에만 하천의 수량이 확보되지만 건기에는 건천현상을 나타내는 곳이 대부분이다. 히말라야수계에 속하는 Ganga강은 인도중부를 관통하여 방글라데시를 거쳐 벵갈만으로 유입되는 하천으로 인도전역의 하천수량의 1/4 정도를 담당할 정도로 인도의 대표적인 하천이다. 그 다음으로 인도에서 큰 비중을 차지하고 있는 하천은 마하라슈뜨라주의 Godavari강은 인도 전국토의 10%를 유역으로 차지하고 있다. 그 외 대부분의 남부에 위치한 하천들은 규모와 수량 면에서 매우 작은 비중을 차지한다.

인도의 연평균강우량(average annual rainfall)은 1,208mm로써 우리나라의 1,284mm보다 적은 수준이며, 전체연평균강수량(average annual precipitation)은 4,000BCM(billion cubic meter)으로 이 중 자연유출량은 1,986.5BCM 정도를 차지함으로 강우의 유출률이 50% 미만을 나타낸다. 인도의 전체수자원부존양은 18,690억㎥이며, 이 중 433BCM의 지하수와 690BCM의 지표수를 포함한 1,123BCM만이 이용가능한 수자원으로 1인당 가용수자원량은 1,720.29㎥ 정도로 추정된다.

3. 홍수와 가뭄재해

인도에서 홍수와 가뭄은 해마다 발생하는 자연재해로 수많은 인명과 막대한 경제적 손실을 야기하고 있다. <그림 1>은 인도의 자연재해 발생가능지역을 지도로 표시한 것으로 홍수에 취약한 지역은 주로 주요하천 주변지역에 국한된 반면 가뭄에 취약한 지역은 전국적으로 널리 분포되어 있으며 그 범위도 넓게 나타나고 있다.

(1) 홍수

인도에서는 홍수가 해마다 발생하며 지역적으로 홍수피해 정도와 규모도 다양하다. 대륙과 같은 큰 면적을 소유하고 있기에 지역마다 매우 다른 강우패턴과 기후특성을 나타냄으로써 어떤 지역은 홍수로 엄청난 피해를 입고 있는 반면 또 다른 지역에서는 가뭄으로 고통을 받는 지역이 동시에 발생하기도 한다. 더구나 인구증가와 지속적인 개발은 이러한 자연재해를 더욱더 일으키는 요인으로 작용하고 있다.

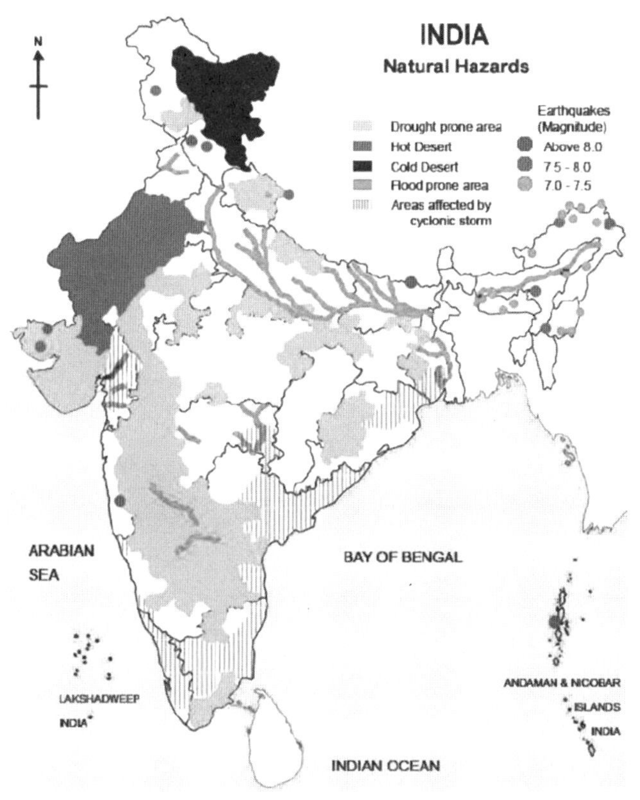

〈그림 1〉 인도의 자연재해지도

이러한 재해의 또 다른 요인은 강우분포가 연중 6월부터 9월까지인 몬순기에 집중되어 있다는 점이다. 인도의 연평균강수량은 4,000BCM 정도인데 이중 몬순기에 내리는 계절성 강우가 3,000BCM을 차지함으로 연강수량의 약 75% 정도가 이 기간에 내리는 셈이다. 연강우량의 지역적인 분포도 Rajasthan같은 서부지역의 경우는 100mm 정도를 나타내는 반면 북동부지역인 Meghalaya지역은 10,000mm를 나타냄으로 강우량의 지역적인 편차도 매우 심하다.

인도정부는 매년 발생되고 있은 홍수재해경감을 위해 주요홍수다발

지역을 선정하여 이 지역을 중심으로 집중적인 홍수방어대책을 펼쳐 나가는 한편 홍수예경보망을 가동하여 미연에 홍수에 대처하고자 노력하고 있다. 그러나 현재까지도 홍수는 인도에서 가장 심각한 재해로 인식되고 있으며, 많은 지역이 홍수발생에 취약한 여건을 가지고 있는 것으로 조사되고 있다.

(2) 가뭄

가뭄도 인도의 대부분 지역이 해마다 되풀이해서 겪고 있는 재해이다. 지역적으로 750mm 이하의 강우량을 나타내는 인도의 33% 정도의 면적이 만성적으로 가뭄에 취약한 지역으로, 750~1,125mm의 강우량을 나타내는 지역은 가뭄에 취약한 지역으로 분류되고 있으며, 이는 인도 전체면적의 68%를 차지한다. 가뭄에 취약한 지역은 반도와 서부지역으로 국한되어 나타났는데 이 지역들은 주로 건조, 보통건조, 혹은 약간 습윤한 기후 특성을 나타내는 지역에 속한다. 100년간의 강우자료를 분석한 결과자료에 의하면 이 지역들은 정상 강우량보다 적은 강우빈도를 보인 경우가 54~57%였으며, 8~9년에 한번은 심각한 가뭄이 발생한 것으로 조사되었다.

〈표 2〉 경작지역의 강우량 분포

Rainfall ranges	Classification	Percentage
Less than 750mm	Low rainfall	33
750mm~1,125mm	Medium rainfall	35
1,125mm~2,000mm	High rainfall	24
Above 2,000mm	Very high rainfall	8

<표 2>는 인도의 경작지역의 강우량 분포를 보여주고 있다. 이 표에서 나타낸 바와 같이 인도의 경작지 대부분인 65% 정도가 중간 혹은 적은 강우량을 기록하고 있어 몬순기의 적은 강우량으로 고질적인

가뭄을 겪을 수밖에 없는 실정이다.

가뭄의 주요 원인은 여름 몬순으로 불리는 비정상적인 몬순현상으로 6월에서부터 9월까지의 몬순기간 동안 내린 강우량이 전체 강우량의 74% 정도인 경우를 의미하며, 이는 농업과 농촌지역 주민의 삶, 더 나아가 인도경제에까지 심각한 영향을 미친다.

부족한 강우 외에 가뭄의 또 다른 원인은 인도의 부실한 수자원 관리정책을 들 수 있다. 지난 10년 동안 인도정부는 편향된 수자원 관리정책을 펼쳐왔으며 이로 인해 결국 수자원부족 현상을 더욱 심각하게 만드는 결과를 초래하였다. 무분별한 지표수와 지하수개발은 결국은 가뭄에 대처할 능력을 상실하게 된 원인이 되었다.

인도는 아직도 제대로 정립된 가뭄정책이 마련되어 있지 않다. 최근에야 국가차원의 가뭄조기경보 및 모니터링 시스템을 구축하여 가뭄예보시스템을 운영하고자 하고 있으며, 가뭄피해경감을 위한 재정적인 지원도 추진하고 있다. 재정지원은 가뭄에 의한 피해를 경감하기 위해 사용되는데, 주로 재해로 인한 농작물피해 보험료 지원 혹은 직접적인 가뭄피해보상에 사용된다. 그 외에도 우수를 이용한 대체수자원 개발, 가뭄에 포괄적으로 대응할 수 있는 몬순정책추진 등으로 가뭄의 피해를 경감시키고자 노력하고 있다.

4. 이수(利水) 문제

(1) 용수량

인도는 삼면이 바다로 둘러 싸여 있으며 13개의 주요하천과 가장 긴 강의 섬 Maiuli, 가장 많은 강우량을 나타내는 Mausingram지역, 이외에도 풍부한 수자원 요소들이 많이 존재하고 있는데도 불구하고 해마다 물 부족을 겪고 있다. 1인당 가용수자원이 1950년에는 3,450

㎥이였으나, 지금은 1,800㎥으로 현저히 감소되었고 2025년에는 1,200~1,500㎥으로 더 떨어질 것이라는 심각한 예측까지 나오고 있는 실정이다.

인도는 또한 도시화 진행이 세계에서 가장 느린 국가에 속하나 도시인구는 250백만 명으로 추정되고 있으며, 현재도 이 수치는 계속적으로 증가하여 2020년까지는 인도인구의 절반이 도시에 거주하게 될 것이라고 내다보고 있다. 따라서 이러한 도시인구 증가현상은 현재에도 과도하게 운영되고 있는 용수공급시스템에 한층 더 부담을 주게 되는 요소로 작용하고 있다.

따라서 상수도공급 및 위생서비스는 기준에 훨씬 미치지 못하는 수준이며, 용수수요에 비해 턱없이 부족한 공급량, 위생상태의 열악, 이에 대한 재정난 및 기술지원 부족은 인도의 물 문제를 더욱 심각하게 하고 있다.

특히 용수공급상태는 안정적이지 못하여 비정기적으로 진행되고 있으며, 오래된 용수의 송수 및 분배망은 유지관리가 제대로 되지 않아 양질의 용수공급은 현실적으로 매우 어려운 실정이다. 더구나 수로의 노후화와 유지관리의 부재로 야기되는 용수손실은 공급량의 약 25~50%를 차지할 정도로 높으며, 수로 내 압력저하 및 단속적인 용수공급에 의해 유발되는 역류현상은 수로 내의 물을 오염시키는 결과를 야기하기도 한다.

인도 도시지역 대부분은 용수공급이 고작 2~8시간 동안 이루어지며, 여름에는 상황이 더 심각하여 단지 몇 분 동안 공급이 이루어지거나 때로는 전혀 공급받지 못하는 불상사도 발생한다. 대도시의 사정도 그리 좋지 못하다. Mumbais의 경우 일일 수요량이 2011년까지 7,970ML(million liters)로 추정되는 반면 현재 공급되고 있는 양은 고작 3,100ML이며 이중 송수과정에서 발생되는 누수를 고려하면 실제 가정에 전달되는 양은 2,500ML인 셈이다. 인도의 수도인 Delhi의 경우도 예외는 아니며, 750MG(millon gallons)의 수요에 비해 겨우 650MG가 공급되고 있는 게 현실이다.

세계은행에 의하면 아시아의 백만이 넘는 인구가 살고 있는 27개 대도시 중에서 물이용가능시간이 가장 짧은 도시가 Chennal과 Delhi로 기록되고 있으며 그 다음이 Mumbai였다. 그리고 Calcutta는 4번째로 물이용가능시간이 짧은 도시로 기록되었다. 이러한 결과는 인도의 심각한 물 부족현상을 단편적으로 보여주는 자료이며, 수질측면까지 고려한다면 물 문제는 더욱 심각한 상태다.

(2) 수질

최근 인도는 인구의 증가와 개발의 가속화로 지표수가 상당히 오염되어 음용수의 수질이 갈수록 빠른 속도로 악화되고 있다. 1982년 이전에는 인도의 가용수자원 중 70%가 오염된 것으로 보고되었으나 현재는 이보다 더 많이 오염되었을 것으로 추정되고 있다. 그러나 대부분의 경우 오염된 지표수가 생활용수로 공급되고 있으며 관개 및 산업용수로도 사용되고 있다.

인도의 수질오염은 대도시와 대도시 근교 지역에 위치한 하천의 수질이 더 심각한 것으로 나타났다. 이것은 산업폐수와 생활폐수에 의한 수질악화가 산업활동과 생활패턴에 의해 경제에 기여한 몫보다 더 심각함을 나타내었다. 전반적인 수질오염의 가장 주원인은 농업활동에 의해 불가피하게 사용되는 제초제, 비료 등에 의한 비점오염으로 이에 대한 수질오염이 더 심각한 것으로 드러났다.

한편 공업용수는 인도전체물사용량 중 5%를 차지하고 있지만 도시지역경우 산업폐수가 수질오염의 주요 요인이 된다. 산업폐수 발생량은 하루에 55,000백만 ㎥으로 추정되고 있으며, 이 중 68.5백만 ㎥ 정도가 처리되지 않은 상태로 바로 인근 강이나 하천으로 방류되고 있는 실정이므로 이에 의한 수질오염이 심각하다. 따라서 인도정부에서는 산업폐수를 처리하여 방류할 수 있도록 공단지역에 폐수처리장을 설립하도록 추진하고 있으나 아직까지는 진행이 부진한 상태이다.

생활폐수 역시 인도의 주요 하천을 오염시키는 원인으로 작용하고 있다. 매년 50백만의 생활폐수가 하천으로 방류되어 수질오염을 일으키고 있다. 인도 22개의 대도시에서는 하루 7,267백만 liter의 생활폐수가 발생하고 있으며, 이 중 80%만이 하수종말처리장에서 처리된다. 또한 인간과 가축 분뇨의 비위생적인 처리로 높은 수인성 질병을 야기하고 있기도 하다. 오늘날까지도 농촌지역의 12%와 도시지역의 70% 정도의 거주자들이 비위생적인 시설을 이용하고 있다. 따라서 열악한 위생환경에 의해 수계는 병원균에 의한 오염에 취약할 수밖에 없는 실정이며 더 심각하게는 지하수 오염까지 유발하고 있다.

(3) 지하수

지하수의 남용과 오염도 간과 할 수 없는 인도의 고질적인 문제이다. 부족한 용수를 지하수에서 획득하기 위해 무분별한 지하수 취수가 오래전부터 자행되어 왔다. 지하수 사용량은 농촌지역 생활용수공급량의 80%와 관개용수량의 45% 정도를 차지할 정도로 높다. 이렇듯 높은 지하수의존율은 인도전역을 걸쳐 대수층의 고갈을 일으킬 것으로 우려의 목소리가 높아지고 있다. 이미 Rajasthan, Gujarat, Uttar Pradesh, Deccan주의 일부지역들은 실제 지하수위가 빠르게 감소하고 있음이 관찰되고 있다.

지하수 오염은 주로 농업용 화학물질(농약, 비료 등)이 포함된 침출수와 광물질에 의해 야기되며, 많은 지역의 경우 가용수자원량을 감소시켜 물 부족 현상을 발생시키고, 인간 및 자연환경의 건강을 해치게 되는 원인이 되고 있다. 인도 대부분의 지하수는 사용상 안전한 것으로 인식하고 있지만, 일부 지하대수층은 비소, 철, 황, 불소 등과 같은 광물질에 의해 자연적으로 오염이 발생되는 곳도 있다. 비소에 의한 지하수 오염은 West Bengal과 방글라데시 지역 주민에게 심각한 질병을 발생시켰으며 높은 불소 수치는 거의 인도인 절반의 건강에 악영향을 끼쳤다.

또한 해안지역에서의 지하수 과다취수는 해안대수층으로 해수의 침입을 유발시켜 불소, 철, 비소, 염분 과다함양을 유발시켜 지하수 이용인구 44백만에게 직접적으로 피해를 입혔다. Gujarat, West Bengal, Tami Nadu 지역은 지하수 과다취수로 인한 대수층의 해수유입으로 대체수자원을 개발하여야만 하는 실정이다.

5. 결언

현재 인도정부가 직면한 수자원 문제들은 1인당 가용수자원의 감소, 지하수 남용, 식수 수질저하 문제, 재정난에 의한 관개시설 및 다목적용 댐 부족, 기존 인프라시설의 유지관리 부실 등을 포함한다. 풍부한 강우량에도 불구하고 강우가 몬순기인 3개월 동안에 집중되어 있는 점과 체계적인 수자원 관리의 부실로 인도는 현재 심각한 물 부족을 겪고 있다. 이에 인도 정부는 부족한 수자원확보 차원에서 인도전역에 걸쳐 388개의 관개시설사업을 현재 진행하고 있으며, 식수난을 해결하기 위해 2005/2006~2008/2009년까지 4개년 계획으로 주정부가 식수공급시설을 담당하고 중앙정부가 재정적인 지원을 제공하고 있다. 그외에도 우수이용, 수원지 복원, 지하수 함량, 수질개선사업 등을 실시하고 있다.

효율적인 용수공급을 위해서는 무엇보다도 규격화된 과정 및 일관성 있는 체계와, 양질의 용수공급을 위해서는 환경정책, 법적인 규제,

관리기관구성, 관련기반시설 및 환경기초시설 확충이 필요할 것으로
보인다. 이를 위해 두 개의 사안을 따로 분리하여 접근할 것이 아니라
동시에 동일한 중요도로 접근될 필요가 있으며, 종합적인 측면에서 문
제를 해결해 나가는 것이 가장 합당할 것으로 생각된다.

<참고 문헌>

고홍근, 최종찬, 인도바로보기, 네모북스, 2006.
KOTRA, 인도, 물부족 심화에 따른 수자원산업의 개발 현황, KOTRA보고서,
    2007.
Drought in India: Challenges & Initiatives, PACS programme coordinator, 2008.
http://wrmin.nic.in
http://www.devalt.org/water/WaterinIndia/issues.htm
http://www.ezilon.com/articles/articles/1766/1/Water-Problem-in-India-and-How-to-Sol
    ve-it
http://www.india.gov.in
http://www.indiawaterportal.org

제2부 밖에서 바라본 인도

인도-타밀인과 무르간 숭배
: 말레이시아의 타이푸삼(Thaipusam) 축제를 중심으로 ▌박정석
피지의 정치적 변화와 인도-피지인의 이민 ▌조정규
영국의 인도인 힌두 디아스포라의 관광소비와 문화적 정체성
-BAPS 사원의 인도인 힌두 디아스포라의 모국방문현황을 중심으로- ▌인태정
재외인도인에 대한 인도정부 정책의 변화와 그 함의 ▌정효진

인도-타밀인과 무르간 숭배

: 말레이시아의 타이푸삼(Thaipusam) 축제를 중심으로

박 정 석*

1. 머리말

말레이시아의 타이푸삼은 인도-힌두인, 보다 정확하게는 타밀인들의 종교적 부흥과 자신들의 종족 정체성에 대한 자각이 맞물려 대중적인 호응을 받고 있는 축제이다. 현재 말레이시아에 살고 있는 대부분의 인도-타밀인들은 19세기 후반부터 20세기 초반에 이르기까지 말레이시아에 노동자로 이주해 온 사람들의 2세 혹은 3세들이다. 부모 세대와는 달리 도시지역에서 중산층으로 발돋움한 이들은 자신들이 이방인이며 소수자라는 자각을 하게 되었다. 특히 1970년대부터 본격적으로 자리잡은 종교 부흥운동과 더불어 자신들의 종족 정체성에 대한 자각은 힌두 문학, 사원 방문 및 조직적 연대에 대한 관심 증대로 이어졌다(Lee 1989: 317). 그 중에서 가장 대중적이며 가장 많은 사람들이 참여하는 행사가 바로 타이푸삼 축제이다.

타이푸삼은 남인도 타밀 지역에서 기원한 것으로, 연중 행해지는 무루간(Murugan)[1] 숭배의식의 절정이다. 이 축제 기간 동안에 철제 혹

---

* 목포대학교 문화인류학과 교수

1) 무루간은 스칸다(Skanda) 또는 쿠마라(Kumara)라고도 불린다. 스칸다는 '전쟁의 신'을 나타내며 쿠마라는 '왕자'를 의미한다. 또 다른 이름으로는 카르티케

은 나무로 만든 반원형 카바디(kavadi)[2]를 어깨에 메고 운반하는 자들의 행렬이 장관을 이룬다. 무루간 숭배자들은 자신들의 볼 혹은 혓바닥에 날카로운 창을 관통시키거나 등허리에 작은 갈고리들을 꿴 채로 카바디를 운반하며 간혹 몰아경(trance)에 빠져들기도 한다. 말레이시아에서 타이푸삼 축제가 가장 성대하게 거행되는 곳은 삐낭(Penang)의 폭포(Waterfall) 사원과 쿠알라룸푸르의 바투 동굴(Batu Cave) 사원이다.

타이푸삼 축제 때 무루간 숭배자들이 카바디를 운반하고 또 고행을 하는 것은, 신화 속의 악마 이탐판(Itampan)이 무루간에 의해 죽임을 당한 뒤 영적인 재생을 얻었다는 일화에서 유래한다.[3] 속세에서 자신들이 원하는 바를 성취하려는 사람들은 채식과 단식 그리고 성생활을 자제하는 등의 금욕생활은 물론 자신의 몸에다 창과 갈고리바늘을 꿰는 고행을 함으로써 무루간과의 접신 혹은 몰아경에 빠져든다. 몰아경은 이탐판이 무루간에 의해 죽임을 당했듯이, 숭배자들의 에고(ego)가 상징적으로 '죽었음'을 의미한다. 카바디를 운반하는 무루간 숭배자들은 이와 같은 '상징적 죽음'을 경험하기를 원한다. 그래야만 이탐판이 새로운 생명과 영적인 힘을 얻었듯이, 무루간의 자비로 말미암아 자신들역시 새로운 생명력과 영적인 힘을 부여받을 수 있다고 믿는다.[4]

무루간 숭배는 또한 타밀인으로서의 자각과 밀접하게 연계되어 있다. 무루간은 종교적으로 '타밀의 신(Clothey 1978: 108)'으로 간주될 뿐

야(Kartikeya)가 있지만 남인도 및 말레이시아에서는 일반적으로 수부라마냐(Subrahmanya)로 불리며, 타밀 전통과 밀접한 관련을 맺고 있는 신격이다.

2) 일반적으로 카바디는 공작 깃털로 장식한 반원형의 틀을 의미한다. 이 글에서도 카바디는 반원형 틀을 의미한다. 하지만 카바디는 우유를 담은 항아리와 고행에 쓰이는 창을 비롯하여 베텔 잎, 백단향나무 가루 등 머리에 이고 가는 것과 불 또는 물을 담은 항아리처럼 손에 들고 가는 것 등 여러 가지를 아우르는 말이다.

3) 무루간과 이탐판의 신화에 관해서는 4장 2절에서 상세히 다루고 있다.

4) 카바디 운반자들에게서 나타나는 신과 인간과의 관계는 신에게 무조건적인 헌신을 함으로써 세속적인 보답 혹은 영적인 구원을 얻을 수 있다는 박티(bhakti) 관념과 밀접하게 연계되어 있다.

아니라, 정치적으로도 타밀나두의 주요 정당인 DMK(Dravida Munnetra Kalakam)가 상징적 표지(標識)로 내세우고 있는 신격이다. 말레이시아의 인도인 정치가들 역시 매년 타이푸삼 축제에 참여함으로써 무루간을 타밀 힌두의 정체성과 결부된 신으로 받아들이고 있다. 즉 말레이시아 힌두 축제 중에서 가장 큰 규모로 열리고 있는 타이푸삼 축제는 대외적으로는 인도인들의 축제이지만 내부적으로는 타밀인의 정체성과 밀접하게 결부되어 있는 축제라 할 수 있다.

이처럼 말레이시아의 인도－타밀인에게 있어서 타이푸삼 축제는 크게 두 가지 차원에서 중요한 의미를 지닌다. 먼저 개인적 차원에서 순례자들은 카바디를 운반함으로써 혹은 몰아경을 경험함으로써 자아를 확인하고 의례적 재생을 얻는다5)는 것이다. 그리고 집단적 차원에서, 타이푸삼의 다양한 의례와 행위에 참여함으로써 인도－타밀인이라는 집단 정체성을 자각하고 타밀인들의 신인 무루간의 존재를 재확인한다는 것이다(Lee 1989: 332). 즉 타이푸삼 축제에서 개인의 영적인 힘을 고양하려는 것이 카바디 운반이라면, 타밀인들의 정체성을 대변하는 것은 무루간 숭배라 할 수 있다.6) 이 글에서는 쿠알라룸푸르 바투 동굴사원의 타이푸삼을 중심으로, 카바디 운반으로 표상되는 무루간 숭배의례와 인도－타밀인의 종족 정체성과 결부된 타이푸삼 축제의 사회·종교적 의미 그리고 바투 동굴사원이 순례지로 등장하게 된 배경을 살펴보고자 한다.7)

---

5) 타이푸삼에서 볼 수 있는 카바디 운반자의 몰아경을 일종의 '정형화된 퍼포먼스'(stylized performance)로 간주하기도 한다. 즉 의례적 신내림은 신체의 신경생리학적 구조에서 유도된 것으로, 종교적 맥락 속에서 표출되고, 사회문화적 신념체계에 의하여 강화된 일종의 복잡하고 학습된 행동양식이라는 것이다 (Ward 1984: 309).
6) 유사한 맥락에서 콜린스(Collins 1991: 9)는 타이푸삼이 신 혹은 왕의 행렬을 기념하는 축제와 순례지 사원의 신에게 개인적 서원을 수행하기 위한 의례가 서로 혼합된 축제라고 주장하고 있다.
7) 말레이시아에서의 현지조사는 2005년 1월 5일부터 1월 26일까지 현지에 체류

2. 말레이시아의 인도-타밀인

말레이시아에서 타이푸삼 축제는 단순히 무루간 신을 숭배하는 그 이상의 의미를 담고 있다. 타이푸삼 축제는 말레이시아 타밀 공동체 내부의 역사적·사회적 발전과 깊은 연관을 맺고 있다. 말레이시아에 거주하고 있는 인도인들 중 약 80%가 남인도 타밀나두 출신들이다. 이들 타밀인들은 대부분 19세기 말부터 말레이 반도에 계약 노동자(indentured labour)로 이주해왔다.[8] 이들은 주로 고무 농장이나 철도 부설현장의 단순 노무자로 투입되었다. 특히 계약노동 체계 혹은 캉가니(kangany)[9] 체계 아래 고무농장에 일꾼으로 투입된 노동자들은 말레이 원주민은 물론 외부인들과의 접촉이 거의 없는 고립된 생활을 할 수밖에 없었다(Jain 1970; Wiebe & Mariappen 1979).

하면서 쿠알라룸푸르 시내 및 인근의 힌두사원을 중심으로 관찰과 면접을 병행하였다. 현지조사의 주목적은 인도인 디아스포라의 형성, 변화 그리고 네트워크를 파악하는 것이었다. 이 글은 그 결과의 일부이다. 조사기간 중 타이푸삼 축제를 주관하고 있는 스리 마하 마리얌만(Sri Maha Mariyamman) 사원과 바투 동굴사원을 3~4차례씩 방문하였다. 여기에 쓰인 타이푸삼에 관한 내용은 기존의 문헌 및 관찰·면접자료를 바탕으로 하고 있으며, 직접 촬영한 사진자료와 현지민이 소장하고 있던 동영상 자료를 참고하였다. 현지조사를 함께 한 한국외국어대의 이재숙 박사 그리고 부산대의 정영주 박사에게 감사드린다.

8) 인도인들이 말레이 반도에 이주한 시기는 18세기 이전으로 거슬러 올라간다. 타밀 힌두 및 무슬림들이 정착한 흔적은 끄다(Kedah)와 멀라카(Melaka) 등지에 남아있다(Arasaratnam 1970: 5~9).

9) 캉가니는 그 자신이 노동자로 이주해온 자로서, 농장에서 일하는 노동자들의 십장(foreman) 혹은 노동자들 중에서 어느 정도 영향력이 있는 인물을 말한다. 계약노동에서 드러난 노동자학대와 일꾼들의 도망과 같은 문제점을 해결하기 위하여 농장주는 캉가니를 인도로 보내 캉가니 자신의 출신 지역 혹은 마을사람들을 직접 고용하게 하였다. 캉가니는 노동자의 선발에서부터 농장에서의 작업에 이르기까지 일정한 영향력을 행사하였다(Arasaratnam1970: 16).

말레이시아에 이주한 노동자들은 타밀나두의 항구도시인 마드라스 (현재의 첸나이)와 나가파트남(Nagapatnam)에서 선박을 이용하여 말레 이시아로 들어왔다. 이들을 고용하는 방식에는 크게 두 가지가 있었다. 하나는 마드라스와 나가파트남에 있는 용역회사를 통하여 인력을 모 집하고 송출하는 것이며, 다른 하나는 소위 캉가니라 불리는 개인을 통하여 인력을 모집하고 지정된 농장에서 캉가니의 감독 아래서 작업 을 하는 방식이다. 고용계약의 불합리성, 학대와 착취, 그리고 부적절 한 보건위생시설 등으로 인한 높은 사망률 등과 같은 여러 가지 문제 점에도 불구하고 인도 내부의 인력 송출요인과 말레이 지역의 인력 흡 입요인이 맞물려, 인도인 특히 인도－타밀인들의 이주는 1938년 인도 정부에서 노동자의 해외송출을 금지할 때까지 계속되었다(Arasaratnam 1970: 30).

인도 정부에서 말레이시아로의 노동이주를 마드라스 주 정부에만 허용했다는 것과 이주 노동자를 계약노동 혹은 캉가니 체계로 충원하 였던 탓에, 말레이시아의 인도인 대부분이 타밀인이며 그 중에서도 마 드라스와 나가파트남 인근 지역 출신들이 많다.[10] 그리고 이민자들 대 부분이 불가촉천민을 포함하여 사회경제적으로 낮은 카스트 출신들로 구성되어 있었다. 하지만 이들 중에는 중상층에 해당하는 카스트들도 상당수 포함되어 있었다. 또한 노동자와는 별도로 중계무역을 하는 무 슬림 상인 및 금융업(고리대금)을 주업으로 하는 체띠아르(Nattukkottai Chettiar) 카스트들도 이주해왔다.[11] 현재 말레이시아에는 남인도 타밀 인들 이외에도 북인도 출신들과 스리랑카 타밀인들이 다수 거주하고

---

10) 나가파트남 인근의 Tanjore, Trichy 및 Ramnad, 그리고 마드라스 인근의 North Arcot, South Arcot, Salem, Chingleput 등이 이주자를 많이 배출한 지역이다 (Arasaratnam 1970: 25).
11) 브라만 인구가 절대적으로 부족한 말레이시아 및 싱가포르에서 체띠아르들은 사회경제적으로는 물론 종교적으로도 타밀사회의 정점에 위치하고 있다. 싱가 포르의 체띠아르 사회에 대해서는 김주희(2004)를 참고바람.

있다.

　말레이시아의 타밀인들 대부분은 이주 초기에는 사탕수수 또는 고무 농장에 노동자로 투입되었다. 그러다가 1920년대부터는 말레이 정부 산하의 청소부, 일반 잡무 및 도로와 철도건설 인부로 충원되기 시작하였다. 말레이시아에서 농장 노동자는 물론 단순 노무직 대부분이 타밀인이었던 탓에, 타밀인은 낮은 카스트에 문맹자이며 더러운 일을 도맡아 하는 사람들로 인식되었다(Lee 1989: 319). 이와 같은 달갑지 않은 이미지를 불식시키기 위하여 많은 타밀인들은 자신들의 사회적 지위를 고양시키고 종족 정체성을 강화하기 위하여, 정치적 영역에서는 물론 종교적 개혁에도 깊숙이 개입하였다(Arasaratnam 1970: 172~173).

　이런 인식은 타밀 정체성에 대한 자각으로 이어져, 제2차 세계대전 이전 타밀 개혁연대(Tamil Reform Association) 결성으로 표출되었다. 이 연대는 남인도의 드라비다 운동 및 마드라스의 자존 연맹(Self-Respect League of Madras)으로부터 직접적인 영향을 받아 1931년에 결성되었다. 1920년대 후반 싱가포르에서 시작된 '억압받은 카스트 협회(Ahampadiyar Sangam of Singapore)'에 기반을 둔 타밀 개혁연대는 카스트 차별, 브라만 지배, 그리고 교육, 보건 및 혼인제도와 같은 문제에 관심을 표명하였다. 또한 카바디, 맨발로 숯불 위를 걷는 행위, 동물 희생제의 등 힌두이즘을 욕되게 한다고 간주되는 행위들을 금지하는데 주력하였다(Lee 1989: 319).

　그 후 2차 세계대전이 끝난 1951년 문화개혁 운동의 일환으로 타밀 대표자 위원회(Tamil Representative Council)가 조직되었다. 타밀인들의 단합을 촉진시키기 위한 방편으로, 이 위원회는 북인도 문화에서 기원한 디파발리와 차별성을 강조하기 위하여 타밀 추수축제인 타이퐁갈(Taipongal)을 후원하였다. 이들은 북인도 주도의 문화적 헤게모니를 타밀 위주로 전환하기 위하여 종교적으로 쉬바 숭배에 관심을 쏟기 시작하였다. 정치적으로도 종전 이후 말레이시아 인도 국민회의(MIC, Malaysia Indian Congress)에서 타밀인들이 주도권을 장악함에 따라 타밀 문화에 대한 관심과 부흥운동이 보다 활발해졌다. 그리고 MIC 내부에서도 정치지도자 및 주도 세력이 상위 카스트 엘리트 출신에서 하층 카스트 출신들로 바뀜에 따라, 하층 타밀 카스트들의 정체성 및 이들의 종교적 관습들에 대해 대중적인 관심이 확산되었다.

1960년대에 접어들면서 지역적 수준에 머물고 있던 힌두 부흥운동이 전국적 차원의 조직으로 한데 응집되기 시작하였다. 1965년 말레이시아 인도인들을 주도하고 있던 전문직 종사자, 교사 및 기업가들이 주축이 되어 말레이시아 힌두 협회(MHS, Malaysian Hindu Sangam)가 결성되었다. 말레이시아 힌두 협회는 외연적으로 반－브라만 및 반－산스크리트화를 배격하고 베다의 가르침과 쉬바주의적 전통을 널리 확산하는데 주력했다. 또한 이 협회의 지도자들은 타이푸삼 축제에 참가하여 우유를 담은 항아리를 운반함으로써 카바디 운반의 모델을 바꾸려고 노력하기도 하였다(Lee & Rajoo 1987: 406). 즉 MHS는 말레이시아 힌두이즘에 베다적 텍스트를 수용하면서도 타밀 전통에 바탕을 둔 대중적인 믿음과 종교적 교리를 확산시키고 있다.

이와 같은 조직적인 힌두 부흥 운동과 겹쳐 말레이시아의 도시화 역시 힌두이즘의 대중화에 많은 기여를 하였다. 말레이시아에 살고 있는 인도인은 말레이시아 전체 인구의 약 8~9%이며, 이 중 80%가 힌두이다. 이들 힌두인구의 절반 이상이 도시에 거주하고 있다(Rajoo 1992). 1950년 이후 급격하게 진행되고 있는 말레이시아의 도시화와 함께, 인도 이주민 2세대들은 교육수준의 증가 및 단순노무직인 아닌 전문직종 또는 기업경영 등에 종사하는 인구가 늘어나고 있다. 이런 현상은 다시 인도인들의 도시거주 인구를 늘어나게 하는 요인으로 작용하고 있다. 특히 삐낭이나 쿠알라룸푸르와 같은 대도시에 인도인 인구가 많이 거주하고 있다.

인구의 도시 집중화는 타종교 및 타종족 집단과의 접촉이 일상화됨을 의미한다. 따라서 거주지가 도시로 바뀌는 것은 단순한 생활근거지의 이동이 아니라 삶의 방식에 있어서도 많은 변화가 수반된다. 특히 종교의 세속화 즉 힌두이즘에 입각한 엄격한 가내의례 및 종교적 실천에 대하여 관대해질 뿐만 아니라 카스트간의 차별이 무디어진다. 다른 한편으로는 힌두로서의 정체성을 유지하면서도 다른 집단과의 변별성을 드러내기 위한 방편으로 축제나 사원방문과 같은 대중적인 행사에 대한 관심이 증대된다.

말레이시아의 도시화와 함께 인도 사회내부에서도 변화가 나타났다. 도시화로 인해 타 인종과의 접촉이 활발해지자 인도인들 스스로가 점차 카스트 경계를 의식하지 않게 되었을 뿐 아니라, 외부인들에게는 자신들의 카스트 정체성과 관계없이 '인도인'으로 받아들여지게 되었다. 카스트 및 출신지역을 넘어서 하나의 인도인으로 범주화시키는데는 힌두이즘이 중요한 역할을 하였다(Lee & Rajoo 1987: 394). 여기에서 인도인의 정체성은 타밀인의 정체성과 동일하거나 적어도 타밀인 중심으로 이루어지고 있는 말레이시아-인도인의 정체성을 말한다.

3. 무루간 신과 바투 동굴사원

(1) 무루간 신의 다중성

무루간은 타밀인 및 타밀 정체성을 대변하는 상징적 신격으로 인식되고 있으며, 일반적으로 북인도 전통의 스칸다(Skanda)와 동일시되기도 한다. 여느 힌두의 초월적 신격과 마찬가지로 무루간 역시 다양한 이름으로 불리지만, 남인도 및 말레이시아에서는 일반적으로 수부라마냐(Subrahmanya)로 불린다.[12] 신화 속의 스칸다는 전쟁의 신이며 쉬바와 파르와티(Parvati)의 아들로 등장한다. 그의 사명은 적수가 없을 정도로 강력한 힘을 과시하고 있던 악마 타라카(Taraka)를 처단하는 것이었다. 스칸다를 숭배하는 전통은 기원 전후에 북인도에 널리 퍼졌다가 중세에 이르러서는 그 영향력이 수그러들었다.[13]

하지만 남인도에서 스칸다는 고대부터 타밀인들의 주신으로 자리를 잡은 무루간으로 널리 알려져 있다. 고대 타밀 전통에서 무루간은 산신으로 손에는 창을 든 치료사의 모습으로 묘사되며, 흥겨운 춤으로 숭배하던 신이었다. 무루간은 소녀와 여성들의 열정과 성적인 자아를 일깨우는 신이어서 그를 숭배하는 춤 역시 성애를 자극하는 것들로 구성되었다. 또한 타밀 지역에서의 무루간은 창으로 무장한 채, 무시무시한 모습을 한 어머니 코라바이(Korravai)와 함께 전장(戰場)에 있는 모습으로 표현되기도 한다. 따라서 타밀 지역에서 북인도의 스칸다와 무루간을 동일시하는 것도 놀라운 것이 아니다. 하지만 무루간은 본래 다산의 신으로 그 성격이 오늘날까지도 이어지고 있다. 무루간은 아주 잘생긴 어린아이로 묘사되며, 대개 하나의 머리에 여섯 개의 얼굴을 지닌 모습을 하고,[14] 공작새 위에 올라 탄 형상으로 등장한다(Basham 1967: 314).

---

12) 무루간은 연구자에 따라 혹은 문헌에 따라 그 표기법이 다양할 뿐만 아니라 여러 이름으로도 불리고 있다. 대개 여러 이름으로 불릴 때는 그와 결부된 신화 및 맥락이 조금씩 다르다. 이 글에서는 별도의 표시가 없는 경우에는 이해의 편리를 위해 모두 무루간으로 통칭하고자 한다.

13) 스칸다의 탄생과 데바세나와의 혼인에 관한 신화 및 스칸다와 무루간의 관계에 대해서는 노영자(2000: 99~102)를 참조바람.

14) 신화에 따르면 쉬바의 배우자인 샥티가 여섯 아이를 낳았다. 샥티가 쉬바에게 혼자서 여섯 아이들을 키우는 것이 너무 힘들다고 하자, 쉬바가 여섯 아이를 하나의 아이로 만들었다. 그 아이가 바로 무루간이다. 그래서 무루간은 여섯 아이의 총명함과 힘을 함께 지니게 되었다는 것이다. 여섯 개의 얼굴은 여섯 아이를 하나로 만들었다는 신화를 상징화한 것이다.

〈사진 1〉 무루간 신상　　〈사진 2〉 여섯 얼굴을 한 무루간과
두 배우자

　　무루간은 쉬바와 샥티 혹은 파르와티 사이에 태어난 아들이며, 다른 아들로는 코끼리 머리를 한 가네샤가 있다.[15] 그래서 무루간을 숭배하는 사원에는 반드시 가네샤가 함께 있다. 무루간에게는 두 명의 배우자가 있다. 첫 번째 배우자인 데바세나(Devasena)는 무루간(스칸다)과 베다의 의례에 따라 정식으로 혼인한 여신이다. 하지만 두 번째 배우자인 발리(Valli)는 사냥꾼 남비라잔(Nambirajan)이 입양한 여인으로 무루간이 사랑에 빠져 배우자로 삼았다고 한다. 무루간의 두 배우

---

15) 북인도 전통의 신화에서는 가네샤가 쉬바와 파르와티의 첫 번째 아들로 알려져 있기도 하다(류경희 2003: 77). 가네샤와 무루간의 관계에 대해서는 다음의 신화가 잘 말해준다. 어느 날 현자 나르다르가 쉬바에게 황금 망고 하나를 바쳤다. 이것은 나누어 먹을 수 없으며, 오직 한 명만 먹어야 하는 망고였다. 쉬바와 샥티는 자신들이 먹기보다는 자식들에게 주려고 했지만 누구에게 줄 것인가를 두고 고민했다. 그래서 하나의 방도를 찾아냈다. 그것은 자식들의 능력을 시험하는 것이었다. 즉 누구든지 우주를 먼저 한바퀴 돌면 그에게 망고를 주겠다는 것이었다. 무루간은 자신의 탈 것인 공작새를 타고 자신만만하게 하늘로 날아갔다. 하지만 가네샤는 자신의 탈 것이 쥐이기에 정상적인 방법으로는 이길 수 없으리라 판단하고 곰곰 생각하다가 자신의 부모 주위를 한 바퀴 돌았다. 자신에게 있어서 우주는 자신의 부모인 쉬바와 샥티라는 것이었다. 가네샤의 현명함에 감탄한 쉬바와 샥티는 망고를 그에게 주었다. 뒤늦게 우주를 한 바퀴 돌아온 무루간은 가네샤가 망고를 차지한 것을 보고 화가 나 혼자 산으로 들어가 버린다.

자는 한편으로는 북인도 및 베다적인 전통과, 다른 한편으로는 남인도 혹은 타밀, 수렵농경 전통이 융합된 것을 나타내고 있다. 또한 초월적인 신격과 마을신, 혹은 비쉬누 계열의 신격과 쉬바 계열의 신격이 함께 공존하고 있다고 할 수 있다. 무루간을 숭배하는 사람들에게 발리는 감정 혹은 정열을 상징하며 사랑의 힘을 믿게 한다. 반면에 데바세나는 오랜 염원 끝에 무루간과 혼인을 하였다는 신화에서, 수행을 통해 간절히 소망하는 것을 얻을 수 있다는 것을 의미한다. 특히 발리는 낮은 카스트 및 여인들이 자신들과 동일시할 수 있는 신격으로 받아들여지고 있다(Clothey 1978: 167~168).

이처럼 무루간은 그 자신의 영원한 젊음과 어린애 같은 천진함 이외에도 쉬바와 여신 샥티 그리고 두 명의 배우자와 관련된 많은 신화 혹은 상징을 내포하고 있다. 그리고 악마를 물리친 전사로서의 이미지에서부터 연애를 통해 발리를 배우자로 삼은 낭만적 모습에 이르기까지 여러 가지 신격으로 현현되고 있다. 그의 탈 것인 공작새는 타밀 산악지역에서 다산성과 아름다움을 담고 있는 상징으로 수용되고 있으며, 공작의 깃털은 성스러운 문자 '옴'을 나타내고 있다고 믿고 있다. 무루간을 상징하는 색은 황금색과 붉은 색으로, 무루간을 숭배하는 사람들은 노란색 복장과 붉은색 머플러 혹은 붉은 쿰쿰가루를 바른 채 카바디를 운반한다.

무루간 신은 강력한 힘을 가지고 있으며 숭배자들의 기원을 들어줄 수 있는 능력을 지니고 있다는 믿음을 간직한 채, 많은 사람들이 다양한 목적으로 무루간에게 다가간다. 여섯 개의 얼굴이 있다는 것은 단적으로 무루간 신의 다중적인 성격을 나타내주고 있다. 어떤 사람에게는 전쟁의 신이자 악마를 물리치는 스칸다로 비춰지며, 다른 사람들에게는 아버지 쉬바의 특성 즉 단호하고 복종을 요구하는 신으로 받아들여진다. 또 다른 사람들 특히 남부 인도에서는 '무루간'으로 인식된다. 무루간은 타밀어로 '잘생긴' 혹은 '멋진' 사람(신)을 의미한다(Obeyesekere

1978: 469). 타밀인들에게 있어서 무루간이라는 이름은 여러 가지 이미지를 담고 있다. 무루간은 두 명의 배우자를 두고 있지만 홀로 존재하는 신이며, 사냥꾼이자 전사 혹은 현자이기도 하다. 또한 문학과 예술의 스승이자 영감을 주는 신이다. 무루간은 영원한 소년이며, 동시에 우주의 나이만큼 오래 된 신이면서, 모든 것의 태초의 모습처럼 젊은 신이다. 그리고 잘생긴 영웅이자 연인이며, 전지전능한 초월적 존재이다.

무루간은 남인도에서 가장 오래되고 중요한 신격 중의 하나이다. 타밀 지역에서 무루간 신을 신봉하는 사원은 셀 수 없을 정도로 많다. 웬만한 산의 정상이나 마을 그리고 도시에는 무루간을 모시는 사원이 있으며 이곳을 찾는 숭배자들이 끊이지 않고 있다. 무루간이라는 단어는 사람은 물론 회사나 건물의 이름에도 붙일 정도로 대중적이며, 무루간 신과 관련된 신화는 대중가요나 영화의 중심적인 주제가 되고 있다. 무루간 숭배는 시기에 따라 변화하고 또 세속주의의 영향으로 그 본질이 바뀌었음에도 불구하고, 인도 독립 이전부터 발흥하기 시작한 타밀 정체성 자각운동 그리고 이와 결부된 정치적 상황으로 인하여 보다 대중적인 믿음으로 자리잡았다.

무루간은 타밀 자각운동에 편승하여 수많은 타밀 사람들로부터 새롭게 주목을 받았다. 인도에 아리얀들이 이주해 오기 이전의 비-아리얀 문화의 발견, 문학적으로 아리얀들의 그것과 대적할만한 고대 타밀 시의 재발견, 그리고 고대 타밀에서도 지역적으로 문화적으로 아리얀들과 필적할만한 시인을 내세우고자 하는 타밀인들의 자존심 등이 무루간 숭배와 겹쳐지게 되었다. 타밀인으로서의 자각과 맞물려, 무루간 숭배는 수세기 동안 내려온 타밀인들의 문화적 전통이며 무루간 신 그 자체가 타밀인들의 전통의 구현이라고 인식하게 되었다. 하지만 무루간이 오랫동안 타밀 지역에서 숭배되어 온 것은 사실이지만, 오로지 타밀인만의 신이라는 것은 허구이다(Clothey 1978: 5).

(2) 순례지로서의 바투 동굴사원

순례지는 힌두이즘에서 항상 중요한 자리를 차지하고 있지만 요즘처럼 대중적이지는 않았다. 특히 마을 수준에서 멀리 떨어진 곳에 있는 순례지를 찾는 자는 소수에 불과했으며 극히 운이 좋은 경우에만 무사히 순례를 마칠 수가 있었다.[16] 하지만 오늘날에는 대중매체의 발달과 교육수준의 증가로 인하여 중요한 순례지에 대한 정보를 쉽게 접할 수 있으며 또 교통수단이 편리해짐에 따라 일반인들의 순례지 여행이 보편적 현상으로 자리잡고 있다.

힌두이즘에서 중요하게 여기는 순례지 대부분은 시공간적으로 교차점이나 중심지에 해당하는 곳이다.[17] 대개 강의 지류가 마주치는 곳(도시) 혹은 우주의 중심에 해당하는 산이나 장소에 있는 특정한 사원이 순례자들의 최종 목적지가 된다. 즉 순례지는 두 공간 혹은 두 세계를 연결해주는 교차점이자 우주의 중심으로 속세의 공간과 시간 바깥에 있는 곳으로 인식된다. 지상의 순례지는 신들과 인간이 만나는 공간이기도 하다. 여기에서 교차점은 성스러운 세계와 세속의 세계를 연결해 주는 문으로 간주된다. 이와 같은 순례지에는 신들이 항상 거처하고 있다는 믿음을 갖고 있다.

모든 순례지들은 방문자들에게 초월적 및 세속적인 염원을 들어주며 각각의 순례지는 나름대로의 특정한 신화 혹은 기적과 결부되어 있다. 중요한 순례지들은 다른 지역에서 모방되거나 다른 신화와 결부되

---

16) 인도에서도 마을 사람들은 20세기에 들어서면서부터 외부의 중요한 성지를 방문하기 시작했다고 한다. 이런 현상은 많은 사람들이 모이는 곳에서 발생하기 쉬운 전염병 예방과도 밀접한 관계가 있다(Srinivas 1976: 321).
17) 힌두의 성스러운 순례지들은 대부분이 강과 강이 마주치는 곳이나 강의 지류가 형성되는 곳으로, 갠지스강에 있는 베나레스(Benares), 알라하바드(Allahabad) 같은 도시가 대표적이라 할 수 있다. 중심지에 해당하는 공간에 위치한 순례지로는 카일라사(Kailasa) 산이 있다.

어 재현되기도 한다.[18] 순례자들은 순례지를 방문함으로써 신들을 가장 가까운 거리에서 접할 수 있다고 생각한다. 그리고 모든 성소 혹은 순례지는 그곳을 방문하는 순례자들로 하여금 영적인 존재를 체험케 하거나 정신적인 위안을 얻게 한다. 이곳에서의 영적인 체험 혹은 관련된 이야기들은 일반 순례자들이 순례지를 방문하는 중요한 동기가 된다.

무루간을 주신(主神)으로 모시고 있는 바투 동굴사원은 위에서 언급한 순례지로서의 여러 특성과 부합되는 곳이다. 동굴사원이 도시 외곽에 있는 돌산에 위치한다는 점에서 무루간 신을 모시고 있는 사원이 대개 산 정상에 있다는 것에서 크게 벗어나지 않는다. 이곳에 사원이 들어설 무렵에는 숲속 황무지였다는 점도 산신(山神)으로서의 무루간의 신격과 부합된다. 또한 무루간 사원이 있는 이 동굴이 신화 속의 무루간이 우주를 한 바퀴 돌 때 쉬어갔던 곳이라는 이야기가 덧붙여지면서 순례지로서의 '신화'가 생겨나고 있다. 이 이야기는 말레이시아의 무루간 숭배가 단지 타밀 지역의 무루간 숭배를 모방하고 있다는 것에서 벗어나, 말레이시아에서의 무루간 숭배에 대한 당위성을 만들고 있음을 알 수 있다.

바투 동굴사원은 해발 1,200여 미터에 이르는 바위산에 있는 동굴을 가리킨다.[19] 동굴 옆에는 순가이 바투(Sungai Batu)라 불리는 작은 개울이 흐르고 있다. 바투 동굴은 쿠알라룸푸르 시내에서 약 12㎞ 떨

---

18) 힌두이즘에서 유명한 순례지인 우타르 프라데쉬(Uttar Pradesh)의 베나레스 혹은 카시(Kashi)에 있는 사원들은 인도 전역에서 모방된 형태로 재현되어 카시를 대신하고 있다(Fuller 1992: 208).
19) 바투 동굴사원 왼편에는 세 개의 동굴이 더 있다. 동굴사원 매표소에서 왼쪽으로 이어진 지그재그 다리를 통해 연결된 Valluvar Kottam 동굴과 Art Gallery 동굴이 있고, 약간 떨어진 곳에 라마야나의 이야기를 그림으로 옮겨놓은 라마야나 동굴이 있다. 라마야나 동굴 입구에는 거대한 하누만 상이 있고 그 아래에 하누만 사원이 따로 있다. 바투 동굴사원 입구계단을 올라가다 왼편으로 들어간 곳이 어둠의 동굴(Dark Cave)로 고행자들의 수련장소로 쓰이고 있다.

어진 외곽에 위치하며, 말레이반도의 북부와 동부 해안을 잇는 고속
도로가 인근에서 연결되고 있다. 한때 말레이시아 원주민인 베시시
(Besisi) 사람들의 임시 사냥거처로 사용되었던 동굴에다 1891년 타밀
이주민의 후손인 필라이(K. Thambusamy Pillay)가 무루간 신상을 안치
하면서 동굴사원의 역사가 시작되었다.[20] 이듬해인 1892년부터 매년 타
이푸삼 축제가 이곳에서 열리고 있다.

〈사진 3〉 바투 동굴사원 원경　　　　〈사진 4〉 바투 동굴사원 내부

　　바투 동굴사원은 사원광장에서 272개의 가파른 계단으로 연결되어
있다. 계단은 3줄로 구획되어 있는데, 축제기간 중에는 중앙 계단은 주
로 카바디 운반자와 그를 돕는 일행들이 이용한다. 일반인 혹은 관광
객은 왼쪽계단으로 올라가서는 오른쪽 계단으로 내려온다. 광장에서

---

20) 바투 동굴에다 무루간 신상을 안치한 필라이는 쿠알라룸푸르 시내에 있는 스
　　리 마하 마리얌만 사원의 설립자이자 초대 의장이었다. 마리얌만 사원은 필라
　　이 가문이 처음 신당 형태로 설립하여 가족이 운영을 하다가, 1885년 지금의
　　장소에 조그만 사원을 건립하였다. 필라이 사후 오랫동안 사원 운영주체를 두
　　고 갈등을 빚다가 법원의 판결을 거쳐, 1930년부터 현재까지 직종별로 구성된
　　위원회가 사원운영을 책임지고 있다. 마리얌만 사원은 쿠알라룸푸르 시내에
　　있는 가네샤 사원(Sri Ganesha Temple)과 바투 동굴사원을 함께 운영하고 있다.
　　스리 마하 마리얌만 사원의 역사 및 운영에 관해서는 Gurusamy(1987/88)를 참
　　조바람.

계단이 시작되는 지점에는 사원임을 나타내는 정문(Gopuram)이 세워져 있다. 카바디 운반자들은 이곳에서 몰아경에 빠지거나 무루간을 숭배하는 춤을 춘다. 272개의 계단이 끝나고 동굴사원으로 들어가는 입구에는 또 다른 정문이 세워져 있다.

입구 바로 안쪽에는 공작새와 함께 서있는 무루간 신상이 있고 그 옆 안쪽에는 머리에서 복부까지 둘로 쪼개진 아수라 상이 서 있다. 아수라 상 옆 왼쪽에는 닭이, 오른쪽에는 공작이 있다. 이것은 무루간에 의해 둘로 나누어져 죽음을 맞이했지만 아수라의 반쪽은 닭으로 다른 반쪽은 공작으로 재생했음을 표현하고 있다. 무루간에 의해 죽임을 당한 것은 육신이지 영혼이 아니었음을 상징적으로 드러내주는 신화를 재현한 것이다. 무루간 사원으로 가는 길 안쪽 벽면에는 쉬바가 황소(Nandi)를 탄 채 앉아 있고, 쉬바의 왼편에는 가네샤가 오른편에는 무루간을 무릎에 앉힌 데비 상이 있다.

무루간 사원은 동굴 중앙부 왼쪽에 있으며 타이푸삼 축제 기간에는 전문사제가 모든 의례를 주관하고 있다. 카바디를 운반한 무루간 숭배자들의 최종 목적지가 이곳이다. 무루간을 모시는 또 다른 사원이 동굴사원의 맨 안쪽 공간에 있다. 이곳은 동굴이 뚫려 있어 자연 채광이 들어온다. 이곳의 사원은 타이푸삼 축제 기간 동안에는 일부 동물 희생제의를 신봉하는 사람들만 찾는다고 한다. 안쪽에는 춤추는 쉬바(Nadarajah) 상을 모신 제단이 있으며, 동굴을 돌아 오른쪽 사면에는 무루간 신과 그의 두 배우자 상이 마련되어 있다. 오른쪽 벽면을 따라 나오면 쉬바가 그의 배우자와 함께 카일라사 산에 앉아 있는 형상이 있다. 쉬바의 오른쪽에는 무루간이 공작을 타고 서 있으며, 왼쪽에는 가네샤 상이 있다. 이곳에서 멀지 않은 지점에 카일라사 산을 형상화한 신당이 있다.

동굴 중앙부의 오른쪽 벽면에는 카일라사 산에서 무루간과 가네샤가 누가 먼저 우주를 한바퀴를 돌아 올 것인지를 두고 시합을 한 신화

속 이야기의 모습을 재현한 상이 있다. 동굴 안쪽 어두운 지점에는 현자들이 수도를 하던 도량(Aashram)을 형상화한 모습이 있다. 입구에 가까운 곳에는 북인도의 전통에 속하는 라마(Rama) 상과 그 신전이 있다. 동굴사원에서 출구로 나가기 전 공간에는 타밀 지역에서 수호신으로 섬기고 있는 무네쉬와란(Muneshwaran) 신전이 있다.

동굴사원과는 별도로 광장 왼편 커다란 나무아래에는 뱀신(Naga) 상과 가네샤의 사진들이 놓여져 있다. 안쪽에는 미낙쉬(Minakshi) 여신을 모시는 신전과 가네샤를 모시는 신전이 따로 있다. 이들 신전은 하나의 지붕으로 연결되어 있어 동굴사원까지 가기 힘든 신도들이 이곳에서 기원을 하거나 휴식을 취하기도 한다. 광장의 오른편에는 화려하고 비교적 넓은 공간을 차지하고 있는 무루간 사원이 있다. 이곳에는 동굴사원으로 올라가지 못하는 환자나 어린이를 동반한 신자들이 찾는다. 하지만 타이푸삼 축제기간에는 상대적으로 한적한 분위기이다. 이곳 무루간 신전 앞에는 아홉 방위신을 모신 신전이 따로 마련되어 있다.

바투 동굴사원은 무루간을 모시는 신전이 중요한 위치를 차지하고 있지만, 뱀신 나가 그리고 수호신의 기능을 하는 무네쉬와란부터 미낙쉬, 가네샤 그리고 비쉬누의 화신인 라마, 쉬바 및 그의 배우자 여신 등이 혼재해 있다. 즉 신격에서 본다면 마을신에서부터 초월적인 존재인 라마와 쉬바가 한 공간에 있으며, 남인도의 전통과 연계된 미낙쉬와 무루간 그리고 북인도 전통이라 할 수 있는 라마 신이 함께 받들어지고 있다는 점에서 바투 동굴사원은 말레이시아 힌두이즘의 종교복합적 특징을 잘 보여 주고 있다.

바투 동굴사원은 19세기 말부터 말레이시아의 무루간 숭배자들이 찾는 중심적이 사원으로 자리잡고 있으며, 해마다 이곳을 찾는 순례자 혹은 관광객들이 늘어나고 있다.21) 바투 동굴의 무루간 사원에는 브라

---

21) 바투 동굴사원은 말레이시아를 찾는 외국인 관광객에게 널리 알려져 있다. 관

만 사제뿐만 아니라 비브라만 사제들도 있다. 타이푸삼 축제 기간 동안에는 말레이시아 전역에서 브라만 사제와 비브라만 사제를 포함하여 60~70여 명의 사제들을 별도로 고용한다.

4. 타이푸삼 축제

(1) 무루간 숭배

타이푸삼 축제는 타밀력으로 타이(Thai) 달(1월에서 2월 사이)의 보름에 거행된다.[22] 말레이시아에 거주하는 힌두들 특히 타밀인들에게 있어서 타이푸삼 축제는 성스러운 날이다. 이날에는 마리얌만 사원에 모셔져 있는 무루간 신상을 장식한 다음, 은색으로 치장한 전차(chariot)에 싣고 바투 동굴까지 간다. 무루간 신상을 실은 전차는 이전에는 소가 끌고 갔지만 지금은 트랙터를 이용하여 이동하며, 전차 뒤에는 악대를 비롯하여 수많은 사람들이 긴 행렬을 이루며 뒤따라간다. 행렬에는 힌두들이 대부분이지만 힌두 신자가 아닌 사람들도 많이 뒤섞여 있다.

무루간 숭배는 무루간이 악마를 물리친 전사로서의 이미지와 결부되어 있다. 악마를 물리친 수부라마냐의 신화는 선과 악의 갈등, 그리고 결국에는 선이 악을 물리친다는 상징적 의미를 내포하고 있다.

> "태고 적에 천상의 신들이 악마의 힘을 가진 아수라의 침입을 견디지 못하고, 쉬바가 머물고 있는 카일라사로 가서 쉬바에게 청원을 했다. 그들의 기원과 절망감에 감응된 쉬바가 이마 중앙에 있는 제3의

광안내 책자에는 물론 쿠알라룸푸르행 대한항공 기내에서 소개되는 전광판 지도에도 바투 동굴 이름이 표기되어 있다.

22) 타이푸삼 날은 신화 속의 무루간이 여신 파르와티로부터 악마를 물리치는 데 쓸 창(vel)을 받은 날이다. 이 창은 상징적으로 무지를 없애는 무기를 의미한다.

눈을 열자 거기에서 여섯 줄기의 빛이 방출되었다. 여섯 줄기의 빛이 하나로 뭉치자 그 곳에서 수부라마냐 신이 화현했다. 쉬바가 수부라마냐에게 악마를 물리치고 천상의 신들을 보호하라고 명했다. 수부라마냐는 자신에게 부여된 임무를 이행하고 나서, 자신의 숭배자들 앞에서 현신하였다. 아홉 개의 보석으로 만든 눈부시게 반짝이는 장식물로 치장하고, 손에는 황금 창을 들고서 황금으로 만든 전차에 앉아 있는 모습이었다. 수부라마냐의 자비심에 넘치는 눈과 자상한 얼굴을 본 숭배자들은 황홀경에 빠져들었다."(Verma 1965: 53)

무루간은 덕, 용맹, 젊음, 아름다움 그리고 힘을 두루 갖추고 있는 신이다. 무루간을 숭배하는 자들은 누구든지 무루간 신상 앞에서 자신을 낮추고 신실한 마음으로 기원하면 숭고한 자아를 획득하고 바람직한 삶을 영위할 것이라고 믿는다. 무루간 신 앞에서 서원을 했던 사람들 혹은 무루간 신을 통해 난치병을 치료했던 사람들은 여러 형태의 고행을 통해 자신들의 신앙심을 드러낸다. 숭배자들은 주로 카바디를 운반함으로써 자신들의 서원을 수행한다. 카바디는 반원형으로 만든 틀을 말하며 꽃과 공작새 깃털로 장식한다. 카바디 운반자들은 카바디를 어깨에 메고 철로 만든 바늘 여러 개를 등에 꿰거나 혓바닥을 관통하는 작은 창을 꿴 모습으로 무루간 사원으로 향한다.23)

---

23) 커다란 갈고리와 창을 수 십 개씩 몸에다 꿰고 몰아경에 빠지는 등 난장과 같은 분위기의 타이푸삼 축제를 종교적인 행사로 전환하기 위하여 인도-타밀사회 내부에서 정치·종교적 지도자들을 중심으로 자정 노력을 하고 있다. 2005년에도 바투 동굴사원을 관장하고 있는 스리 마하 마리얌만 사원 위원회에서는 칼날 위에서 맨발로 걷기, 커다란 시가 피우기, 곤봉으로 내리치기, 여장행렬 및 얼굴에 붉은 쿰쿰가루를 바르는 행위 등을 금지시켰다(The Star, 2005. 01.19). 하지만 다른 한편에서는 축제기간 중에 바투 동굴사원 광장 안에다 각종 놀이시설 및 상업용품을 판매하는 상점들을 허용하고 있을 뿐 아니라, 젊은 이들을 위한 록 콘서트 무대를 설치하여 관광객을 유인하려는 모습이 드러나고 있다.

〈사진 5〉 일반적인 카바디	〈사진 6〉 갈고리를 꿴 숭배자

　타이푸삼 축제는 3일간 진행된다.[24] 첫째 날에는 마리얌만 사원에서 출발한 무루간 신상을 실은 전차가 바투 동굴사원까지 이동하여 신상을 동굴사원 아래에 마련된 건물에 안치하는 '공식적' 의례가 주를 이룬다. 둘째 날에는 일반 신도들 및 카바디를 운반하는 무루간 숭배자들로 바투 동굴사원은 발 디딜 틈도 없을 정도로 북적인다. 이날은 일부 주 정부에서 휴일로 지정되거나, 휴일이 아닌 주에서도 인도인들이 많이 근무하는 기관에서의 일상적인 업무는 거의 휴무 상태나 다름없다. 셋째 날은 바투 동굴사원에서 마리얌만 사원으로 무루간 신상을 실은 전차가 되돌아오는 의례로 구성된다.

　타이푸삼 축제는 마리얌만 사원에서 무루간 신상을 목욕시키는 의례로 시작된다.[25] 목욕의례 후에는 사제가 무루간의 108개의 다른 이

---

24) 2005년에는 1월 24일부터 26일까지였다. 24일 오전 4시 30분에 마리얌만 사원을 출발한 전차는 체띠아르들이 소유하고 있는 잘란 이포(Jalan Ipoh)의 수부라마냐(Suburamanya) 사원을 거쳐 오후 2시경 바투 동굴사원에 도착하였다. 무루간 신상을 안치한 다음 오후 4시경에 푸자와 함께 광장 안 깃대에 봉헌의식을 거행하였다. 25일은 타이푸삼 날이며, 이 날에는 개인 숭배자들이 거대한 카바디를 운반하는 등 타이푸삼 축제의 절정이다. 마지막 날인 26일에 다시 같은 경로를 되밟아 무루간 신상을 마리얌만 사원에 안치하는 것으로 공식적인 타이푸삼 행사는 끝난다.
25) 스리 마하마리얌만 사원에서의 의례에 관해서는 Lee(1989)를 참조바람.

름들을 읊조리고 나서, 신상 앞에 바쳤던 재, 물, 쿰쿰가루, 백단향나무 가루 및 꽃을 숭배자들에게 나누어준다. 일반인들의 숭배의례가 끝나면 무루간 신상과 무루간의 두 배우자 즉 데바세나와 발리의 신상을 전차에 안치하고 오전 6시경에 사원을 떠난다. 마리얌만 사원을 떠나 쿠알라룸푸르 시내 주요 인도인 거주지를 거쳐 바투 동굴에 도착하기까지는 5시간 이상 소요된다.

마리얌만 사원에서 바투 동굴사원으로 이동하는 중간에 인도인들이 많이 거주하는 센툴(Sentul) 구역이 있다. 인도인들이 거주하는 집이나 상점에는 입구에다 바나나 잎으로 단장을 하거나 사탕수수대 두 개를 양쪽에서 세워 놓고 그 끝을 붙잡아 매어 아치형으로 장식한다. 무루간 신상을 실은 전차는 이곳에 멈추어 개별적으로 무루간 신에게 바치는 봉물과 기원을 받는다. 그리고 체띠아르들이 운영하고 있는 수부라마냐 사원을 거쳐 바투 동굴 아래에 무루간 신의 임시거처로 마련된 스와미 만다팜(Swami Mandapam)에 안치된다. 무루간 신상이 움직이거나 멈추는 곳에는 항상 의례가 동반된다. 안치의례가 끝난 다음 바투 동굴사원 정면 광장에 있는 청동 깃대에 무루간 신의 강림을 알리는 의례가 있다.

〈사진 7〉 스와미 만다팜과 전차

〈사진 8〉 무루간 숭배자의 목욕의례

이와 같은 마리얌만 사원의 '공식적' 행사와는 관계없이 무루간 또는 다른 힌두 신을 주신으로 섬기는 사제들이나 일반 신도들은 바투 동굴사원 서쪽의 개울가에서 자리를 잡고 자신들만의 무루간 숭배를 준비한다. 무루간 숭배자들은 이곳 개울에 마련된 간이 수도에서 옷을 입은 채로 몸을 씻고 공터 곳곳에 마련된 임시 사원에서 정화의례를 한다. 어떤 사람들은 오염된 개울물에 직접 들어가 몸을 담근 다음 수돗물에 헹군다. 개울에서 사원으로 향하는 다리 목에는 이발사들이 자리잡고 앉아 무루간 숭배자들에게 돈을 받고 삭발을 해준다. 무루간 숭배자들은 순수함을 상징하는 노란색 복장을 한 채 우유를 담은 항아리를 어깨에 메거나 옆구리에 안고 간다. 사원으로 향하는 숭배자들의 행렬에는 가족과 친지 혹은 친구들이 동행한다.

축제기간 동안 바투 동굴사원으로 가는 도로는 거의 마비상태이며, 입구 앞 도로는 차량통행이 차단된다. 사원과 멀리 떨어진 곳에 사는 사람들 혹은 당일 교통이 밀릴 것을 염려하는 사람들은 축제가 시작되기 하루나 이틀 전에 당도한다. 개별 사원에서 힌두 신상을 모시고 있는 전문사제들은 사원 옆으로 흐르는 개울가에 자리를 잡는다. 그리고는 자신들이 모시고 있는 무루간 신상 혹은 그림·사진을 임시로 마련된 거처에 안치하고, 카바디 운반자를 비롯한 무루간 숭배자들에게 정화의례를 해준다.

평소에는 소수의 관광객만이 찾는 한적한 동굴사원이 축제기간 동안에는 수많은 사람들과 소음, 각종 음식 냄새, 그리고 쓰레기 더미로 넘쳐난다. 개울을 가로지르는 다리 목에서부터 사원 입구까지 도로 양옆에는 물과 음식물을 무료로 제공하는 단체들이 세운 간이천막이 줄지어 서있다. 평소 주차장으로 이용되는 사원 안쪽 공터에는 사원을 관리하는 위원회에 돈을 내고 자리를 잡은 장사꾼들의 천막이 들어차 있다.26) 이곳에서는 각종 종교용품은 물론 일반적인 주방기구에서부터

---

26) 천막을 설치한 장소 임대료는 크기와 위치에 따라 2,000RM에서 5,000RM 정도

전자제품에 이르기까지 여러 가지 상품들을 전시하고, 순례객 혹은 관광객의 호기심을 자극하여 물품을 판매하고 있다. 또한 광장 안쪽 입구 쪽에는 젊은 세대를 위한 콘서트 무대와 놀이시설 등이 마련되어 있어 '관광지'로 변모하고 있는 바투 동굴사원의 모습을 그대로 보여주고 있다.

(2) 카바디 운반

타이푸삼 축제 중에서 가장 중요한 행사는 무루간 신 앞에서 서원을 한 다음 자신들이 뜻한 바를 성취한 사람들이 수행하는 카바디 운반이다. 카바디는 무루간 숭배자들이 일년에 한번씩 3년 간 혹은 매년 무루간 신으로부터 받은 은총에 대한 답례로 행하는 의례적 고행이다. 신 앞에서 고행을 한다는 것은 신에게 종속되어 있는 미천한 인간이 신에게 의례적으로 자비를 구하고 복종한다는 것을 드러내 보이는 것이다. 고행자는 자신의 몸과 정신이 인간의 한계를 넘어서는 고통을 감내함으로써 신에게로의 완전한 복종을 증명한다. 이런 의미에서 카바디는 일시적으로 속세를 떠나는 것과 마찬가지의 상태가 된다. 카바디를 운반하는 것은 이탐판과 관련된 신화에서 유래하는 것이다.

"성자 아가스탸(Agastya)가 쉬바를 숭배하기 위하여 카일라사 산으로 갔다. 아가스탸의 숭배에 감응한 쉬바가 그에게 두 개의 산, 즉 쉬바키리(Sivakiri)와 삭티키리(Saktikiri)를 신들이 거처하고 있는 포티카이(Potikai) 산으로 가져가게 하였다. 아가스탸는 그의 제자이자 아수라의 지도자인 이탐판으로 하여금 두 개의 산을 운반하게 하였다. … 이탐판은 두 개의 산을 지주(支柱)에 끼어서는 카바디처럼 어깨에 메고 갔다. 지주는 브라흐마 신의 지팡이였으며, 지주에다 산을 묶어 놓은 줄은 뱀이었다. 이탐판이 두 개의 산을 메고 가다가 휴식을 취하기 위

라고 한다. 동굴사원으로 올라가는 계단 앞쪽에는 대형 전광판이 설치되어 미아 발생과 같은 뉴스를 전달하고 있었다.

하여 산을 내려놓았다. 잠시 후 다시 어깨에 메려고 들어올리자 산이 꼼짝도 하지 않았다. 어째서 움직이지 않는가 하고 쉬바키리 산을 올라가 보니 아랫도리만 걸친 소년이 산을 맨 지팡이를 쥐고 있었다. 어린애는 이 산이 자기 것이라 주장했다. 이탐판은 산을 지키기 위해 소년과 대결했다. 하지만 싸움을 시작하자마자 목숨을 잃고 말았다. 아가스탸와 이탐판의 아내 이탐비(Itambi)가 소년에게 자비를 빌어 이탐판은 다시 생명을 얻었다. 그 소년이 바로 무루간 신이었다. 이탐판은 무루간 신에게 자신으로 하여금 무루간 사원 입구를 지키게 하고 누구든지 카바디를 운반함으로써 신을 숭배하는 자에게는 특별한 은총을 내려달라고 요청하였다(Clothey 1978: 119)."

이 신화에 등장하는 이야기는 여러 가지 의미를 함축하고 있다. 두 개의 산은 남신 쉬바와 여신 샥티(Sakti)를 의미하며, 쉬바로부터 이 두 개의 산을 받아온 아가스탸는 북인도에서 남부 타밀나두로 문화를 들여온 신화적 존재를 나타낸다. 무루간을 섬기는 사원은 주로 산 정상에 있다. 이것은 무루간이 이탐판을 만나 굴복시킨 곳이 쉬바키리 산이었다는 데서 유래한다(Clothey 1978: 119~120). 따라서 무루간 사원까지 카바디를 운반하거나 무루간 사원에서 신에게 헌신하는 모든 숭배자들은 이탐판이 새 생명을 얻었듯이 자신의 소망을 실현할 것이라고 여긴다.

카바디를 운반하려는 사람은 몇 주 전부터 다른 사람들을 멀리하고 무루간 신을 화두에 떠올림으로써, 자신의 영적인 고난을 물리치고 무루간 신의 은총을 부여받을 수 있도록 마음의 준비를 한다. 이때는 나이든 사람 혹은 이전에·카바디를 운반한 경험이 있는 사람 또는 사원의 사제가 카바디 운반을 준비하는 사람을 도와준다. 카바디를 운반하는 사람이 초심자인 경우에는 이들이 영적인 지도자가 되는 셈이다. 카바디를 운반하는 사람과 그들의 영적인 지도자에 따라 준비 과정은 다소 상이하지만, 일반적으로 준비기간 동안에는 금욕적인 생활이 요구된다. 카바디를 운반하려는 숭배자들은 타이푸삼 축제가 시작되기 한 달 전 혹은 일주일 전부터 금욕적인 생활을 한다. 채식 위주로 하루에 한끼만을 먹고 성생활을 자제하고, 자신의 몸을 정화하는 의례를 매일 행한다. 그리고 나서 마지막 며칠 혹은 하루는 단식을 한다.

숭배자들은 과일, 우유, 돈, 수탉, 그리고 간혹 공작새를 봉물로 바친다. 서원을 맹세한 사람이나 보다 헌신적인 숭배자들은 조그만 창으로 혀 또는 볼을 찔러 자신을 학대함으로써 신의 은총에 보다 가까이 다가갈 수 있다고 믿는다. 타이푸삼이 거행되는 동안 순례자들은 카바디 혹은 우유를 담은 작은 스테인리스 항아리를 어깨에 메고 무루간 사원을 찾는다. 일반적으로 카바디는 공작 깃털로 장식한 반원형의 틀을 의미한다. 무루간 숭배자들은 카바디를 어깨에 짊어지고 무루간 사원으로 향한다. 반원형의 틀은 무루간 신의 탈 것인 공작새를 상징하며 틀 안에는 작은 신상을 안치한다. 카바디를 운반하는 것은 숭배자가 신을 모시고 가는 것과 같은 의미를 내포하고 있다.

〈사진 9〉 벨 카바디(여자)

〈사진 10〉 벨 카바디(남자)

하지만 카바디에는 여러 가지 유형이 있다. 가장 보편적인 것은 우유를 담은 금속 항아리를 의미하는 팔(pal) 카바디이다. 항아리의 주둥이는 바나나 잎과 노란 천으로 막는다. 우유는 힌두들이 성스러운 동

물로 여기는 암소의 젖이기에 다산성, 순수함 그리고 번창함을 상징한
다. 그래서 모든 숭배자들이 팔 카바디를 메고 가는 것이다. 우유를 담
은 항아리를 카바디의 끝에 매달거나 살갗을 꿰뚫은 고리와 연결된 줄
에 달아 운반하기도 한다. 카바디를 운반하는 숭배자가 몰아경에 빠지
거나 너무 많은 갈고리와 바늘을 달고 고행을 하는 경우에는 다른 사
람이 우유 항아리를 대신 운반하는 경우도 있다.[27] 여성 숭배자들은
대개 혀 혹은 볼에만 작은 창을 꿴 채 혹은 아무런 고행장치 없이 우
유 항아리만을 운반하기도 한다.

또 다른 일반적 형태로는 벨(vel) 카바디가 있다. 이것은 혀를 꿰는
창 모양의 작은 바늘 혹은 볼을 꿰는 긴 화살을 말한다. 벨은 샥티가
무루간 신에게 악마를 물리치라고 준 창이다.[28] 무루간 신에게 기원을
드려 아이를 얻은 부부가 어린애를 포대기에 담아 사탕수수대에 매단
채 무루간 사원으로 운반하는 것을 일컬어 카룸푸(karumpu) 카바디라
한다. 삭발을 한 어린애의 머리에는 심황가루를 바른다. 아이를 포대
기 가운데 누인 채 남편과 아내가 사탕수수대 양쪽을 어깨에 메거나
손에 들고서 바투 동굴의 무루간 사원으로 올라간다.

---

27) 등허리에 여러 개의 큰바늘을 꿰고 커다란 카바디를 어깨에 메고 고행을 하는
   카바디 운반자 중에는 수호신인 마투라이 비란(Maturai Viran)이 내리기도 한
   다. 마투라이 비란이 실린 사람들은 커다란 칼을 들고 춤을 추거나 칼로 혓바
   닥을 그어 신의 강림을 나타낸다. 또 다른 수호신인 무니쉬바란(Munishivan)
   혹은 무니얀티(Muniyanti)가 실린 사람들은 긴 시가를 피우면서 자신에게 채찍
   질을 하거나, 등에 꿴 여러 개의 바늘에다 줄을 매어 놓고 무루간을 실은 작은
   모형 전차를 끌기도 한다(Lee 1989: 325).
28) 다른 형태의 카바디로는 무루간 숭배자의 신체 혹은 반원형의 틀에 장식하는
   꽃, 공작새 깃털, 구슬 혹은 보석 꾸러미가 있다. 그리고 머리에 이고 운반한
   것으로는 베텔 잎으로 만든 칼라카(kalaca) 카바디, 백단향나무 가루로 만든 칸
   타남(cantanam) 카바디가 있다. 손에 들고 운반하는 카바디로는 불을 담은 항
   아리, 즉 아그니(agni) 카바디와 쟈스민을 우린 물을 담은 항아리인 판니르(pannir)
   카바디가 있다(Lee 1989: 324).

<사진 11> 우유항아리 카바디　　　　　　　<사진 12> 카룸푸 카바디

　계단을 올라가 동굴사원으로 들어가는 입구 왼쪽에는 이탐판 신상이 있다. 숭배자들은 무루간 사원으로 다가가기 전에 이탐판 신상 앞에 기원을 올리지만 많은 사람들이 무루간 사원으로 가기에 바빠 그냥 스쳐 지나가기도 한다. 이탐판은 성스러운 무루간 사원으로 들어가는 자들을 축원한다고 한다. 동굴사원 내부는 바깥에 비해 시원하며 수백 명이 동시에 앉을 수 있을 만큼 넓다. 동굴 끝 부분의 천장은 열려 있어 밝은 빛이 들어오고, 자연 채광이 닿지 않는 동굴 벽면에는 전등을 켜두어 전체적으로 어둡지 않은 편이다. 무루간 사원은 동굴 중앙부 왼쪽에 있다. 사원은 흰색 타일로 만들어졌으며, 입구 앞쪽에는 철책으로 울타리를 둘러 순례자들이 한꺼번에 몰리지 않고 울타리를 따라 차례로 들어오도록 장치를 하였다.

　동굴사원으로 오르는 272계단을 거쳐 무루간 사원 앞에 온 카바디 운반자들은 이곳에서 사제의 도움을 받아 간단한 의례를 행하고 카바디 운반을 종료한다. 몸에 꽂은 갈고리바늘과 여러 장치들을 제거하고, 먼저 운반해온 우유를 무루간 신전에 바친다. 그 다음에는 같이 온 가족과 친지들에게 우유를 나누어준다. 카바디 운반을 끝낸 숭배자는 이제까지와는 다른 모습으로 대접받는다. 그는 자신이 운반해온 우유를 일반인들에게 나누어주며 일종의 신적인 충만함을 전해주는 자로 행동한다. 무루간 사원에는 카바디 운반자뿐만 아니라 일반 신자들이 사제의 도움을 받아 개인적인 기원을 한다. 무루간을 숭배하는 사람들 중에는 닭이나 공작새 혹은 소를 사원에 바치기도 한다. 동물희생을 금지한 관계로 살아있는 닭을 바치기 때문에 동굴사원 안에는 산 닭이 여기저기에 돌아다니고 있으며 닭울음소리로 동굴 안이 소란스러울 정도이다. 무루간 사원에 바친 동물들은 나중에 시장에 내다 팔거나 다른 기관에 희사를 한다고 한다.

5. 맺음말

말레이시아의 타이푸삼 축제는 인도-타밀인들의 정체성과 깊은 연관을 맺고 있다. 남인도 타밀나두에 널리 퍼져있는 무루간 숭배 및 그와 관련된 타이푸삼은 오늘날 다종족·다문화 사회인 말레이시아에서 인도-타밀인을 대표하는 상징적인 행사로 자리잡고 있다. 타이푸삼 축제가 인도-타밀인의 대표적 축제로 자리 매김을 한데는 말레이시아에 거주하고 있는 인도인들의 대다수가 인도-타밀인이라는데서 찾을 수 있다. 말레이시아의 도시화로 말미암아 다른 종족집단과의 일상적인 접촉이 늘어나면서, 카스트 혹은 출신지역에 따른 정체성보다는 '인도-타밀'인으로서의 정체성으로 한데 어우러지게 되었다. 그 결과 인도-타밀인들 뿐만 아니라 북인도 출신을 비롯한 스리랑카 타밀인들 또한 무루간 숭배에 바탕을 둔 타이푸삼과 같은 종교적 축제에도 자연스레 참여하게 되었다.

이처럼 무루간 숭배와 타이푸삼 축제가 대중적인 호응을 받게 된 배경에는 인도-타밀인이 절대다수를 차지하고 있는 말레이시아 인도인들의 인구학적 요인이 크게 작용했지만, 그 이면에는 무루간 신 자체의 다중성과 종교복합적인 성격이 자리잡고 있다. 무루간은 영원한 젊음을 유지하면서도 우주의 역사만큼 오래된 신격이며, 베다적인 전통과 결부되어 있으면서도 타밀 지역의 수렵농경 신으로서의 특성을 함께 간직하고 있다. 또한 두 명의 배우자 중에서 한 명과는 베다적인 엄격한 의례를 통하여 혼인을 하였지만, 다른 한 명은 열렬한 연애를 통해 베다적인 의례와 절차 없이 배우자로 맞이하는 등 혼인과 배우자에 있어서도 이중성을 간직하고 있다. 무루간과 관련된 신화와 상징에는 북인도적인 것과 남인도적인 것, 비쉬누 계열의 신격과 쉬바 계열의 신격 혹은 마을 신 수준의 신격과 초월적인 신격이 함께 나타나고 있어 어떤 특정한 부류 혹은 카스트에 치우치지 않고 쉽게 접근할 수 있는 복합적이고 다중적인 성격이 내포되어 있다.

무루간을 모시고 있는 성소인 바투 동굴사원에는 종교적인 열정을 간직한 채 구원을 얻기 위해 찾아오는 순례자들과 타이푸삼 축제 및 이와 관련된 행사들을 구경하기 위하여 찾아오는 관광객들이 뒤섞여 있다. 즉 바투 동굴사원 그 자체는 종교적 순례지이지만, 다른 한편으로는 구경거리가 많은 관광지로서의 특성이 함께 어우러져 있는 공간이기도 하다. 요약하자면, 카바디 운반으로 표상되는 타이푸삼은 개인적 수준에서의 세속적인 성공과 영적인 구원을 염원하는 무루간 숭배의례 그리고 다종족·다문화 사회인 말레이시아에서 인도－타밀인으로서의 정체성을 재확인하는 '축제'로서의 성격이 함께 어우러져 있다는 것이다.

<참고 문헌>

김주희, 「싱가포르 거주 타밀계 체띠아르 공동체: 혼인과 여성을 중심으로」, 『인도연구』9(2), 2004, 81~109쪽.
노영자, 『신화로 만나는 인도』, 부산: 부산외국어대학교 출판부, 2000.
류경희, 『인도신화의 계보』, 서울: 살림, 2003.

Arasaratnam, Sinnappah 1970, *Indians in Malaysia and Singapore*, Kuala Lumpur: Oxford University Press.

Basham, A. L. 1967, *The Wonder That Was India*, Calcutta: Rupa & Co.

Clothey, Fred W. 1978, *The Many Faces of Murukan: The History and Meaning of a South Indian God*, The Hague: Mouton Publishers.

Collins, Marie Elizabeth 1991, "Murugan's Power and Ritual: The Hindu Tamil Festival of Thaipusam in Penang, Malaysia", Ph. D. Thesis, University of California, Berkely.

Fuller, C. J. 1992, *The Camphor Flame*, New Delhi: Viking.

Gurusamy, Kalaiyarasi 1987/88, "Hinduism: The History of Sri Maha Mariyammam Kovil Devastanam", Dept. of Anthropology and Sociology, University of Malaya.

Jain, R. K. 1970, *South Indians on the Plantation Frontier in Malaya*, Kuala Lumpur: University of Malaya Press.

Lee, Raymond L. M. & R. Rajoo 1987, "Sanskritization and Indian Ethnicity in Malaysia", *Modern Asian Studies* 21(2): 389~415.

Lee, Raymond L. M. 1989, "Taipucam in Malaysia: Ecstasy and Identity in a Tamil Hindu Festival", *Contributions to Indian Sociology*(n.s.) 23(2): 317~337.

Obeyesekere, Gananath 1978, "The Fire-walkers of Kataragama: The Rise of Bhakti Religiosity in Buddhist Sri Lanka", *Journal of Asian Studies* 37(3): 457~476.

Rajoo, R. 1992, "Urbanization and Hinduism in Malaysia", *Second Malaysia-Singapore Forum*, University of Malaya, K. L.

Srinivas, M. N. 1976, *The Remembered Village*, Delhi: Oxford University Press.

Verma, D. H. 1965, "Hindu Festival", in Joy Manson(ed.), *Festivals of Malaya*, Singapore: Eastern University Press.

Ward, Colleen 1984, "Thaipusam in Malaysia: A Psycho-Anthropological Analysis of Ritual Trance, Ceremonial Possession and Self-Mortification Practices", Ethos 12(4): 307~334.

Wiebe, Paul D. & S. Mariappen 1979, *Indian Malaysians: The View from the Plantation*, Durhan: Carolina Academic Press.

피지의 정치적 변화와 인도
-피지인의 이민*

조 정 규**

1. 서론

피지는 약 80만 명의 다민족 국가이다. 피지 원주민이 인구의 약 51%이고 인도-피지인이 약 43%이다. 나머지 6%는 유럽인, 반유럽인(혼혈인), 중국인, 태평양의 섬 주민 등이다. 피지는 1874년에 영국의 식민지가 되었고 1970년에 영연방안의 독립국이 되었다(그림 1). 독립에서부터 1987년까지 피지는 인도-피지인 커뮤니티의 일부와 소수민족 커뮤니티의 지원을 받은 피지 원주민에 의해 지배된 정당에 의해 통치되었다. 피지는 1987년, 2000년 그리고 2006년에 쿠데타를 경험했다. 현재는 2006년 12월 6일에 쿠데타에 성공한 Bainimarama 군사령관이 Qarase 총리 및 내각을 몰아내고 군사정부 수립하고 국회를 해산하였고 과도정부 총리로 과도내각을 이끌고 있다.

* 이 글은 한국문화역사지리학회 논문집 『문화역사지리』제20권 제1호(통권 34호) 2008년 4월호에 실린 글임.

** 전남대학교 사회과학대학 지리학과 강사(Lecturer, Department of Geography, Chonnam National University, jjk3467@hanmail.net)

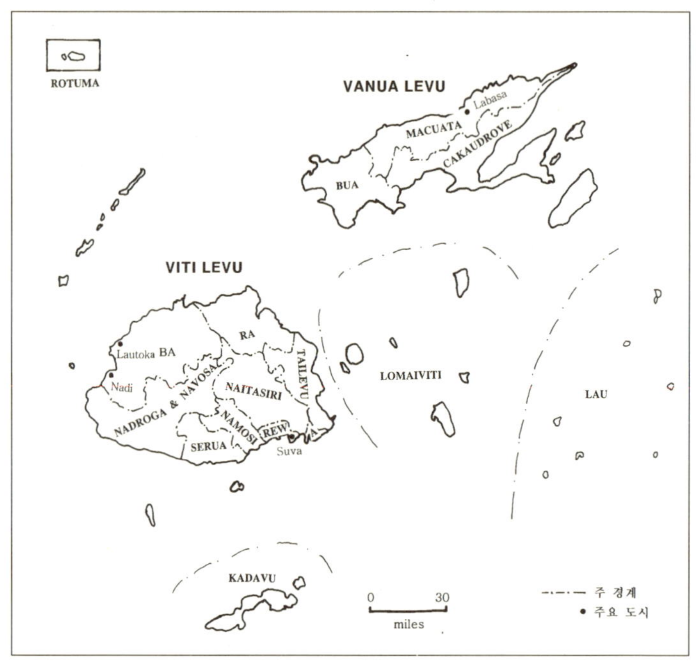

〈그림 1〉 연구지역 : 피지

피지는 1860년대에 면화의 뛰어난 경작 조건에 끌려 유럽인들이 정착하기 시작하였다. 1874년 영국의 식민지가 되었고, 1870년대에 면화 시장의 붕괴로 곤경에 처한 유럽인 경작자들은 새로운 대체작물을 찾아야만 했다. 사탕수수가 가장 많은 수익을 제공할 것으로 생각하여 재배하기 시작하였다. 사탕수수는 많은 노동력이 필요하므로 노동력 부족이라는 문제가 대두되었다.

아더 고든 총독은 부족한 노동력의 문제를 해결하는데 있어 피지 원주민의 노동력을 이용하는 것을 반대했다. 피지 원주민의 노동력을 이용하는 것은 피지 원주민의 마을 생활을 깨뜨리고 그들의 모든 공동 생활을 훼손할 것이라고 고든은 생각했기 때문이다. 고든의 해결책은 1838년 트리니다드와 모리셔스에서처럼 인도인 계약노동자를 고용하는 것이었다(Donnelly & Quanchi & Kerr 1994).

유럽계 백인 농장주는 1879년에서 1916년까지 사탕수수 플랜테이션 경영에 필요한 노동력을 인도에서 약 60,640명을 계약노동자로 데려왔다. 이들 중 약 60%는 계약 만료 후 유럽 농장주의 강요와 인도의 경제적 현실을 고려하여 피지에 남아 정착하여 자유인으로서의 삶이 시작되었다(Gillion 1962).

영국의 식민지 정부는 원주민보호주의와 식민지적 온정주의라는 미명하에 피지의 토지를 원주민들이 소유하도록 하는 법적 제도적 장치를 마련하였다. 피지의 토지는 3가지 범주로 나뉜다. 첫째로, '원주민 토지'로 알려진 피지 총 토지면적의 약 83%는 그들의 마탕갈리(토지소유단위)를 통하여 토착 피지인에 의해 소유되었다. 9%를 포함하는 'Crown land(정부 토지)'인 두 번째 범주는 국가가 소유하고 있다. 세 번째 범주는 약 5%인 자유소유 토지이다. 자유소유 토지의 소유권을 가지고 있는 일부의 비 피지원주민은 별문제로 하고, 농촌에 있는 대부분 보통의 비 피지원주민은 토지를 소유하지 않는다. 그들은 관습상 소유 토지의 관리의 직과 상업적 이용을 위임받은 정부 법적 기관인 원주민 토지신탁청(N.L.T.B)으로부터 임대한 토지에서 살고 경작한다. 대부분 진행 중인 소작의 30년 임대는 현재로 만료되고 있고 실질적인 해결은 정부에 의해 발견되지 않고 있다(Chand A.& Naidu V. 1998).

피지원주민들은 토지의 약 85%, 공무원의 약 65%, 그리고 군인의 100%를 지배한다. 인도-피지인들은 일반적으로 마탕갈리라 불리는 피지의 토지소유 집단으로부터 임대한 토지에서 사탕수수를 경작하며, 경작자의 약 75%를 차지하고 있다. 중소규모의 상업은 산재한 소수의 중국인과 인도-피지인에 의해 지배되고 있다. 더 큰 사업은 유럽인의 영역이다. 민족들에 따라 상업의 분리는 특별한 부문 안에 집단 간에 민족 경쟁을 피함으로써 정치적 안정과 질서를 위해 마련되었다. 이 구조는 조화된 공존의 외관에 더욱더 기여한 경제적 상호의존을 조장하였다. 피지원주민은 1870년대에 인도로부터 계약노동자를 수입하는 영국의 결정에 목소리를 낼 수 없었다. 그들의 계약노동의 계약이 끝난 후에 피지에 남은 인도-피지인의 상업 성공은 피지에서 인도-피지인의 존재에 분개하는 인종의 긴장을 높이는 역할을 하였다(Szmedra, P. 연도미상).

피지와 피지원주민에 대한 영국의 식민지의 의도는 강력한 촌락과 지역의 충성으로 추장의 명령에 경청하는 촌락 기반의 공동체의 전통적 생활양식의 유지였다. 이러한 영국의 의도는 총체적으로, 특히 독립 후에 사회와 경제 변화의 빨라지는 속도에 적응할 수 없는 토착의 문화를 창조하였다. 그리하여 피지 원주민들은 생계경제에 익숙하게 되었고 본질적으로 사고에 있어 고립주의자였다. 경제적 상호의존을 장려하기 위한 상업 분리의 영국의 계획은 민족의 증오와 대립을 가져왔다. 정부를 지배하게 된 인도-피지인의 1987년 선거와 토지와 다른 자원들을 통하여 피지 원주민에 의해 잠금 관리에 대한 인식된 위협이 1987년 군사쿠데타를 직접적으로 유도하였다(Szmedra, P. 연도미상).

1970년 독립 이후 피지원주민의 통치에 의한 정치적 불안정은 인도-피지인의 해외이민을 지속적으로 부추기는 역할을 하였다. 1987년 군사 쿠데타와 2000년의 '인질잡기'의 과정에서 정치적 불안정과 사회 불안과 토지 임대의 만료로 인한 재계약의 미해결과 피지정부의 농촌에서 인도-피지인의 배제가 노골적으로 진행되면서 많은 인도-피지인들이 피지를 떠나고 있다.

본 논문에서는 1987년과 2000년의 쿠데타로 인도-피지인의 해외이민이 경향이 어떻게 진행되어 가는지를 고찰하고자 한다. 첫째, 해외이민의 양적 측면에서 1987년 이전, 1987년에서 1999년, 2000년 이후의 시기로 구분하여 얼마나 많은 피지국민들이 해외로 나갔으며, 이민자 중에서 인도-피지인의 비중은 얼마나 되는지 고찰한다. 둘째, 해외이민의 질적인 측면에서 직업별로 세분하고 두뇌유출의 측면에서 고찰한다. 셋째, 해외이민의 목적지로 이들이 주로 어느 나라를 선택하여 이민을 가는지를 고찰한다. 이 문제를 해결하기위해 피지통계청이 발행한 Fiji Tourism & Migration Report를 1978년부터 2003년까지를 참고하였다.

2. 인도-피지인의 피지로 이주와 정착

피지에 정착한 유럽인들은 1860년대에 면화의 뛰어난 재배조건에 끌려 경작자로 정착하기 시작했다. 면화는 가장 많은 수익을 제공했고 레와(Rewa)에서 주로 재배되었다. 자신들의 토지를 개발하기 위해 필요한 자금을 대출받느라 토지를 저당 잡혔던 경작자들은 1870년에 면화 시장이 붕괴되었을 때 곤경에 처했다. 그들은 생활비뿐 아니라 융자금을 갚아나갈 수 있을 만큼 충분한 수입을 창출하는 다른 농작물들을 찾아야만 했다. 먼저 사탕수수가 가장 좋은 기대를 제공할 것으로 생각되었다(Dyer & Hodge 1988: 16). 비티 레부(Viti Levu)에 풍부한 충적토가 있는 레와(Rewa) 계곡에서 몇몇 농장주에 의해 사탕수수 재배가 실험적으로 실행되었다(Donnelly & Quanchi & Kerr 1994, 47). 그리고 이들의 노력은 어느 정도 성공을 거두어 주된 재배 농작물이 면화에서 사탕수수로 전환되었으나, 사탕수수는 많은 노동력이 필요하므로 노동력 부족이라는 새로운 문제가 대두되었다.

1874년 피지를 식민지로 만든 후 아더 고든 총독이 직면하게 된 문제 중의 하나가 피지가 빚을 지지 않고 피지 경제를 발전시킬 수 있는 방법을 찾는 것이었다. 그 답은 작물, 특히 면화, 코프라와 사탕수수의 개발이었다. 그렇지만, 모두 많은 노동력이 요구되는 플랜테이션 작물이었다. 이때까지, 태평양 노동자들의 수입은 통제의 결과로 감소하고 있었고, 고든은 피지 원주민의 노동을 이용하는 것을 반대했다. 피지

원주민의 노동력을 이용하는 것은 피지 원주민의 마을 생활을 깨뜨리고 그들의 모든 공동생활을 훼손할 것이라고 고든은 생각했기 때문이다. 고든의 해결책은 1838년 트리니다드와 모리셔스에서처럼 인도-피지인 계약노동자를 고용하는 것이었다. 물론 이것은 피지의 미래를 크게 변화시키게 되는 계기가 되었다(Donnelly & Quanchi & Kerr: 1994, 48).

노동자 파견 협정은 1878년에 5년의 기간 동안 피지로 데려갈 노동자에 대해 인도 총독부와 맺었다. 노동조건은 형편없었지만, 5년 후에 인도로 귀환할 것인지 피지에서 더 일할 것인지를 선택하는 것은 자유로웠다. 만약 인도-피지인들이 계약기간 만료 후 다시 한 번 5년 동안 피지에 머물기를 택한다면 그들의 귀환 비용뿐 만 아니라 자녀의 귀환비용까지 피지 총독부가 지불해주기로 했다(Donnelly & Quanchi & Kerr 1994, 49).

이 협정을 통하여 1879년에서 1916년까지 약 60,640명의 인도-피지인이 계약노동자로 피지로 이주하였다. 인도-피지인들은 아주 다양한 이유로 피지에 도착했다. 비록 일부는 가족 간의 불화 등을 언급하기도 했지만, 사실 그들에게 피지 행은 가난을 벗어나 새로운 출발을 할 수 있는 가장 큰 기회였다. 특히 바다를 가로지르는 여행은 많은 인도-피지인에 대한 카스트 구성원 자격의 상실을 의미했다(Donnelly & Quanchi & Kerr 1994: 49). 1879년에 490명이 최초로 피지로 이주한 이래 피지 내 인도-피지인의 수는 1881년 588명, 1891년 7,468명, 1901년 17,105명, 1911년 40,286명이었으며, 계약노동제가 사실상 종료된 1921년에 60,634명이 되었다.

피지의 총인구는 1881년 127,486명에서 1901년에 120,124명으로 7,362명이 감소하였으나 인도-피지인은 588명에서 17,105명으로 증가하였다. 1901년에서 1911년 사이에는 피지총인구가 19,417명이 증가하였으나, 인도-피지인은 피지총인구의 증가보다 훨씬 많은 23,181명이 증가하였고, 1911년에서 1921년 사이에도 피지총인구는 17,725명이 증가하였으나, 인도－피지인은 20,348명이 증가하였다. 이는 피지 원주민인 구조사가 시작된 1881년 이래 피지에서 피지원주민의 인구는 계속해서 감소한 반면에 인도－피지인은 계약노동제와 더불어 자유민에 의한 이주로 인구수가 증가하였다.

피지 이주 초기에는 피지의 사탕수수 재배가 비티 레부 섬 동부의 습윤한 지역에서 행해졌기 때문에 초기 이주한 인도－피지인들은 충적지가 발달한 레와 강 계곡을 중심으로, 그리고 사탕수수가 재배되고 있는 동부의 섬을 중심으로 정착하기 시작하였다. 이러한 거주지역의 분포는 비티 레부와 바누아 레부 양 섬의 서부지역이 동부지역보다 사탕수수 수확량이 높다는 사실이 확인 된 이후에 거주지의 분포는 변화하기 시작하였다.

사실 인도－피지인은 피지에 사탕수수 계약노동자 신분으로 왔다. 인도－피지인은 농업에서 기술과 능력을 발휘하면서 농업부문에 대체로 성공적으로 적응하였다. 피지 내에서 원주민과 인도－피지인 간의 종족성 경계의 한 가지는 토지소유가능 여부라 여겨지며, 이를 통해 '토착민'과 '이방인'의 정체성이 구성된다. 피지에서 토지소유자를 지칭하는 타우케이(taukei)와 외지인을 지칭하는 불랑이(vulagi) 관계가 원주민 민족주의인 타우케이즘(taukeism)으로 발전했고, 타우케이즘은 피지 원주민과 인도－피지인간의 인종적 대립을 심화시켰다(이태주 2000, 168). 타우케이즘은 토지를 매개로 한 원주민 자신들만의 정체성에 호소하는 표현들의 토대가 된다.

피지에 남은 많은 인도－피지인들은 이처럼 농업 노동자, 숙련기술자, 사무원, 가게주인으로써 다양한 직업에 종사했다. 특히 크고 작은 사업에서, 인도－피지인들은 대단히 유능하다고 증명되었다. 오늘날 인도－피지인들은 피지의 상업적 이익의 많은 부분을 좌지우지한다(Donnelly & Quanchi & Kerr 1994, 51). 도매와 소매상점의 대부분은 인도-피지인들이 경영하고 있다(그림 2).

〈그림 2〉 피지-인도-피지인이 소유한 슈퍼마켓(라우토카)

〈표 1〉 피지의 민족별 인구수 변화

	1901	1911	1921	1936	1946	1956	1966	1976	1986	1996
인도-피지인	17,105	40,286	60,634	85,002	120,414	169,403	240,960	292,896	348,704	338,818
피지 원주민	94,397	87,096	84,475	97,651	118,070	148,134	202,176	259,932	329,305	393,575
폴리네시아인	1,950	2,758	1,564	2,353	3,717	5,320	6,095	6,822	8,627	10,463
유럽인	2,459	3,707	3,878	4,028	4,594	6,402	6,590	4,939	4,196	3,103
혼혈인	1,516	2,401	2,781	4,574	6,142	7,810	9,687	10,276	10,297	11,685
로투만인	2,230	2,176	2,235	2,806	3,313	4,422	5,797	7,291	8,652	9,727
중국인	-	305	910	1,751	2,874	4,155	5,149	4,652	4,784	4,939
기타	467	812	789	204	514	91	273	1,270	810	2,767
전체인구	120,124	139,541	157,266	198,369	259,638	345,737	476,727	588,078	715,375	775,077

자료 : 1996 FIJI CENSUS, LEGISLATIVE COUNCIL, FIJI.

<표 1>은 1901년부터 1996년까지 피지 인구센서스를 바탕으로 각 민족의 인구변화추이를 보여주고 있다. 1901년은 피지원주민이 절대적으로 많은 수를 차지하고 있고 다른 민족의 수는 미미하다. 그 이후에는 피지원주민의 인구는 감소가 증가를 반복하는 반면에 계약노동자로 피지에 정착한 인도-피지인들은 인구가 지속적으로 증가하고 있

다. 1946년에는 인도－피지인의 인구가 피지 원주민보다 더 많아졌고, 그 경향은 1986년까지 지속되었다. 1996년에는 인도－피지인의 인구가 피지원주민보다 적어졌는데 이는 1987년의 군사쿠데타의 영향으로 인도－피지인들이 해외로 이민을 떠났기 때문이다.

3. 쿠데타 이전의 이민

이민은 피지에서 새로운 현상이 아니다. 그렇지만, 새로운 것은 이민의 비율이다. 피지로부터 숙련되고 질 좋은 사람들의 전통적인 이민은 기본적으로 경계를 넘어 불평등한 임금과 봉급에 의거한다. 피지의 임금과 봉급은 태평양 연안의 이민 목적 국가들에서 비슷한 위치에 제공되는 것보다 많이 낮다. 호주, 뉴질랜드, 미국과 캐나다와 같은 대도시의 국가들에서 교육, 의료, 직업 기회들과 같은 수입 수준과 생활수준의 증가와 더 좋은 사회·경제적 기회는 이민 의사결정에 영향을 미치는 배출인자이다. 이것은 1987년 이전에 피지로부터 이민을 위한 가장 중요한 인자였다(Reddy M., et al. 2004).

1970년 영연방의 일원으로 독립 한 피지에서 해외이민은 지속적으로 일어나고 있었다. 특히 인도－피지인들의 이민은 다른 민족과 비교해 볼 때 절대 다수를 차지하고 있었다. 이는 피지 인구 중에서 가장 많은 인구를 가진 집단인 인도－피지인들이 정치적으로 토지 부문에서 주도권을 잡지 못해 정치적으로 사회적으로 불안감 때문에 나타난다. 또한 환태평양의 국가들의 높은 생활수준은 피지의 인도－피지인을 유인하는 요인이 되고 있다.

피지의 정치 불안은 인도－피지인의 해외이민을 부추기는 요인으로 작용하고 있다. 1977년에 정치적 불안을 조장할 사건이 발생하였다. 피지의 민주주의는 인도계의 국민연합당(National Federation Party)이 의회에서 52석 중 26석을 획득한 총선거를 사실상 승리했을 때인 1977년에 첫 번째 부정되었다. 이 정당 지도자 Siddiq Koya는 표면상 의회에서 필요한 지원이 부족했기 때문에 수상으로 임명되지 못했다. 인도-피지인이 수상으로 임명된다면 인도-피지인을 폭행하고 일반적으로 나라를 불안하게 하는 민족주의자 집단의 위협들은 정부의 새로운 우두머리로 Viti Levu의 동쪽 부분과 동쪽의 군도를 지배하는 최고의 추장 씨족의 일원인 전 수상 Ratu Sir Kamesese Mara를 임명하도록 그 당시 총독을 설득시켰다(Szmedra, P. 연도미상).

인도-피지인 정당이 합법적으로 선출된 정부의 1977년 거절은 피지 민족주의자들에 의한 숨겨진 쿠데타였다. 그것의 성공은 그들이 위헌의 방법으로 벌 받지 않고 해냈다고 가정하는 피지에서 불법과 갱행위의 폭력을 조장해온 것으로 여겨진다. 이러한 정치적 불안이 인도-피지인을 해외로 이민하게 만든다. 1976년에 총 이민자수는 2,527명이었는데 1977년에는 3,809명으로 급격한 증가를 보이고 있는데, 이는 1977년에 발생한 숨겨진 쿠데타에 대한 인도-피지인의 대응으로 생각된다.

〈표 2〉 1987년 쿠데타 이전 피지의 해외이민자 현황

민족 \ 년도	1978	1979	1980	1981	1982	1983	1984	1985	1986
인도-피지인	1,592	1,377	1,487	2,146	2,086	2,152	1,849	2,307	2,362
피지인	78	70	131	161	162	196	179	217	178
유럽인	56	42	34	51	51	42	37	35	46
중국인	62	68	54	85	79	60	51	69	83
로투만인	13	7	17	29	31	16	27	26	21
혼혈인	27	38	49	63	74	79	73	93	91
기타	28	7	23	19	13	35	22	29	18
합계	1,856	1,609	1,795	2,554	2,496	2,580	2,238	2,776	2,799

자료 : FIJI TOURISM AND MIGRATION REPORT, Fiji Islands Bureau of Statistics, 각 년도 별 필자정리

1978년에 약 2,062명의 주민이 해외로 이주하였고, 1977년에 3,809명 이민자와 비교해서 46%의 상당한 감소를 보였다. <표 2>에서 피지 해외이민자의 추이를 보면 1980년까지는 11,800명 전후로 나타나고 있는데, 1980년 이후부터는 2,500명대로 증가하고 있다. 민족별로 보면 인도-피지인의 비율이 압도적으로 높게 나타나고 있다. 피지인구 중에서 인도-피지인과 피지 원주민이 대부분이고 나머지 민족은 소수이기 때문에 각 민족별로 차지하는 비중을 설명하기 어렵다. 그렇지만 피지 인구를 양분하고 있는 인도-피지인과 피지원주민을 비교하여 보면 민족 간 해외이민의 차이를 알 수 있다. 인도-피지인은 전체 이민자의 약 85%를 차지하고 있다. 반면에 피지인은 1980년 이전에는 4.5%, 그 이후로는 7~8%대를 보이고 있다.

〈표 3〉 쿠데타 이전 피지 이민자의 직업 현황

직업 \ 연도	전문직, 기술직, 관련 노동자	행정 및 경영, 관련 노동자	서기 및 관리직, 관련 노동자	판매직 노동자	서비스 노동자	농림어업 노동자	생산직, 교통장비 노동자	기타	합계*
1978	152	32	198	56	44	49	231	1,300	2,062
1979	107	41	160	52	39	39	188	1,057	1,683
1980	127	56	192	63	34	52	272	1,082	1,878
1981	204	65	249	74	50	75	292	1,745	2,754
1982	222	61	278	79	54	70	316	1,586	2,666
1983	208	78	275	94	76	79	341	1,601	2,752
1984	173	69	215	76	61	45	263	1,466	2,368
1985	292	107	309	78	75	62	271	1,854	3,048
1986	213	112	258	104	80	59	309	1,872	3,007

* 이민자수와 일치하지 않는 경우는 permit holder와 exempted person 포함한 수치임.

자료 : FIJI TOURISM AND MIGRATION REPORT, Fiji Islands Bureau of Statistics, 각 년도, 필자정리

피지 통계청의 이민자에 대한 직업 분류는 8개의 범주로 나누었다 (표 3). 그 중 기타로 분류된 주부, 어린이, 은퇴자, 직업이 일정하지 않은 사람들 포함하는 '직업으로 분류하기 어려운 노동자' 직업집단은 약 60% 이상을 차지하고 있다. 생산직 및 교통장비 노동자와 서기 및 관리직 노동자가 비슷한 비중을 보이고 있다. 행정 및 경영 관련 노동자의 비중은 낮은데 이는 피지 인구 중에서 이 부문에 종사하는 인원이 적기 때문이다. 농림어업 노동자의 비중이 가장 낮은 비중을 보이고 잇는데 이는 해외이민의 수용 국가의 이민 허가 조건과 밀접한 관련이 있다고 생각한다. 이민 수용국가에서 숙련된 노동자를 원하고 있기 때문에 농림어업 노동자는 이러한 조건이 미달되기 때문에 그 수가 매우 적다.

1986년도 해외 이민자를 인종별, 성별, 직업 별로 세분하여 고찰하였다(표 4). 1986년의 해외이민은 1978년과 비교해 볼 때 전체 수에서 증가하였지만 직업별로 민족별 차이는 별로 없다.

〈표 4〉 1886년 이민자의 인종별, 성별, 직업별 현황

민족 / 직업	피지인 남	피지인 여	인도-피지인 남	인도-피지인 여	유럽인 남	유럽인 여	중국인 남	중국인 여	로투만인 남	로투만인 여	태평양제도 남	태평양제도 여	혼혈인 남	혼혈인 여	기타 남	기타 여	합계 남	합계 여	계
전문직, 기술직, 관련 노동자	7	9	137	68	3	2	8	6	1	2	-	-	8	-	1	-	165	87	252
행정 및 경영, 관련 노동자	2	2	61	10	6	-	4	2	-	-	-	-	2	3	-	-	75	17	92
서기 및 관리직, 관련 노동자	4	16	84	166	-	4	1	7	-	1	-	-	4	6	-	2	93	202	295
판매직 노동자	-	2	42	21	-	1	2	-	-	-	-	-	-	3	-	-	44	27	71
서비스 노동자	12	6	32	10	-	-	-	-	-	-	-	-	1	2	-	-	45	18	63
농림어업 노동자	7	-	50	1	-	-	1	1	-	-	1	-	-	-	-	-	59	2	61
생산직, 교통장비 노동자	12	1	211	14	-	-	3	-	4	-	1	-	4	-	-	-	235	15	250
기타	37	61	461	994	11	19	18	30	4	9	5	3	26	32	-	5	562	1,153	1,715
합계	81	97	1,078	1,284	20	26	37	46	9	12	7	3	45	46	1	7	1,278	1,521	2,799
합계	178		2,362		46		83		21		10		91		8		2,799		

자료 : FIJI TOURISM AND MIGRATION REPORT, Fiji Islands Bureau of Statistics, 각 년도, 필자정리

<표 5>는 1987년 이전 피지의 이민자들이 목적지로 선택한 국가들이다. 피지의 이민자들은 4개의 주요 국가, 즉 호주, 뉴질랜드, 미국, 캐나다로 이민을 떠났다. 1978년에 이 4개 국가는 1,977명, 95.9%를 차지하고 있어 그들의 대부분이 이 4개 국가를 이민의 대상으로 삼았다. 피지를 식민 지배했던 영국으로의 이민은 30명으로 미비한데 이는 지리적 거리 때문으로 생각된다. 1978~1980년 사이에 피지인의 이민 대상국으로 미국이 가장 높고 그 다음으로 캐나다로 나타나고 있다. 인접하고 있어 경제, 사회, 문화적으로 많은 영향을 미치는 호주와 뉴질랜드는 그 비중이 낮다. 이는 호주와 뉴질랜드가 유색인종에 대한 이민의 문호가 개방되지 않은 이유이다.

호주 이민자는 1980년에 1,056명, 35.1%로 1978년의 17.9%와 비교했을 때 배가 증가하였다. 이는 1970년대에도 백호주의가 남아있었기 때문에 인도−피지인의 이민이 쉽지 않았다. 1973년부터 호주에서 공식적으로 인종을 토대로 한 편견이 사라지고 기술이민, 난민, 가족 결합 등 다양한 조건으로 이민이 허용되기 시작하였다. 그 효과가 1980년대부터 피지의 이민자에게 적용되었기 때문이다.

〈표 5〉 1987년 쿠데타 이전 피지 해외이민자와 이민국가

국가 연도	호주	뉴질랜드	미국	캐나다	영국	유럽 대륙	태평양 제도	기타	합계
1978	370	172	876	559	30	3	37	15	2,062
1979	291	106	732	507	18	2	22	5	1,683
1980	406	131	692	551	36	1	43	18	1,878
1981	820	184	941	701	44	17	39	8	2,754
1982	860	176	708	868	27	2	23	8	2,672
1983	822	187	918	703	34	5	47	36	2,752
1984	725	150	931	489	30	1	27	15	2,368
1985	1,056	201	1,114	516	39	1	57	23	3,007
1986	1,241	279	991	421	37	6	56	17	3,048

자료 : FIJI TOURISM AND MIGRATION REPORT, Fiji Islands Bureau of Statistics, 각 년도, 필자정리

4. 쿠데타 이후의 이민

　1970년대부터 1987년까지 5번에 걸친 피지 선거는 인종적인 토대 위에서 실시된 바 있다. 독립 이전인 1960년대에 인종을 기반으로 한 2개의 정당이 결성되었다. 피지 원주민이 중심이 된 피지동맹당(Fiji Alliance Party)과 피지-인도인을 토대로 한 국민연합당(National Federation Party)이 그것들이며, 그 후 1985년에 인종적 토대를 초월하여 노동자 계급을 중심으로 피지노동당(Fiji labour Party)이 결성되었다. 그동안 집권은 피지동맹당을 중심으로 한 피지 원주민들이 하였으나 1987년의 선거에서 최초로 노동당과 국민연합당의 연합전선이 집권당인 동맹당에 승리하였다. 노동당의 피지인 바반드라(Bavadra)가 수상이 되고 인도계 피지인의 많은 수가 내각의 각료로 입각했으나, 1987년 5월 대령인 원주민 람부카(Rambuka)가 '피지인들의 삶의 방식의 고수'라는 기치를 내걸고 정권을 전복하였다. 이 과정에서 인도계 피지인에 대한 폭력, 방화, 강간 등이 자행되었으며 모든 면에서 인도-피지인에게 불리하게 하는 법령들이 1990년 헌법 개정을 통해 이루어졌다. 예컨대 오직 피지 원주민만이 수상, 대통령, 군사령관이 될 수 있으며 모든 공무원의 50%를 피지 원주민에게 할당하고 피지추장제의 최고기관인 대추장회의를 최고 정치집단의 하나로 인정한다는 것들이 그 예이다. 또한 70석의 하원의원석 가운데 오직 27석만을 인도인들에게 할당하는 등 인종을 토대로 한 차별정책이 근본적으로 자리를 잡게 되었다(김경학 2005, 217).

　1987년 쿠데타 이후에도 이전에 해외이민의 배출인자로 작용했던 태평양 연안의 국가들의 교육, 의료와 취업 기회는 여전히 피지의 해외 이민자를 유혹하였다. 1987년 군사 쿠데타에 이어, 이민의 또 다른 차원이 불안과 정치적 불안정이 더해졌다. 토지소유의 심한 불균형 배분, 토지 임대 안정성의 결여, 민족 긴장과 정치적 불안정은 피지로부터 국민의 이민에서 지배적인 배출요인이었다.

피지에서 뉴질랜드로 전문직 이민에 대한 경험적 연구는 뉴질랜드에서 전문직에 대한 수요보다 오히려 피지에서 정치적 불안정이 전문직의 이민의 이면에 동기를 유발하는 요인이 된 것으로 여겨진다고 보았다(Gani and Ward 1995). 피지로부터 전문직 특히 의사 이민에 대한 Naidu의 연구는 열악한 노동 조건과 정치와 경제의 불안정성이 전문직 이민에 기여하는 주요한 요인이었다고 보았다(Naidu 1997).

1987년 군사 쿠데타의 영향들과 그 결과로 일어나는 정치적 불안정과 불안은 1997년에 새로운 헌법의 반포와 함께 진정되기 시작하였다. 그렇지만 1999년 총선거와 2000년 5월 폭동(인질잡기) 후에 정치적 불안정이 피지에서 심하게 급등하였다. 토지 임대의 만료는 이 요인을 더욱더 증가시켰다. 임대가 1997년에 만료되기 시작하였지만 2000~2001년에 정점에 도달했다(표 2)(Reddy M., et al. 2004).

<표 6> 1987년 쿠데타 이후 피지의 해외이민자 현황

민족＼년도	1986	1987	1988	1989	1990	1991	1992	1993	1994	1995	1996	1997	1998	1999	2000	2001	2002	2003
인도-피지인	2,362	4,294	4,808	4,981	5,020	4,911	4,184	3,707	3,748	4,463	4,527	3,999	4,273	4,244	4,568	5,550	4,831	4,964
피지인	178	351	263	-	307	280	248	268	252	285	319	324	362	418	468	511	421	585
유럽인	46	47	37	-	30	24	20	10	10	21	12	13	15	11	9	12	16	16
중국인	83	170	137	-	89	71	58	34	32	44	59	31	44	44	43	63	62	64
로투만인	21	45	17	-	45	35	27	26	24	39	36	36	56	31	55	54	52	47
기타	109	211	234	-	159	111	84	62	89	79	77	90	79	89	132	126	98	95
합계	2,799	5,118	5,496	-	5,650	5,432	4,621	4,107	4,155	4,931	5,030	4,493	4,829	4,837	5,275	6,316	5,480	5,771

자료 : FIJI TOURISM AND MIGRATION REPORT, Fiji Islands Bureau of Statistics, 각 년도, 필자정리

1987년 쿠데타가 발생하여 인도-피지인에 대한 경제적·정치적 압박이 강화되면서 많은 인도-피지인들이 해외로 이주하였는데 그 결과 피지 내 인도-피지인의 인구가 지난 10년간 9,886명, 2.9%의 감소를 보였다. 인도-피지인의 해외이주는 1986년에 2,362명에서 1987년에는 4,294명으로 급증하였고, 1988년 4,808명, 1989년 4,981명, 1990년 5,020명, 1991년 4,911명, 1992년 4,184명 순으로 1990년을 최고점으로 점차 줄어들지만 여전히 인도-피지인의 해외이주는 계속되고 있어 피지 내 인도-피지인의 인구수는 계속해서 감소하고 있다(표 6).

1990년 이후 약간 주춤하던 인도-피지인의 해외이민이 2000년 두 번째 쿠데타 이후 역시 급증하였다. 1999년 4,244명에서 2000년 4,568명으로, 2001년 5,550명으로 급증하였고, 2002년 4,831명, 2003년 4,964명으로 2000년 이전보다 더 많은 인도-피지인이 해외로 이민을 떠나고 있다. 그 결과 인도-피지인은 계속 감소하고 있다. 2004년 말 현재 320,659명(38.2%)으로 1996년과 비교하면 18,159명, 5.4%가 감소하였다.

<표 7>은 쿠데타 이후 피지 이민자를 직업별로 세분하였다. <표 7>에서 1987년과 2000년의 쿠데타가 이민자의 직업에서 비율의 변화를 보여주고 있다. 해외 이민자들의 직업은 고급인력이라 할 수 있는 전문직, 기술직, 행정 및 경영, 사무 관리직의 비중이 높게 나타나고 있고, 단순 직업이라 할 수 있는 판매직, 농림어업 종사자들의 해외이민자 수는 상대적으로 낮게 나타나고 있다. 이는 해외이민은 이민 수용 국가의 이민정책에 많은 영향을 받기 때문이다. 일반적으로 단순직보다는 고급인력이 이민에 유리하고, 이들은 더 많은 자산을 가지고 있기 때문에 투자이민도 가능하기 때문이다.

1986년과 1987년에 이민자 수는 약 배 이상으로 증가하였다. 직업군별로 세분해서 고찰하면 큰 특징이 나타나고 있다. 가장 높은 비율을 보여주는 서기 및 관리직 노동자로 약 6배 증가하여 가장 높은 증가율을 보였고, 전문직 및 기술직 노동자도 2.5배 증가하였고, 행정 및

경영 관련 노동자도 약 2배 정도 증가하였다. 2000년에 발생한 쿠데타 이후에도 직업군 별 증가율에도 차이를 보이고 있다. 1987년과 달리 2000년은 행정 및 경영 관련 노동자가 43.7%로 가장 높은 증가율을 보였고 전문직 및 기술직은 약 25%정도 증가하였다. 1987년 이후 모든 직업군에서 지속적으로 해외이민이 이루어지고 있으므로 2000년의 정치적 변화에도 불구하고 급격한 증가 추세를 보이지 못하고 있다.

〈표 7〉 1987년 이후 쿠데타 이후 피지 이민자의 직업 현황

직업 \ 연도	전문직, 기술직, 관련 노동자	행정 및 경영, 관련 노동자	서기 및 관리직, 관련 노동자	판매직 노동자	서비스 노동자	농림어업 노동자	생산직, 교통장비 노동자	기타	합계
1986	213	112	258	104	80	59	309	1,872	3,007
1987	538	219	1,575	137	101	86	403	3,059	6,118
1988	570	231	559	124	81	94	492	3,345	5,496
1989	-	-	-	-	-	-	-	-	-
1990	534	246	512	147	75	138	661	3,337	5,650
1991	545	264	518	161	105	119	641	3,079	5,432
1992	477	235	374	156	93	94	544	2,648	4,621
1993	363	205	355	122	108	99	506	2,349	4,107
1994	426	190	348	114	96	107	483	2,391	4,155
1995	536	245	474	126	89	114	536	2,811	4,931
1996	574	270	426	133	90	111	537	2,889	5,030
1997	502	230	349	137	94	74	486	2,621	4,493
1998	578	290	464	116	95	112	476	2,698	4,829
1999	658	258	425	139	115	98	451	2,693	4,837
2000	823	371	479	140	109	102	469	2,782	5,275
2001	977	398	544	151	119	111	554	3,462	6,316
2002	802	368	521	127	128	90	489	2,955	5,480
2003	795	384	518	134	119	85	570	3,166	5,771

자료 : FIJI TOURISM AND MIGRATION REPORT, Fiji Islands Bureau of Statistics, 각 년도, 필자정리

피지는 1987년의 군사쿠데타와 정치적 격변 후에 특히 건축가, 엔지니어, 회계사, 교사와 의료 전문직을 포함한 대부분 전문직인 숙련된 국민의 유출의 파장을 목격했고 그것은 1990년대에도 계속되었고 2000년 5월의 쿠데타 이후에 가속화되었다. 인력 자원의 감소는 지난

15년 동안 많았다. 공식적 통계는 약 76,000명의 피지 국민이 1987년과 2001년 사이에 매년 평균 5,000명 이상으로 이주한 것을 가리킨다. 공식적 유출의 총수 중 67,000명 이상 또는 거의 89%가 인도-피지인이다. 또 다른 6.5%는 피지원주민이었고 4.8%는 다른 민족 집단에 속했다. 피지로부터 매년 평균 이민자수는 1987년 쿠데타 이래 해마다 증가해왔다. 1987~1999년 기간 동안에 이민자의 평균수는 4,900명이었다. 2000년에 총수는 5,200명이 넘었고, 2001년에 6,300명으로 더욱더 가속화되었다. 피지는 1987~2001년 동안에 약 9,000명의 전문직과 기술직 그리고 그 관련 노동자를 잃었다(Reddy M., et al. 2004).

두 개의 주요한 인력 부문 즉 교육과 보건은 전문가의 계속되는 감소 때문에 크게 영향을 받았다. 교사들은 피지에 살고 있는 단일 최대의 일반적인 전문가 집단이다. 총 전문가 수 중 1987년과 1999년 사이에 교사는 약 31%, 건축가, 엔지니어와 관련 기술자 거의 21%가 해당한다. 평균 164명의 교사들이 이 기간 동안 매년 피지를 떠났다. 매년 거의 69명의 내과, 치과, 수의과와 관련된 노동자들의 감소가 있었다. 이 기간 동안 매년 500명 이상의 전문직들이 피지를 떠났다. 건강관리 서비스의 질은 외과의사, 치과의사, 간호사와 관련 의료 노동자의 유출 때문에 급속히 감소하고 있다. 의사, 치과의사와 간호사와 같은 의료 인원의 수는 줄어들고 있다. 의료 인원과 인구의 비율은 높고 매년 증가하는 경향을 보여준다. 의사 대 인구의 비율은 1997년에 1:1,929명에서 1999년에 1:2,978명으로 증가했다. 유사하게 이것은 간호사 1명당 인구비율은 1997년에 1:453에서 1999년에 523명으로 증가했다. 교사, 간호사와 엔지니어의 이민은 교육 기준, 건강 서비스와 수도공급과 같은 공공 설비에 심각한 영향을 주었다(Reddy M., et al. 2004).

젠더의 측면에서, 여성 이주자들은 피지에서 이주의 과정을 지배했다. 1987~1996년 기간 동안에 여성 이주자들은 인도-피지인 총 이민자의 52% 이상이 계속되었다. 그렇지만 남성이 지배적인 전문직 이민은 남성과 여성 전문직 이민자의 비율은 이 기간 동안에 각각 64%와 36%였다(Reddy M., et al. 2004).

표 8은 피지 국적자들의 해외이주자의 수와 이주 국가를 보여주고 있다. 1987년 쿠데타 이후 피지 국적자의 해외이주 목적지는 호주, 뉴질랜드, 미국이 절대 다수를 차지하고 캐나다도 꽤 높은 비중을 보이고 있다. 1987년에 뉴질랜드의 이민자수가 1986년과 비교하면 거의 4배로 증가하였는데 이는 뉴질랜드의 이민법의 개정으로 2000년까지는 호주가 가장 선호하는 해외이주국가였는데, 그 이후 뉴질랜드가 가장 선호하는 국가로 상황이 변화하였다.

〈표 8〉 피지 해외이주자와 이주국가

국가 연도	호주	뉴질랜드	미국	캐나다	영국	유럽 대륙	태평양 제도	기타	합계
1987	2,566	1,025	1,226	410	36	15	80	36	5,394
1988	2,582	1,643	941	397	40	6	63	23	5,695
1989	2,387	1,783	895	574	35	19	50	16	5,759
1990	2,353	1,224	1,149	1,011	29	9	55	19	5,849
1991	2,502	1,031	1,047	967	37	7	62	33	5,686
1992	2,105	771	812	981	28	8	51	27	4,783
1993	1,656	703	816	977	34	8	64	26	4,284
1994	1,469	678	1,031	978	14	5	47	95	4,317
1995	1,940	678	1,561	695	30	5	57	157	5,123
1996	1,903	1,030	1,513	651	15	8	44	26	5,190
1997	1,498	972	1,564	494	30	3	63	155	4,779
1998	1,423	1,237	1,869	411	40	11	60	44	5,095
1999	1,736	1,323	1,619	372	54	8	53	31	5,196
2000	1,798	1,689	1,449	443	73	17	71	50	5,590
2001	1,876	2,463	1,370	674	72	13	36	33	6,537
2002	1,631	2,249	1,242	551	104	6	22	72	5,877
2003	1,910	2,201	1,125	532	155	15	39	203	6,180

자료 : FIJI TOURISM AND MIGRATION REPORT, Fiji Islands Bureau of Statistics, 각 년도, 필자정리

1997년 이후 피지에서 인도-피지인의 문제는 해외로 이주할 수 있는 자격을 갖추지 못한 약 50% 이상의 계약노동자 후예인 인도 피지인의 경제적 상황이 악화되고 있다는 점이다. 이들 대부분은 농업에 종사하고 있는데 이들의 토지는 극소수를 제외한 대다수가 30년을 임대조건으로 하여 원주민 지역 혈통 단위인 마탕갈리의 땅을 임차하여 농사짓고 있다. 이러한 임차기간이 1997년부터 마감되기 시작하면서 2028년이면 모든 계약이 끝난다. 그러나 <표 9>가 보여주고 있듯이 가장 많은 인도 농가의 임차기간 마감은 이미 1999~2000년 사이에 발생하였다. 임차기간이 종료되어 피지의 마탕갈리로부터 재계약을 허용 받은 비율의 경우 1999년 1,594가구의 계약 만료가구 가운데 재임차를 허용 받은 경우는 350가구, 2000년의 경우는 1,955가구 가운데 단지 311 가구만이 재임차 계약에 들어갔다. 더구나 농지 재계약에 들어가지 못한 인도피지인 농가 가운데 상당수의 가구들은 임차농지에 세워진 자신들의 가옥조차 아무런 보상을 받지 못하고 피지 원주민에게 빼앗기는 일이 빈번하게 일어나고 있다(김경학 2005, 219). 이러한 상황에 처한 이들은 경제적으로 매우 빈곤한 생활을 하고 있다(그림 3).

〈그림 3〉 토지임차가 만료된 Lognadan씨의 부엌

<표 9> 1997~2024년 토지신탁청 임대 토지 계약 취소 현황과 전망

연도	임차 가구 수	연도	임차 가구 수	연도	임차 가구 수
1997	134	2008	299	2019	306
1998	237	2009	278	2020	152
1999	1594	2010	374	2021	168
2000	1955	2011	445	2022	135
2001	458	2012	419	2023	148
2002	622	2013	487	2024	88
2003	432	2014	380	2025	85
2004	600	2015	784	2026	65
2005	463	2016	361	2027	54
2006	521	2017	177	2028	13
2007	652	2018	254		
소계	7668		4258		1214
총계	13,140				

자료 : 농림부 및 피지 토지신탁청 검증 지위 보고서 1997년

　　이러한 경제적 불안 외에도 피지 정부는 교육부문에서 인종을 토대로 하여 심한 차별정책을 실시하고 있다. 사실 많은 수의 구자라티 상인들과 전문직과 기술직에 근무하는 인도-피지인들은 대부분 전통적인 방식으로 살아가고 있는 피지 원주민에 비해 경제적으로 윤택한 것은 사실이나 모든 인도-피지인이 부유한 것은 아니다. 상당수의 인도-피지인 농가, 특히 소규모로 사탕수수 등을 재배한 농가는 경제적으로 어려움에 처해 있었다. 그러나 피지 원주민을 편향적으로 지원해주는 피지 정부는 자녀들의 학비보조나 장학금 혜택 등을 피지 원주민 중심으로 실시하고 있으며, 관공서 등의 임용에 있어서도 차별원칙을 세우고 있다. 이러한 차별을 피하고 자녀들의 고등교육 기회의 부여와 직업 등 장래를 생각하면서 인도-피지인들은 이민을 모색하여 왔다(김경학 2005, 220).

　　토지와 가옥에서 밀려난 인도 피지인 가운데 현금 능력이 있는 사람들과 이민의 조건을 갖춘 사람들은 주저 없이 외부로 이민을 떠날 수 있지만 많은 농가들이 호주, 뉴질랜드, 미국, 캐나다 등에서 요구하

는 이민 조건을 충족시킬 수 없다. 이들은 피지 정부가 제공하는 임시 거처에 머물거나 아니면 수바나 라우토카 등 대도시에 거주하는 친인 척의 집에 잠정적인 신세를 지면서 막노동이나 택시 운전 등을 할 수 밖에 없다(김경학 2005, 220).

5. 결론

이 글은 1879년부터 1916년까지 계약 노동자로 인도에서 피지로 이 주한 인도-피지인들이 피지에 정착한 후 피지의 국민으로 생활하다 가 타국으로 재이주하는 과정을 정치적 상황의 변화에 초점을 두어 고 찰하였다. 1987년과 2000년의 두 번의 정치적 변화의 결과로써 피지의 이민 특히 인도-피지인의 이민에 있어서 인상적인 변화를 보여주고 있다.

1987년 이전에도 피지에서 해외이민은 계속되었다. 1970년 영연방 의 일원으로 독립 한 피지의 이민은 지속적으로 일어나고 있었다. 특 히 인도-피지인들의 이민은 다른 민족과 비교해 볼 때 절대 다수를 차지하고 있다. 이는 피지 인구 중 가장 많은 인구를 가진 집단인 인 도-피지인이 피지 내에서 토지 부문에서 차별을 받아 경제적으로, 사 회적으로 불안감 때문에 나타난다. 또한 환태평양 국가들의 높은 생활 수준은 이들을 유인하는 요인이 되고 있다. 이 시기에 이민자는 호주, 뉴질랜드, 미국, 캐나다 등 주로 태평양 연안의 영어권 국가를 목적지 로 매년 2,300명이 피지를 떠났다.

1987년 쿠데타 이후에도 해외이민의 배출인자로 작용했던 요인들은 여전히 진행되었다. 또한 토지소유의 심한 불균형 배분, 임대 안정성 의 결여, 민족 긴장과 정치적 불안정은 피지 국민의 해외이민의 지배 적인 배출요인이 되었다. 1987년과 2003년 사이에 그 수는 매년 평균

5,370명에 91,304명으로 증가하였다. 피지 이민의 특징 중에 하나는 이민자의 약 90%가 인도－피지인이다. 이 시기의 피지 이민자들의 대부분은 이전과 마찬가지로 오스트레일리아, 미국, 뉴질랜드와 캐나다로 떠나갔다. 인도－피지인들은 이민국의 기술 기반 이민에 대한 개방, 가족 재결합, 연쇄 이주, 그리고 더 많은 고용 기회에 대한 증가하는 인식도 해외로 이주가 가능하게 하는 이유가 되고 있다.

비록 이민의 수준이 쿠데타 후에 가까운 몇 년이래로 감소해왔지만, 받아들일 수 있는 헌법과 토지 임대의 진전, 그리고 사탕수수산업을 양도받기 위한 피지원주민의 계획 등 인도－피지인의 삶에 영향을 주는 근본적인 논쟁을 해결하지 않는다면 향후에도 피지에서 인도－피지인의 이민이 줄어들지 않고 지속될 것이다.

피지에서 해외이민에 관한 논의는 개인과 가족의 이민동기, 이민자의 공간 기원, 실제적 이주과정, 이민자와 피지간에 유지된 연계, 그리고 피지－인도인의 이민이 피지의 경제에 미치는 영향 같은 영역에서 더 진행되어야 피지에서 해외이민에 대한 총체적인 연구가 이루어질 것이다.

<참고 문헌>

김경학, 「피지계 인도－피지인의 초국가적 성격」, 『귀환의 신화－해외 인도인의 이주와 정착－』, 경인문화사, 2005, 205~245쪽.
이태주, 「멜라네시아의 토지 공동체주의와 전통의 정치」, 『한국문화인류학회지』33(1), 2000.
Bedford, R.D., 1989, 'Out of Fiji. a perspective on migration after the coups', *Pacific Viewpoint* Vol.30, No.2, 142-153.
Chand, A and Naidu, V., 1998, *Legal Aspects of International Migration in Fiji*, Draft presented at the Asia Pacific Migration Research Network(APMRN) Conference, University of Hong Kong. 23-25 February, 1-11.

Chetty, N.K. & Prasad, S. 1993, *Fiji's Emigration: An Examination of Contemporary Trend and Issues*, Demographic Report No.4, Population Studies Program, School of Social and Economic Development, University of South Pacific, Suva.

Jones, Sister Catherine, 1976, *'Emigration from Fiji'*, Unpublished Ba Research Paper School of Social and Economic Development, University of South Pacific.

Reddy, M., Mohanty, M., Naidu, V., 2004, "Economic Cost of Human Capital Loss from Fiji: Implications for Sustainable development", *International Migration Review* Vol.38 No.4, 1447-1461.

UNESCO-MOST, *Migration Issues in the Asia Pacific*, Working paper No. 1, Asia-Pacific Migration Research Network.

Gillion, K. L., 1962, *Fiji's Indian Immigrant*, Melbourne.

Donnelly, T. A. Quanchi, Kerr G. J. a. 1994. *Fiji in the Pacific-a History and Geography of Fiji*. The Jacaranda Press.

Szmedra, P., 연도미상, Trouble in Paradise: Racial Politics, Military Coups, and Global Market Integration in Fiji, Http://itc.gsw.edu/faculty/pszmedra/ATWS%20draft.htm

Fiji Islands Bureau of Statistics, 1978-2003. FIJI TOURISM AND MIGRATION REPORT.

영국의 인도인 힌두 디아스포라의 관광소비와 문화적 정체성
-BAPS 사원의 인도인 힌두 디아스포라의 모국방문현황을 중심으로-

인 태 정 *

1. 서론

인간의 대량 이주가 오래전부터 일어났던 현상이지만 2차 대전 이후 국제이주자의 수와 성격이 보다 대규모화되고 복잡·다양해지면서 그 중요성은 커지고 있다. 게다가 인적 자원·상품·자본·정보 등이 국가 간의 경계를 넘어 신속하게 이동하고 범세계적으로 정치·경제·문화적인 조직체들이 형성되면서 국가주의와 국가정체성, 혹은 지정학적 경계와 영토적 정체성에 대한 새로운 문제가 제기되고 있는 현대사회에서 디아스포라 연구는 지정학, 국가정체성, 귀속감 등의 경계를 구분하던 기존의 담론을 혼란에 빠트린 새로운 학문적 경향이라고 하기도 하고 심지어는 디아스포라 공동체를 '초국가적 움직임의 전형(Braziel & Mannur, 2003)'이라고 일컫기도 한다. 또 한편으로 초국가주의, 세계화, 혹은 전지구화로 일컬어지는 사회변화는 현대 디아스포라

---

* 전남대학교 인류학과 전임연구원

에게 심대한 영향을 미치게 되는데 단적인 예로 통신·운송기술의 발전은 모국과 정착국의 긴밀한 관계를 유지하고 정서적인 거리를 단축시키고 있다. 즉 전화, 팩스, 인터넷 및 비행기 편수의 증가와 여행비용 절감은 모국과의 물리적 거리감을 줄이고 직접적인 접촉을 가능케 했으며 모국과의 관계가 긴밀해지면서 디아스포라공동체의 모국 송금 및 투자는 모국 경제에도 기여하고 있다(Bate, 2001; Ferguson, 1992; Gillespie et al, 1999; Graham and Hartlyn, 1996; Maingot, 1991; Mandelbaum, 2000; Vertovec, 2000).[1]

이처럼 사회적, 경제적으로 중요한 의미를 지니고 있는 디아스포라공동체 중에서 인도인 디아스포라들은 다양한 시기에 다양한 목적으로 다른 나라에 이주를 많이 했다. 2001년 당시 전 세계에 인도 출신이 2천만 이상 존재하고 있음을 볼 때 인도인 디아스포라들은 꽤 큰 집단을 형성하고 있음을 알 수 있다(http://indiandiaspora.nic.in/contents.htm). 그러나 인도인 디아스포라 집단은 단일한 집단이 아니라 다양한 집단으로 분화되어 있다. 인도인 디아스포라의 적응형태에 따라 유형을 분류한 샤르마(Sharma 2004, 50)의 연구에 의하면, 전 세계적으로 흩어져 있는 인도인 디아스포라의 적응형태는 대체로 3가지로 유형화할 수 있다고 한다. 그 세 가지 적응형태는 동화(합병), 경제적 통합을 통한 문화보존(적응), 권력기반을 위한 종족적 정치화(지배를 위한 투쟁과정)이다. 첫 번째는 자메이카의 경우가 해당하고, 두 번째는 영국, 미국, 캐나다, 그리고 세 번째의 경우는 모리셔스, 가이아나, 트리니다드, 피지, 스리랑카가 해당한다. 영국의 인도인 디아스포라는 두 번째

---

1) 이러한 현상은 인도인 디아스포라에게서도 예외적인 현상이 아니다. 1998년에 인도정부가 핵실험 강행으로 국제적인 제재를 받게 되자 인도정부는 인도인 디아스포라를 대상으로 해외자본을 모금 및 투자 유도를 하였는데 2주 만에 20억 불, 1달에 40억 불 이상이 모금되었다(Vertovec, 2000: 144). 또한 2001년 인도 구자라트 주에서 대지진이 일어나자 피해복구를 위해 전 세계의 인도인 디아스포라들이 필요한 물자와 성금을 지원하기도 하였다.

적응유형에 해당하는 것으로서 경제적 영역에서는 빠르고 원활하게 통합되어 다른 종족의 디아스포라들보다 경제적 성공을 거두고 있지만 문화적 영역에서는 그들의 전통과 종교적 관습을 고수하려는 경향이 많다. 이는 모국에서부터 이미 중산층 정도의 교육과 기술수준을 보유하였고 보다 더 나은 경제적 기회를 얻기 위해 자발적으로 이주함으로써 경제적 영역에서는 성공적으로 통합되어 가지만 여전히 잔존해 있는 차별과 소외 속에서 주류사회에 섣불리 문화적으로 통합되기보다는 그들 종족의 유대를 강화하고 그들 고유의 문화를 유지하고자 하는데서 기인한다. 이러한 태도와 경향은 관광소비행태를 통해서도 나타날 것으로 보인다.

이 논문은 신 디아스포라에 해당하는 영국의 인도인들의 관광소비 경향, 특히 모국방문 현황에 대한 조사를 바탕으로 이들에게 있어서 모국방문의 의미를 추적하고자 한다. 인도인들의 모국방문 행위에는 디아스포라의 존재조건과 공통적인 경험, 영국에서의 구체적인 삶의 상황, 개인의 사회경제적 배경 등이 내포되어 있을 것이다. 따라서 필자는 인도인 디아스포라의 모국방문이 인도인들의 자신 고유의 정체성과 의미를 확인·유지하고자 하는 욕구에서 유발된 것이며 그들이 새로운 사회적 환경에서 어느 정도의 적응력을 유지하기 위한 방편이 될 수 있음을 가정하고 있다. 또한 그들의 관광소비행태를 통해 '우리는 누구인가'라는 이민자들의 의식과 '왜 우리는 특정한 방식으로 행동하는가'를 이해할 수 있는 계기가 될 수 있을 것이다. 또한 이 논문에서 발견된 인도인 디아스포라의 모국방문의 몇 가지 특성들은 영국에 거주하는 인도인들에게만 적용될 수 있을 뿐만 아니라 다른 국가에 거주하는 인도인 디아스포라 집단과 또 다른 이민 공동체의 관광소비에도 일반적으로 폭 넓게 적용될 수 있을 것이다.

2. 디아스포라 · 정체성 · 관광소비

디아스포라 용어는 생산적 분산과 보급, 씨앗의 확산을 의미하는
것으로서 그리스 역사와 문명에서 기원한다. 그리스인들이 고대 시기
(B.C.800~600)에 소아시아와 지중해의 식민화를 이루었던 과정을 묘사
한 말로서(Cohen, 1997: 2) 이주와 식민지 건설을 의미하는 능동적이고
긍정적인 의미로 사용되었다. 이후 디아스포라 용어는 유대인의 유랑
을 의미하게 되면서 점차 부정적인 의미로 사용되었는데 그 대표적인
사례로 만델바움(Mandelbaum, 2000)은 디아스포라가 "인류역사의 고대
적 특징"으로 바빌론유수 이후 유대인의 이산경험과 부합된다고 주장
했으며 사프란(Safran, 1991)도 디아스포라를 "국외로 추방된 소수 집
단 공동체"라고 정의하였다. 현대 디아스포라에 대한 적합한 이론적
틀이 없는 가운데, 많은 연구들은 유대인 사례를 전적으로 이용하였고
그것을 전형적인 디아스포라의 성격으로 만들었다. 그래서 추방, 트라
우마, 집단적 정체성이라는 특징을 띠는 유대인 디아스포라의 경험을
다양한 디아스포라의 성격규정에 적용하기도 하였다. 그러나 고전적
디아스포라가 주로 추방과 연관(유대인, 팔레스타인, 아프리카인, 아르
메니아인)된 반면 현대 디아스포라에서 해외지역으로의 이산은 추방,
트라우마, 모국과의 결정적인 단절, 뿌리상실을 나타내는 것은 아니다
(Reis, 2004: 44-47). 게다가 현대의 디아스포라 형태는 복잡, 다양하며
이주자의 개인적 배경, 이주 시기, 이주형태(개인이주 혹은 집단 이주),
민족적 특성, 정착국가의 성격에 따라 다양한 형태로 나타나기도 한다.
그래서 디아스포라에 대한 연구가 원초성, 기원, 원초적 민족성에 초
점을 두던 연구에서 복합적으로 영향을 받고 끊임없이 재생산되는 사
회적 정체성에 대한 연구로 변화되고 있다.

디아스포라의 정체성에 대한 기존의 논의는 모국에 대한 집합적 외상, 뿌리 상실, 고국으로 돌아가고자 하는 번민의 감정(Cohen, 1997)과 정착지역에서 차별, 소외, 분리의 경험으로 인해 자신을 실현하거나 정체성을 확인하는데 어려움을 겪고 있다는 논의들이 많았다. 콕스(Cox, 1980)는 이민자들을 "한 사회에 충분한 성원으로 소속되지 못하고 두 문화세계의 경계에 서있는 주변화된 사람들"로 규정하였으며 바바(Bhabha, 1990)는 모국과 정착국의 '두 장소' 사이에서의 '중간인'으로 규정했다. 또한 프레볼(Prevot, 1993)은 이민자들이 그들의 문화를 보존하고자 하는 욕구와 호스트 사회에서의 표준과 관습에 적응해가려는 욕구 사이에서 분열되어 간다고 언급했으며, 아탈(Atal, 1989: 63)은 디아스포라들이 고국문화와 호스트 국가 문화 사이에 이중적 정체성을 지니면서 다양한 요소들 사이에서 샌드위치 문화를 낳는다고 주장했다. 이러한 논의들은 모국과 정착국 사이에 갈등과 분열을 겪고 있는 디아스포라의 공통된 경험에 대해 잘 설명해주고 있지만 디아스포라 개인 혹은 집단의 복합성과 다양성을 드러내주지 못하고 있다.

이러한 문제점을 포착하면서 디아스포라의 정체성은 너무나 복잡하고 다양해서 오히려 문화적, 언어적, 민족적, 국가적 차원에서 변종성과 이종성으로 특징지을 수 있으며 국가간의 경계를 '가로지르기'로 정의될 수 있다는 주장들이 나오고 있다(Appadurai & Breckenridge, 1989; Clifford, 1994; Gilroy, 1993; Hall, 1990). 홀(Hall, 1990)은 디아스포라 경험에 대해 "순수함과 근본에 의해서가 아니라 이종성과 다양성의 인식에 의해 정의된다"라고 말하며 길로이(Gilroy, 1993)는 디아스포라와 관련해 '변형의 정치학'을 언급하고 있다. 아파두라이와 브레켄리즈(Appadurai & Breckenridge, 1989: ⅰ) 역시 디아스포라의 다양성과 혼합적인 의식에 강조를 두는데, 의식의 형태나 궤도와 상관없이 디아스포라는 항상 다른 장소와 시간에 대한 집합적 기억의 흔적을 남기고 새로운 욕망과 집착의 지도를 만들어 낸다고 주장했다. 클리포드

(Clifford, 1994: 302-312)는 디아스포라들이 정착국에서의 조직적인 착취, 성취의 어려움에 의해서 상실, 사회적 주변화, 도피, 망명 등의 경험을 강요당하지만 이로 인해 오히려 생존기술과 적응력이 더 높아지고 있으며 이들은 상실과 희망을 규정하는 긴장 속에서 살아가는 역동적인 주체임을 강조하였다. 따라서 디아스포라들은 지역·역사·언어·공동체·정체성의 다중성을 가지고 있으며 이러한 다중성이 오히려 새로운 사회에서 적응력을 얻는 원천이고 능동적인 문화와 역사를 만드는 근원이 되기도 한다는 것이다(Vertovec, 2000: 149-150). 발라드(Ballard, 1994: viii-ix) 역시 영국의 인도인 디아스포라들이 착취와 사회적 불평등, 인종적 편견 등의 지속적으로 직면하는 구속과 강제 속에서도 겁먹거나 압도되지 않는다고 주장했다. 차라리 그들은 그들이 직면한 배타주의에도 불구하고 이러한 것들에 대항하며 도전하면서 그들 고유의 자기-창조적인 세계 내에서 생성된 힘과 탄성을 광대하게 재편하고 있다는 것이다. 그 예로 인도인 디아스포라들은 가족과 친족 유대의 유지, 공동의 종교심과 친족 한정적인 도덕적 충성을 근거로 공동체적 연대감을 생성시키고 있으며 이를 통해 불리하면서도 적대적인 영국 환경 속에서 그들은 단지 생존할 뿐만 아니라 능동적으로 성공을 거두고 있다고 주장했다.

앞의 논의처럼 디아스포라의 용어는 시대적으로 그 의미가 달라져 왔으며 현대의 학자들에 의해서도 다양하게 규정되고 있다. 디아스포라들은 모국과 정착국 사이에서 유동적으로 존재하면서 정착국의 정치경제적 상황, 개인의 이주배경과 사회경제적 지위에 따라 다양한 집단으로 분화되어 있다. 또한 다양한 상황과 처지에 따라 그들의 소속감과 정체성은 다양하게 표출될 것이다. 이러한 디아스포라의 존재적 조건과 특성은 디아스포라의 공통분모로 남을 것이며 또한 여행소비 경향에서도 나타날 것으로 보인다. 킹(King, 1994: 174)도 지적하기를, 이민자 여행자들은 "모국의 생활양식에 소속되고자 하고 종족 정체성을 확인하고자 하는 의식"을 나타내고 있다고 주장하였다. 필자 역시 디아스포라들의 관광소비는 모국에 대한 향수와 열망의 감정이 내포되어 있으며 디아스포라들의 모국방문은 모국과 정착국 사이에서의 삶에 균형을 유지하도록 도와주는 것이며 정체성과 관련된 문제를 해결해주는 하나의 방편일 수 있다고 가정하고 있다. 호주에 거주하는 베트남 디아스포라의 관광소비에 관한 조사에 의하면 이민자들은 호주태생의 거주자에 비해 국내 관광소비보다는 해외 관광소비를 더 많이 하는 경향이 있다고 한다. 이민자들은 휴일과 사업차 등의 다양한 목적으로 다른 지역을 방문하기는 하지만 그들의 친구 및 친족을 방문하는 여행(Visit Friends and Relatives)을 더 자주 하는 경향이 있다는 것이다. 그리고 호주의 국내여행도 베트남인들이 집중적으로 모여 사는 지역으로 여행을 하는 경향이 많다는 것이다(Nguyen & King, 1998: 349-361). 또한 디아스포라들의 모국방문 뿐만 아니라 세계여행시장에 있어서도 친지방문여행은 점차 증가추세에 있다. 영국을 예로 들면, 영국 거주자들 중에서 해외여행을 하는 목적 중에서 휴가 목적 여행(Holiday)이 5.3%, 사업 목적 여행(Business)이 4.9%, 친지 방문 여행이 6.7%로서 친지 방문 여행 목적이 가장 많았다. 그리고 1984년부터 증가율을 조사했더니 휴가 목적 여행의 증가율이 1.9%, 사업 목적 여행은 4.9%, 친지 방문 여행은 5.6%로서 친지 방문 여행이 가장 빠르게 증가하는 추세이다(National Statistics, 2004, Travel Trends, London: The Stationery Office: 19). 친지방문 여행(VFR)은 평균 체류기간 역시 긴 편인데 1998년에 호주에서 친지방문 목적으로 여행한 사람들의 58%가 거의 한달 이상의 기간을 체류했다(Nguyen & King, 1998). 영국에서도 친지방문 목적으로 영국을 방문한 사람들과 해외로 여행한 사람들의 체류기간이 평균 한달에 이르렀다(National Statistics, 2004, Travel Trends, London: The Stationery Office). 특히 인도에서 영국으로 방문한 사람들의 체류기간은 점차 연장되고 있으며[2] 2004년 당시 전 세계 국가에서 방문한 사람들의 체류기간은 인도에서 온 사람들이 5위를 차지하고 있다(National Statistics, 2004: 44). 이는 영국의 인도인과 인도모국의 인도인들의 친족적 유대가 지속적으로 유지되고 있으며 그 유대감 또한 유달리 강하다는 것을 간접적으로 증명해준다. 따라서 인도인 디아스포라의 모국방문을 포함한 친지방문 목적의 여행은 초국가적으로 관계망이 형성된다는 점에서 사회적인 함의가 클 뿐만 아니라 경제적 측면, 즉 전 세계 여행시장에서도 중요한 비중을 차지할 것으로 예상된다.

3. 영국의 인도인 디아스포라의 이주와 정착

(1) 인도인의 이주

인도인들이 영국으로 이주한 역사는 3세기 전으로 거슬러 올라갈 수 있지만 이주민의 숫자가 증가하기 시작한 것은 19세기 말엽으로 추정된다. 노예제 폐지 후 식민지 팽창의 시기에 영국은 노동에 대한 수요가 급증하면서 인도에서 값싼 노동력을 모집하였다. 초기의 모집은 동인도회사가 그들의 영향력을 행사할 수 있는 지역, 즉 벵갈(Bengal), 비하르(Bihar), 구자라트(Gujarat), 펀잡(Punjab), 타밀(Tamil) 등의 특정지역에 한정되었으며 특히 구자라트와 펀잡 지역에서 집중적으로 모집되었다(Desai 1963:1). 집중된 모집지역을 중심으로 친족과 마을동료들의 대규모 연쇄이주가 지속적으로 이루어졌으며 이는 전후(前後) 시기

---

2) <표 3> 인도인의 평균 체류기간

연도	1995	1998	2001	2004
체류기간	15일	20일	20.8일	26.6일

출처: National Statistics, <Number of nights and length of stay by country of residence>, 1999: 42, 2004: 44. 참조해서 재작성.

대규모 이주과정에서도 두드러지게 나타났다. 전후(前後) 복구사업을 위해 영국에서는 노동력에 대한 수요가 창출되었으며 이는 영국의 인구로는 부족했다. 그러한 노동력 수요는 국민건강보험제도(National Health Service), 운송업, 제조업의 많은 분야에서 요구되었다. 숙련 혹은 미숙련 노동자들, 그리고 낮은 직급이지만 사무원과 화이트칼라 직무를 수행할 수 있는 사람들이 그러한 공백을 채우기 위해 캐리비안과 인도에서 초청되었다(Danial 1968; Smith 1977; Modood 1998: 53. 재인용).3) 영국의 고용주들은 그러한 직업을 채울 백인 노동자가 없었기 때문에 이민자들을 마지못해 모집하였으며 이들 노동자들은 상대적으로 제한된 직업적 영역에서 일하였고 낮은 임금, 불안정한 직업, 불건강하고 위험한 환경 속에서 장시간 노동을 하기도 하였다. 그러한 일은 백인 노동자보다는 소수 인종 노동자들에게 더 적합한 것으로 여겨졌다(Wrench & Solomos 1993: 160). 이민자들은 영국의 산업적 위계에서 비록 하부에 위치하고 있었지만 그럼에도 그들이 고국에서 기대할 수 있는 임금보다 훨씬 많은 임금을 받을 수 있었다는 점에서 견딜만한 것이었다(Ballard 2003: 200).

1960년대 초기부터 이민을 제한하는 입법 요구가 제기되었고, 1968년에 제한적인 이민법이 제정되면서 인도인들의 입국을 제한하자 영국거주 인도인들은 인도 모국으로 돌아가기 보다는 인도에 남아있는 자신의 가족을 불러들여 오히려 이주민의 숫자가 더욱 증폭되는 결과를 초래하였으며 그에 따라 '귀환의 신화(Ballard, 1994)'는 쇠퇴하기 시작했다.

이러한 사회적 상황은 인도인 디아스포라의 인구증가 추세를 통해서도 나타난다. 즉, 1931년은 1,188명, 1951년은 2,205명으로서 영국 거

---

3) 이러한 이민 배경은 다른 시기에 다른 나라로 이주한 인도인들에 비해 영국으로 이민 온 인도인들이 비교적 학력 자격이 높은 사람들로 구성된 원인이 되기도 한다.

주 인도인들은 극히 소수에 불과했으며(Tatla, 2003: 113), 그 후 1951년과 1961년(81,400명) 사이의 인구증가는 3591%로 급증하였고, 1961년과 1971년(240,730명) 사이에는 195%, 1971년과 1981년(673,704명) 사이에는 179%로 급속한 증가추세를 보이다가 영국의 제한적인 이민정책으로 1981년과 1991년(840,255명) 사이에는 24%, 1991년과 2001년(1,053,411명) 사이에는 25%의 소폭 증가추세를 보인다.[4]

이러한 역사적 배경을 통해 이주한 영국의 인도인 디아스포라의 특징을 살펴보면 첫째, 이들은 1950년대 초반에 대규모적인 이주가 시작되어 비교적 최근에 형성된 이민자집단이다. 그래서 구 디아스포라들에 비해 모국과의 유대가 단절되지 않고 지속적으로 유지되는 경향이 많다. 둘째, 영국의 인도인 디아스포라들은 보다 나은 경제적 기회를 추구하기 위해 자발적으로 이주하였고 게다가 그들은 이미 모국에서부터 중산층 정도의 학력과 자격을 가졌기 때문에 영국사회에서 경제적으로 잘 적응해가고 있는 것으로 보인다. 실제로 이들은 영국의 소수종족집단 중에서 가장 최대집단이며[5] 경제적으로 가장 성공적인 집단으로 정착하고 있다. 그들 중에서 재산이 50억 파운드를 상회하는 최상의 부유층으로 부상한 사람들도 많으며 전문직, 관리직 분야의 직업군에서 두각을 나타내고 있다(www.southall-punjabi.com).

(2) 영국의 인종차별과 다문화주의

1950년대 이후 다양한 인종과 종족들이 취업을 위해 대거 유입해오면서 영국은 다인종 국가, 복합 종족사회가 되었다. 1960년대 이후부

---

4) 1961~1981년은 Ballard 1994: 7, 1991년은 Coleman and Salt 1996: 88, 2001년은 http://www.statistics.gov.uk/cci/nugget를 참조. 인구증가율은 필자가 계산한 것임.
5) 2001년 당시 소수종족은 영국 전체 인구의 7.9%를 차지하고 있으며 그 중에서 인도인이 1.8%를 차지함으로써 소수민족으로서는 최대의 집단이다. 다음으로 파키스탄인이 1.3%를 차지하고 있으며, 아프리카계 흑인이 0.8%, 방글라데시인이 0.5%를 차지하고 있다(www.statistics.gov.uk).

터 영국정부는 이민에 대한 통제정책을 시행하면서도 이미 유입된 다양한 인종들의 통치와 통합을 위한 정책들이 필요하게 되었고 그러한 필요성에 따라 일련의 인종관계법이 통과되었다. 그래서 영국사회는 표면적으로 다른 인종에 대한 차별과 편견이 없는 평등사회이며 다양한 종족의 언어와 문화와 관습을 허용하는 다문화주의 국가로 나타난다. 그러나 실제적으로 영국사회에는 인종적인 편견이 만연해 있으며 사회 전반에 있어 직·간접적인 차별이 체계적으로 작용하고 있다.

인종평등위원회(The Commission for Racial Equality)에서 실시한 1996년의 조사에 의하면 흑인의 59%, 아시아인의 39%가 인종차별을 경험했고, 그들 중의 1/3 이상이 언어적인 학대뿐만 아니라 물리적 학대도 경험했다고 한다. 백인 인구 중 31%가 인종에 대한 편견을 가지고 있다고 인정했고 그 중 4%는 꽤 강한 편견을 가진 편이고 백인의 28%가 아시아인들이 이웃집에 이사 오는 것을 꺼려한다고 대답했다(Spencer, 1998: 75). 인종에 대한 이러한 편견은 주택시장에도 작용하는데 아시아인들은 영국으로 이주해서 정착하는 당시에 교외로 이주한 백인들이 버리고 간 도시 내부에 있는 싸고 질 떨어지는 연립주택에 거주하는 경우가 많았다(Rex and Moore 1967).[6] 즉 주택에서 아시아인의 지위는 백인들이 더 이상 살기를 원하지 않는 지역의 갭을 채우는 '대체 거주 인구'로서 규정할 수 있다. 이는 마치 아시아인들이 노동시장에서 백인들이 원하지 않는 직종을 대체하는 노동인구였던 상황과 유사하다.

한편, 교육, 노동시장, 직업, 소득에 있어서 영국 백인과 남아시아인의 종족별 현황을 비교해보겠다. 우선 교육에 있어서 종족별 현황을 살펴보면 <표 1>과 같다.

---

6) 백인공동체가 안정적으로 남아있는 지역에는 아시아인들이 유입하기가 힘들었다. 이는 1960년대 스파크브룩(Sparkbrook)에서 파키스탄인의 이주현황에서 잘 나타난다(Jackson, 1981: 92).

〈표 1〉 교육성취도의 종족별 현황(2004)

(%)

종 족	영국 백인		인도인		중국인		캐리비언인		방글라데시인	
교육성취도	남	여	남	여	남	여	남	여	남	여
GCSE[7] A-C등급	45	56	62	72	70	79	27	44	41	54
학위수여자	17		25		31		11		11	

출처: http://www.statistics.gov.uk/cci/nugget

교육성취도에 있어서 각 종족별 현황은 중국인이 가장 높고 그 다음으로 인도인이며 영국백인은 방글라데시인보다 조금 높은 정도이며 캐리비언인은 가장 낮게 나타났다.

노동시장에서 비고용률을 살펴보면 <표 2>와 같다.

〈표 2〉 노동시장에서 비 고용률(2004)

(%)

종 족	영국 백인		인도인		중국인		캐리비언인		방글라데시인	
노동시장	남	여	남	여	남	여	남	여	남	여
비 고용률	4	4	7	8	9	7	14	9	14	14

출처: http://www.statistics.gov.uk/cci/nugget

<표 1>과 <표 2>에 의하면, 인도인과 중국인이 영국 백인보다 교육성취도는 더 높지만 비 고용률에 있어서 영국 백인의 약 두 배에 이르고 캐리비언인과 방글라데시인은 거의 3배에 이른다. 이러한 상황은 교육성취도가 높은 소수종족들로 하여금 자영업이나 경영자 혹은 전문직업에 종사하도록 유인하는 기제가 되고 있다. 자영업자들의 종족별 현황을 살펴보면 영국 백인은 12%인데 비해 인도인은 13%, 중국인은 16%에 이르며 경영자 혹은 전문직 종사자들은 영국 백인이 27%

---

7) GCSE는 General Certificate of Secondary Education의 줄임말로서 고등학교 입시를 위한 시험과 유사한 것이다.

인데 비해 인도인은 34%, 중국인은 38%에 이르고 있다(http://www.statistics.
gov.uk/cci/nugget). 한편, 종족별 저소득층의 비율을 보면 백인은 21%인
데 비해 인도인은 25%, 캐리비언인은 27%, 방글라데시인은 68%에 이
르고 있다(http://www.statistics.gov.uk/cci/nugget).

이러한 객관적 지위의 차이 외에도 영국사회에는 비공식적 차별이
만연해 있다. 인종평등위원회에서 1990년에 인종차별을 시험하기 위해
다음과 같은 조사를 실시하였다. 연령, 성, 학력, 직업경력 등에서 거의
유사하게 작성된 응모원서를 백인 원주민, 서인도인, 인도인들에게 제
출하도록 하였다. 산업과 상업의 모든 분야에 걸쳐 103개의 직장에 원
서를 제출하였는데 서인도인과 인도인의 인터뷰 요청 거부율은 48%인
데 반해 백인은 6%에 불과했다. 이는 인종적 차이를 근거로 한 체계
적인 거부가 실제로 존재하고 있음을 입증하는 것이었다(Wrench, &
Solomos, 1993: 163).

사회적, 경제적으로 인종차별이 만연한 영국사회에서 다원주의 및
다문화주의 정책의 채택은 평등으로 나아가기 위한 방안이기보다 오
히려 역으로 더 이상 소수종족과의 문화적, 정치적 통합을 가져올 수
없기 때문에 이루어진 선택이라고 볼 수 있다(Castles, 1993: 28). 또한
영국의 이민 집단도 새로운 종족집단으로 형성·변화하는 과정은 불
가피한 것이 된다. 사회제반에 걸친 인종주의와 차별은 이민자들로 하
여금 그들 고유의 공동체를 형성하고 문화적 견지에서 그들 집단의 경
계를 한정짓도록 강요한다. 종족적 소수 문화―심지어는 전통적 형태
를 띠기도 하는데―의 형성은 적대적인 환경 속에서 물리적 혹은 심리
적으로 자기보호의 중대한 과업이 된다.

그러나 소수종족집단의 정체성이 문화적 정체성으로만 한정되어 표
출되는 경향이 있는데 이는 부분적으로 다원주의 및 다문화주의의 이
데올로기성에서 기인한 것으로 추측된다. 즉 영국의 다원주의는 정치
적, 경제적, 법적, 교육적 체계로 이루어진 공적 영역이나 공간에서 통

용되기 보다는 특수주의적인 사회문화적 제도나 종교적 제도로 유지되는 사적인 영역에서 문화의 다양성을 인정하는데 통용된다는 것이다. 이러한 다원주의 담론의 전제는 공적 영역이 침해되지 않는 한에서 사적 영역의 현상들이 관용적일 수 있다는 것이며 실제적으로 공적인 영역에서 '영국문화'와 사적인 영역에서 '이주민 문화'가 대치되는 것이 아니라 오히려 삶의 전체적인 방식에서 영국과 다른 나라를 구별하는 것과 다름없다는 것이다(Rex, 1987: 1991: 13). 또한 아사드(Asad, 1990: 467) 역시 다음과 같이 주장하였다. 전통과 정체성의 문제는 자신의 고유한 차이를 유지하고 정교화시키는 것인데 이는 이미 해결되었거나 아니면 국가적인 정치학의 영역 밖에서 해결되어야 하는 것을 가정하는 것이다. 왜냐하면 공적 영역에는 '핵심적 가치' 혹은 보편적(영국)인 것이 이미 위치해있기 때문이라는 것이다. 영국 중심의 다문화주의라는 지배적인 담론 속에서 소수 민족으로서 인도인 디아스포라는 문화적 영역을 통해서 자신의 정체성을 확인하고 유지해야 했을 것이며 이러한 문화적 영역이 그들에게는 소중한 영역이라고 할 수 있다. 예를 들면 인도인 디아스포라, 특히 힌두교도들에게 있어서 종교와 힌두사원은 중요한 의미를 차지하고 있다. 킹(King, 1984)은 영국에서의 힌두 사원이 종족적, 종교적 소수집단들을 위한 중요한 센터이면서 만남의 장소가 되고 있기 때문에 새로운 중요성을 갖게 되었음을 밝히고 있으며 잭슨(Jackson, 1981) 또한 영국에서의 힌두사원이 단순한 종교적 헌신을 위한 장소가 아니라 낯선 환경에 있는 인도문화의 오아시스라고 표현하고 있다. 노트(Knott, 1986) 역시 인도인들에게 힌두교는 힌두수행의 표현이기도 하면서 동시에 문화적인 결속감과 전통 유지의 표현이라고 주장하였다.

발라드(Ballard, 1994: 2)는 인도인뿐만 아니라 모든 소수인종들이 영국에서 문화적, 종교적 재건에 전념하고 있는데 그럼에도 불구하고 이들은 주류의 사회적, 문화적 제도에서 주변적인 위치에 존재하고 있

거나 소수의 특정한 영역, 예를 들면, 대중음악, 전문적인 풋볼, 소매상
대리점, 패스트푸드점 등에 한정되어 있다고 지적한 바 있다.

따라서 인도인 디아스포라의 모국방문은 영국 다문화주의의 지배적
담론의 영향 속에서 비교적 자유롭게 허용된 문화적 정체성을 표현하
는 한 행태이면서, 차별화되고 소외된 환경 속에서 그들 고유의 문화
적, 종교적 자원으로부터 풍부한 영감을 찾고 그들의 방식으로 정체성
과 자부심을 확인하면서 삶을 재형성하기 위한 전략적 행위라고 할 수
있다.

4. 인도인 디아스포라의 관광소비

이 장에서는 런던의 BAPS사원[8]의 힌두 인도인 디아스포라를 대상
으로 종족적 정체성, 영국사회에 대한 인식, 관광소비경향을 조사하면
서 이들의 상관성을 연구하였다. 응답자들의 이주연도는 1960년대가 8

---

8) 현재 세계 45개국에 걸쳐 640여 개의 사원과 9,000개 이상의 센터(센터는 사원
   의 형태를 갖추지 못했으나 신도들이 정기적으로 모이는 집회장소를 지칭한
   다)를 운영하고 있는 BAPS(Bochasanwasi Shri Akshar Purushottam Swaminarayan
   Sanstha)는 미국과 영국을 비롯한 유럽, 아프리카의 해외 인도인 이주사회
   에서 가장 빠르게 성장하고 성공한 종파 중의 하나이다(Shri Swaminarayan
   Mandir "Mandir" 1995. Neasden London). 필자는 런던의 네스덴(Neasden)에 위
   치한 Swaminarayan Temple을 중심으로 현지조사를 실시하였다. 런던에서 현지
   조사는 2006년 1월 24일부터 2월 14일까지 실시되었으며 조사방법은 설문지와
   인터뷰를 통해 이루어졌다. 설문지는 힌두사원에서 배포하였고 설문지에 응한
   조사대상자들을 대상으로 인터뷰를 병행하면서 40부를 회수하였다. 조사방법
   에 있어서 양적 방법과 질적 방법을 활용하였으나 연구대상자에 대한 접근이
   용이하지 않음으로써(이국인에게 그다지 적극적으로 조사에 응해주지 않았다)
   양적 방법에 있어서 표본의 대표성을 가지지 못한 한계를 지니고 있다. 그래서
   이 논문은 런던의 힌두사원의 힌두교인의 관광소비현황과 의미를 예비적으로
   탐색하는데 나름대로 의의를 두고 또한 인터뷰를 통해서 자료의 한계를 조금
   은 보완할 수 있을 것으로 기대해본다.

명(20%), 1970년대가 22명(55%), 1980년대가 8명(20%), 1990년대 이후
가 2명(5%)으로서 1970년대에 가장 집중적으로 이주한 것으로 나타났
다. 응답자들의 사회경제적 특성을 살펴보면 <표 3>과 같다.

<표 3> 조사대상자의 특성

변인		빈도수(비율)
성별	남성	28(70)
	여성	12(30)
연령	30대	13(32.5)
	40대	10(25)
	50대	10(25)
	60대 이상	7(17.5)
수입(연평균)	2만 파운드 미만	15(37.5)
	2만 파운드 이상~4만 파운드 미만	12(30)
	4만 파운드 이상~6만 파운드 미만	6(15)
	6만 파운드 이상	5(12.5)
	기타 및 무응답	2(5)
직업	사업경영 및 자영업	9(22.5)
	전문직	6(15)
	군·공무원	3(7.5)
	사무원 및 서비스업	7(17.5)
	학생	3(7.5)
	퇴직	8(20)
	기타 및 무응답	4(10)
교육	중졸 이하	4(10)
	고졸	15(37.5)
	대졸	6(15)
	대학원 졸 이상	14(35)
	기타 및 무응답	1(2.5)

응답자의 성별 분포는 남성이 여성보다 많았고 연령의 분포는 30대
이하가 가장 많았고 40대, 50대, 60대의 순위로 나타났다. 응답자들의
직업별 분포는 사업경영자 및 자영업자가 가장 많았고 그 다음이 퇴직

자와 전문직 종사자들이 많았다. 응답자들의 교육수준의 분포를 살펴보면, 고졸 이하와 대학원 졸업 이상이 많음으로써 교육 수준의 평균이 비교적 높게 나타났다. 응답자의 수입별 분포에 있어서도 2001년에 영국의 연평균임금 수준이 24,100파운드임을 볼 때(www.statistics.gov.uk/survey of personal incomes Inland Revenue)[9] 응답자의 수입현황은 영국의 평균 이상을 차지하고 있음을 확인할 수 있다. 따라서 인도인의 교육수준이나 경제적 지위가 영국에서 비교적 높은 위치를 차지하고 있음이 표본에서도 잘 나타나 있다.

인도인들의 종족정체성에 대한 태도는 족내혼, 자녀의 모국어 습득, 모국의 관습유지, 모국의 종교규범유지에 대한 의식을 통해 조사하였다. 응답범주는 매우 동의함, 동의함, 상관없음, 동의하지 않음, 매우 동의하지 않음의 다섯 가지 수준에서 조사하였으며 매우 동의함과 동의함이라고 응답한 사람들의 비율을 조사하였다. 자신의 배우자 및 자녀의 배우자가 인도인이어야 한다는 문항에 매우 동의와 동의한다는 응답의 비율이 모두 87.5%(35명)였다. 자녀가 모국어를 배워야 한다는 문항에 매우 동의와 동의한다는 응답의 비율이 90%(36명)였다. 또한 자신 및 자녀가 모국의 관습을 준수해야 한다는 문항에 매우 동의와 동의한다는 응답의 비율이 각각 95%(38명), 92.5%(37명)였다. 그리고 자신 및 자녀가 모국의 종교규범을 준수해야 한다는 문항에 매우 동의와 동의한다는 응답의 비율이 모두 90%(36명)로 나타났다. 인도인들의 종족정체성에 대한 태도는 성별, 연령, 교육수준, 직업에 따라 그다지 유의미한 차이가 나타나지 않았으며 전반적으로 종족정체성이 매우 높게 나타났다.

또 한편으로 영국에 대한 인도인들의 의식조사에 의하면 이들은 영국 사회에 대해 이중적인 사고를 가지고 있었다. 재정상태, 교통·통

---

9) 영국에서 인구센서스는 10년마다 이루어지고 있다. 그래서 이 논문에서는 주로 1991년, 2001년의 통계자료를 이용하였다.

신 시설, 노동대우, 교육조건, 생활수준 등의 사회제반 여건에 대해 이주 전에 비해 영국에서의 만족도가 높았다. 그리고 인도 모국으로의 귀환 의도에 대해 조사를 한 결과, 모국으로 귀환의도를 가진 사람이 22.5%에 불과하고 75%는 모국으로 귀환을 거부하고 있었다. 모국으로 귀환하지 않으려는 이유는 영국에서의 생활이 더 안락하기 때문이라는 응답이 가장 많았고 그 다음으로 인도에서는 취업이나 경제적 성취에 있어서 자녀들의 미래가 보장되지 않기 때문이라는 응답이 나왔다. 이는 그들에게 영국에서의 경제적 유인기제나 경제적 기회구조가 인도모국보다 훨씬 크다는 것을 알 수 있으며 그에 따라 귀환의 신화는 쇠퇴하고 있음을 확인할 수 있다. 즉 그들은 영국이 물질적으로나 사회시설 면에서 추천할만한 것들이 많다고 생각하며 실질적으로 영국에서의 생활이 인도에서보다는 생활수준이 높고 의료시설과 교육에 접근할 수 있는 기회가 많다는 점에서 만족하고 있었다. 그러나 그들이 영국에 적응하는데 가장 큰 문제점으로 문화적 부적응과[10) 인종차별을 가장 많이 지적하였는데 이를 통해 영국 인도인 디아스포라들의 경제적 통합과 문화적 통합의 불균형의 한 측면을 엿볼 수 있었다. 따라서 인도인들의 높은 종족 정체성과 영국인들과의 문화적 차이와 부적응은 인도인의 모국방문의 대열을 증가시키는 중요한 요인으로 작용하고 있는 것으로 보인다.

이러한 영국의 인도인 디아스포라들의 관광소비경향에 대해 살펴보면, 우선 인도인들은 주로 국내여행보다는 해외여행을 선호하는 것으

---

10) 인도인들은 문화적 부적응의 문제로서 가족관계를 가장 많이 언급했다. 인도인들은 자녀들에 대한 전적인 지원과 나이든 부모들을 돌봐야 하는 의무와 균형을 맞추어야 한다고 생각하고 있는데 영국인들은 개인주의가 너무 강하고 가족 간의 상호적인 의무와 권리 등에도 무관심해보이며 자녀들은 부모에 대한 존경심조차 보이지 않는다고 하였다. 인도인들은 소비주의, 쾌락주의, 성개방주의 등의 영국인들의 문화가 본받을 만한 것이 아니라고 여겼으며 이러한 문화에 그들의 자녀들이 노출될까봐 우려하고 인도 모국의 문화를 지속적으로 전승하기를 원했다.

로 나타났다. 그들이 선호하는 해외방문지역으로는 아시아 지역이 19 명(47.5%), 북미 지역이 10명(25%), 아프리카 지역이 4명(10%)의 순위로 나타났다. 특정 해외지역을 선호하는 이유가 무엇인가라는 질문에 중복응답을 허용하였더니 역사적·문화적 매력이라고 응답한 사람이 26명(65%)으로 가장 많았고 자연경관이 13명(32.5%), 저렴한 비용이 12명(30%), 환대성이 8명(20%)의 순위로 나타났다. 그 외에 여행 안정성이 7명(17.5%), 관광시설과 음식이 각각 6명(15%)으로 응답이 나왔다. 따라서 인도인 디아스포라들이 선호하는 지역은 아시아 지역이며 이 지역을 선택하는 주된 요인은 역사적·문화적 요인에 의한 것임을 확인할 수 있다. 이들이 아시아 지역을 선호하는 이유에 대해 심층적으로 질문하였더니 인도를 포함한 지역이기 때문이기도 하고 인도와 유사한 동양문화권의 역사와 문화를 이해하고 싶다는 응답들이 많았다. 이러한 응답들의 심리적 근저에는 그들의 과거, 뿌리, 근원을 찾고자 하는 동기와 역사·문화·경험과 유사하거나 공유하는 집단에 소속되고 싶은 의식이 내포되어 있는 것으로 추정된다.

인도 모국방문에 관한 조사에 있어서 모국방문 경험여부에 대해 질문하였다. 응답결과는 응답자 전원이 방문 경험이 있었으며 방문횟수는 2번에서 셀 수없이 많다는 응답에까지 다양하게 분포되어 있었다. 이를 연령별, 수입별, 직업별로 편차를 살펴보겠다. 연령별로 인도 방문 횟수를 살펴보면 30대 연령층에서 10번 미만의 방문경험을 가진 사람들은 85%, 20번 미만이 15%, 20번 이상은 없었다. 40대 연령층에서 10번 미만의 방문경험을 가진 사람들은 60%, 20번 미만이 30%, 20번 이상이 10%였다. 50대 연령층에서 10번 미만의 방문경험을 가진 사람들은 50%, 20번 미만이 20%, 20번 이상이 10%였다. 60대 연령층에서 10번 미만의 방문경험을 가진 사람들은 57%, 20번 미만은 없고, 20번 이상이 42%였다. 따라서 연령에 따라 방문경험 횟수는 많아진다고 볼 수 있다. 이는 연령층이 높으면 일선에서 퇴직할 가능성이 많고 그로 인해 여가시간의 증대로 방문횟수가 증가하는 것으로 보인다. 또한 젊은 층보다는 중·장년층 혹은 노년층이 과거를 되돌아보고 회고적인 성향이 강해지기 때문에 모국에 대한 향수가 강해지면서 모국방문행위로 나타날 가능성도 많다.

수입별로 인도 방문 횟수를 살펴보면 2만 파운드 미만의 수입을 가진 사람들 중에서 10번 미만의 방문경험을 가진 사람들은 73%, 20번 미만이 15%, 20번 이상이 10%였다. 4만 파운드 미만의 수입을 가진 사람들 중에서 10번 미만의 방문경험을 가진 사람들은 50%, 20번 미만이 30%, 20번 이상이 20%였다. 6만 파운드 미만의 수입을 가진 사람들 중에서 10번 미만의 방문경험을 가진 사람들은 22%, 20번 미만이 33%, 20번 이상이 44%였다. 6만 파운드 이상의 수입을 가진 사람들 중에서 10번 미만의 방문경험을 가진 사람들은 40%, 20번 미만이 40%, 20번 이상이 20%였다. 이를 통해 모국방문 횟수도 대체로 경제적 여유에 따라 편차가 있음을 확인할 수 있다.

직업별로 인도방문횟수를 살펴보면 군·공무원, 사무원, 서비스업 종사자와 학생은 전부 10번 미만의 방문경험이 있었다. 전문직 종사자는 10번 미만의 방문경험을 가진 사람들이 50%, 20번 미만은 50%였다. 자영업 및 경영자들은 10번 미만의 방문경험을 가진 사람들이 33%, 20번 미만이 22%, 20번 이상이 22%였다. 이는 군·공무원, 사무원, 서비스업 종사자들보다 전문직 및 자영업자들이 시간적, 경제적 여유가 많기 때문에 모국방문횟수가 더 많은 것으로 나타나고 따라서 직업적 위계에 따른 모국방문횟수도 편차를 보이고 있다.

다음으로 인도를 방문한 목적에 대해 질문하였고 그 질문에 중복응답을 허용하였다. 인도를 방문한 목적으로는 역사·문화유산 감상(30명(75%))이라는 응답이 가장 많았고 그 다음이 친지방문(26명(65%)), 향수(8명(20%)), 비용 저렴(5명(12.5%)), 호기심(2명(5%))의 순위로 나타났다. 이를 향수형(Home-sick), 비용-절약형, 호기심형, 문화 추구형의 네 가지 유형분류에 기초해서 인도인의 여행시장을 세분화해보면[11] 향수형 여행자는 주로 연령과 관련이 있었고, 특히 연령이 높은 60대 이상의 사람들이 많았다. 비용절약형은 수입과 관계가 높았는데 2만 파운드 미만의 응답자들이 주로 응답하였다. 호기심형은 모국방문기회와 관련이 있었는데 인도를 5회 미만으로 방문했던 사람들이 호기심으로 방문한 경우였다. 문화 추구형은 직업으로는 전문직, 서비스업, 군공무원 종사자들이 주로 응답하였고 교육수준이 높을수록 문화유산에 의한 유인기제가 높았다. 그에 비해 친지방문은 직업, 수입, 교육에 상관없이 고루 분포되어 있었다.

방문목적 및 동기와 관련하여 인도 모국을 방문했을 때 실제적인 주요활동을 살펴보면, 친지방문이 80%(32명), 종교행사 및 종교순례 참가가 60%(24명), 문화행사 및 축제 참가가 55%(32명), 레저시설 이용이 25%(10명), 사업 및 업무활동을 한 사람은 2.5%(1명)였다. 이를 통해 두 가지 측면을 발견할 수 있는데 첫째는 역사 및 문화적 유산 감상이라는 방문목적이 너무나 포괄적인 내용이어서 친지방문, 종교순례, 문화축제 참가를 통해서도 문화적 욕구충족이 가능하다는 것이다. 그래서 인도를 방문하는 목적 및 동기와 인도를 방문했을 때 실제적인 주요활동과는 약간의 차이가 나타나는 것이다. 그리고 실제적인 주요 활동으로서 문화행사 및 축제참가보다는 종교행사 및 종교순례 참가라는 응답이 더 많이 나온 것을 볼 때 인도인들의 생활에 종교가 많은 중요성을 띠는 것을 추정할 수 있다. 둘째, 인도 방문 시 주요활동으로

---

11) Nguyen & Waryszak & King(1999)은 베트남 여행시장을 향수형(Home-sick), 비용-절약형, 호기심형, 문화 추구형의 네 가지로 세분화하였다. 향수형 여행자는 특정한 통계적 특성을 나타내지는 않지만 두드러진 특징은 결혼했고 자녀를 가진 사람들이 많다고 한다. 비용-절약형은 모국을 방문하지 않았던, 또는 자주 방문하지 않았던 사람들이 많다. 인구 통계적으로 가장 두드러진 차이는 호기심과 문화 추구형들 사이의 차이인데 호기심형은 여성이고 18세에서 34세의 연령이고 독신이 많고 문화 추구형은 18세에서 24세의 젊은 연령층이고 독신이고 베트남 북쪽의 도시지역에서 온 사람들이 많다고 한다.

서 사업 및 업무활동보다는 친지방문활동이 압도적으로 많은 것을 볼 때 인도인들에게 있어서 모국방문은 주로 여가활동이자 맥킨토시(McIntosh, 1986)가 언급했던 대인관계동기(새로운 사람과 친구 및 친척들을 만나고자 하는 욕구)에 의한 것임을 알 수 있다.

친지방문이 주요 목적이자 활동이며 친지와의 지속적인 유대를 확인할 수 있는 것은 인도 방문의 주된 시기, 숙박형태, 체류기간을 통해서도 나타난다. 인도 방문의 주된 시기는 인도축제 및 휴일이 45%(18명), 정규방문이 32.5%(13명), 영국 휴일이 22.5%(9명)로서 인도 축제 및 휴일에 방문한 사람들이 가장 많았고 정규적인 방문을 한다는 사람도 비교적 높은 비율을 차지했다. 정규적인 방문자가 많다는 것은 인도 모국에 친척 및 동료 등 연고가 있다는 것이며 적어도 어떤 형태든 지속적인 유대가 있음을 나타내는 것이다. 또한 영국 휴일보다는 인도 축제 및 휴일에 주로 방문한다는 것은 축제 등을 통해 인도 모국의 문화를 향유하고 싶은 욕구와 인도의 친지들이 비교적 한가한 시간에 방문해서 친밀감과 유대감을 확인하고 싶은 욕구에서 기인한 것으로 여겨진다.

인도 모국을 방문했을 때 숙박형태는 친지 집에서 숙박했던 사람이 55%(22명), 호텔 숙박이 25%(10명), 종교 사원에서 숙박했던 사람이 15%(6명), 기타가 5%(2명)로서 친지 집에서 숙박한 사람이 가장 많았다. 또한 인도 모국을 방문했을 때 체류기간을 살펴보면 15~20일 동안 체류한 사람이 35%(14명), 21~30일 동안 체류한 사람이 42.5%(17명), 31일 이상 체류한 사람이 22.5%(9명)를 차지했다. 31일 이상 체류한 사람들 중에서 90일 정도를 체류한 사람은 전체의 10%였고 120일까지 체류한 사람도 있었다. 인도방문 시 주요활동이 친지방문이었던 사람들이 장기 체류자들인데 따라서 친지방문여행(VFR)이 다른 목적의 여행보다는 평균체류기간이 긴 편이며 또한 인도인 디아스포라의 친족적 유대가 강한 측면을 간접적으로 확인할 수 있었다.

인도 모국을 방문했을 때 동반형태를 살펴보면, 가족을 동반한 사람이 82.5%(33명), 종교 및 기타 조직체에서 방문한 사람이 10%(4명), 혼자인 사람이 5%(2명), 친구 및 사업 동료와 동반한 사람이 2.5%(1명)로서 주로 가족과 동반해서 모국방문한 사람들이 많았다. 다른 해외지역으로 여행했을 때 가족과 동반한다는 응답율이 37.5%(15명)에 불과한 것과 비교해보면 인도 모국방문이 가족을 단위로 인도인으로서의 정체성과 전통을 보존·계승하고자 하는 주요한 기제가 되고 있음을 확인할 수 있다.

방문 후 모국에 대한 인상이 어떻게 변화했는가에 대한 질문에 매우 좋아졌다는 응답이 70%(28명), 좋아졌다는 응답이 5%(2명), 좋아지지도 나빠지지도 않았다는 응답이 15%(6명)였고 무응답이 10%(4명)였다. 인도방문을 다른 사람에게 추천하겠느냐는 질문에 추천하겠다는 응답이 82.5%(33명)였고 인도의 재 방문의사를 묻는 질문에 그럴 의사가 있다고 응답한 사람이 85%(34명)였다. 또한 모국을 방문한 후 인도 모국에 대한 자부심이 더 높아졌느냐는 질문에 그렇다는 응답이 85%(34명)였다. 따라서 모국 방문은 인도인 디아스포라에게 있어서 애착과 자부심을 높이는 계기가 될 수 있음을 확인할 수 있다.

인도 모국방문 시 어떤 점이 좋았는가라는 질문에 시골발전, 체계발전, 근대화, 서구화 등의 인도모국의 발전상을 확인할 수 있어서 좋았다는 응답이 가장 많았고 그 다음으로 문화적 요인으로 응답한 사람들이 많았다. 예를 들면, 모국의 문화를 이해하고 감상할 수 있는 좋은 계기였다는 응답, 인도 모국에 대한 문화적 자부심을 가질 수 있어서, 평화로움을 느낄 수 있어서, 종교순례를 통한 종교심을 추구할 수 있어서, 요가 및 채식주의 등의 건강요법이 좋았다는 다양한 응답들이 나왔다. 그 외에 인도에 대한 사랑을 확인할 수 있었다는 응답도 나왔다. 이러한 응답들은 과거와 현재의 문제와 관련한 것으로 보여진다. 즉 인도 모국의 발전상을 확인할 수 있어서 좋았다는 응답은 현재 자신의 삶과는 무관 혹은 별개로 자신의 기원국의 변화에 대한 반응이고 모국에 대한 문화적 자부심 또는 문화적 충족감을 느꼈다는 응답은 자신의 귀속의식을 확인하고 정체성의 한 부분으로 자리매김하는 현재적 과정의 표현인 것이다.[12]

요컨대, 인도인 디아스포라들은 영국에서 사회경제적으로 중산층 이상의 높은 지위를 차지하고 있었으며 그럼에도 불구하고 모국에 대한 애착과 소속감을 여전히 견지하고 있었다. 이는 정착국과 모국, 경제적 영역과 문화적 영역에서의 소속감이 분리되어 있음을 보여주는 것이며 모국방문은 그들의 문화적 정체성의 표현방법이었다. 그러나 모국방문에는 인도인이 영국에서 겪는 일반적인 경험뿐만 아니라 그들의 개인적 특성, 연령·직업·수입·교육수준 등에 따라 모국방문의 동기 및 목적, 모국방문 횟수 등에서 다양한 차이를 드러냈다.

5. 결론

이 연구는 디아스포라의 존재조건과 경험에 비추어 그들 모국방문의 행위와 의미를 탐구하고자 했다. 특히 영국의 인도인 디아스포라는 강한 가족적 유대와 친족의식을 가진 인도인 고유의 문화적 특성, 영국으로의 이주배경, 그리고 정치, 경제적인 다원성을 인정하기 보다는 문화적인 영역에서만 다원성을 폭넓게 허용하는 영국 다문화주의와의 상호작용 속에서 관광소비가 이루어졌다. 인도인 디아스포라들은 종교, 관습, 의례 등에서 인도 모국의 태도, 가치, 행동을 보유하기도 하고 교육, 오락, 음식 소비 등과 같은 소비부문에서도 정체성과 의미를

---

12) 이러한 태도는 연령별로도 차이가 나타나는데 전자의 응답을 한 사람들은 주로 50대 이상의 사람들이었고, 후자의 응답을 한 사람들은 40대 이하의 사람들이었다.

보유하고자 하는 행태가 나타나기도 한다. 그러한 맥락에서 모국방문
이라는 관광소비도 전체적인 사회적 소비의 한 요소이면서 정체성과
의미를 보유하고자 하는 문화적 행동이기도 하다. 즉 그들에게 인도로
의 여행은 그들의 과거, 뿌리, 근원, 인도인으로서의 정체성에 대한 의
문과 갈등에 대답하고 해결할 수 있는 기회를 제공하는 것이며 역사와
문화와 경험을 공유한다는 강한 소속의식을 경험함으로써 과거와 현재,
그리고 인도 모국과 새로운 사회에서의 균형감과 안정감을 유지할 수
있는 방편이 될 수도 있을 것이다. 또한 모국에 대한 향수와 잠재해
있는 귀환열망은 규칙적인 모국방문을 통해 해소시키고 있는 것으로
보인다.

또 한편으로 디아스포라는 모국과 정착국 양국에 점차 중요한 존재
가 되고 있다. 모국의 정부에서는 여러 가지 방식으로 모국과 디아스
포라의 관계를 밀접하게 연결시키면서 해외 디아스포라의 경제적 자
본을 모국에 투자할 것을 권장하거나 기업 활동을 장려하는가 하면 정
착국에서는 모국으로의 송금비용을 경감시키거나 해외 출신 영구 정
착자에게 쉬운 금융서비스로 사업투자를 권유하기도 한다. 또한 디아
스포라들이 관광객의 많은 비중을 차지하면서 양국에서 디아스포라
투어리즘을 상품화하기도 한다(Reis, 2004: 54). 그 단적인 예로 캐나다
에서는 NRIs(Non-Resident Indians: 비거주 인도인)가 이주정착지와 인
도의 고향마을을 신속하게 연결시키는 버스회사를 운영하기도 한다
(Walton-Roberts, 2001). 이는 모국과 정착국 사회에서 각 정부들이 정책
을 입안할 때 디아스포라의 함의를 생각하게 하는 부분이다.

<참고 문헌>

Appadurai, A. & Breckenridge, C, 1989, "On moving targets", *Public Culture* 2: i - iv.

Asad, T, 1990, "Multiculturalism and British Identity in the Wake of the Rushdie Affair", *Politics and Society* 18: 455-480.

Atal, Y, 1989, "Outsiders as Insiders: The Phenomenon of Sandwich Culture", *Sociological Bulletin*, Vol 38, No.1 March 1989, pp.23-42.

Ballard, R, 1994, "Introduction: The Emergence of Desh Pardesh", In, Roger Ballard, (eds.), *Desh Pardesh-The South Asian Presence in Britain-*, B.R. Publishing Corporation [A Division of BRPC(India) LTD.] .

Ballard, R, 2003, "The South Asian presence in Britain and its transnational connections", *Culture and Economy in the Indian Diaspora* Edited by Bhikhu Parekh, Gurharpal Singh and Steven Vertovec, Routledge, London.

Bate, P, 2001, *A River of Gold*, IDB America online, http://www.iadb.org/idbamerica/English/OCT01E/oct01e3.html.

Bhabha, H, (ed.) 1990, *Nation and Narration*, Routledge, London.

Braziel, J. E. and Mannur, A, 2003, "Nation, Migration, Globalization: Points of Contention in Diaspora Studies", *Theorizing Diaspora: a reader*, Jana Evans Braziel and Anita Mannur (eds.) Oxford. Blackwell Publishing Ltd.

Castles, S, 1993, "Migrations and Minorities in Europe.-Perspectives for the 1990s: Eleven Hypotheses", Wrench, J. & Solomos, J, 1993, *Racism and Migration in Western Europe*, Oxford.

Clifford, J, 1994, "Diaspora", *Cultural Anthropology* 9: 302-338.

Cohen, R, 1997, *Global Diasporas*, UCL Press Ltd, London.

Cox, D, 1980, *Migration and Integration in the Australian context*, The University of Melbourne, Melbourne.

Coleman, D. and Salt, J(eds.), 1996, *Ethnicity in the 1991 census*, Vol. I , Demographic Characteristics of the Ethnic Minority Populations, London: HMSO.

Danial, W. W, 1968, *Racial Discrimination in England*, Penguin.

Desai, R, 1963, *Indian Immigrants in Britain*, Oxford University Press.

Ferguson, J, 1992, *Beyond the Lighthouse*, Latin American Bureau, London.

Gillespie, K, et al, 1999, "Diaspora interest in homeland investment", *The Journal of International Business Studies*, 30(3).

Gilroy, P, 1993, *The Black Atlantic: Modernity and Double Conscious*, London: Verso.

Graham, P. & Hartlyn, J, 1996, "The United States and the Dominican Republic toward the year 2000: marginality, unilateralism or cooperation?", in E. Betances and H.A. Spalding Jr (Eds.), *The Dominican Republic Today: Realities and Perspectives in English and Spanish*, Bildner Center for Western Hemisphere Studies, New York.

Hall, S. 1990. "Culture identity and diaspora", in J. Rutherford(ed.), *Identity: Community, Culture, Difference*, London: Lawrence and Wishart.

Jackson, P, 1981, "The Shree Krishna Tample and the Gujarati Hindu community in Coventry", in D.G. Bowen(ed.), *Hinduism in England*, Bradford: Bradford College.

King, B, 1994, What is ethnic tourism? An Australian perspective, *Tourism Management* 15(3).

King, U, 1984, *A Report on Hinduism in Britain*, Leeds: Community Religions Project Research Papers(New Series) No.2, Dept. of Theology, London: Macmillan.

Knott, K, 1986, "Religion and Identity and the study of ethnic minority religions in Britain" in V. Hayes (ed.), *Identity Issues and World Religions*, Sydney:Australian Association for the Study of Religion.

Maingot, A. P, (Ed.) 1991, *Small Country Development and International Labor Flows*, Experiences in the Caribbean: volume V, Westview Press, Boulder.

Mandelbaum, M, (ed.), 2000, *The new European Diasporas: National Minorities and conflict in Eastern Europe*, Council on Foreign Relations Press, Washington, DC.

McIntosh, R. W, 1986, *Tourism: Principles, Practices, Philosophy*, John, W & Sons, Inc.

Modood, T, 1997, *Employment*, in Modood et al.

Modood, T, 1998, "Ethnic diversity and racial disadvantage", 1998, *Race Relations in Britain a developing agenda*, by Blackstone, T., Parekh, B, and Sanders, P. Routledge.

Nguyen, T. H. and King, B. E. M, 1998, "Migrant homecomings: Viet Kieu attitudes towards travelling back to Vietnam", *Pacific Tourism Review* 1(1), 349-361.

Nguyen, T. H, Waryszak, R. Z. and King, B. E. M, 1999, "Migrants and their overseas travel: A psychographic segmentation of Australia's Vietnamese community", *Asia Pacific Journal of Tourism Research* 3(1): 9-18.

Prevot, H, 1993, *Social policies for the integration of immigrants, in The Changing Course of International Migration*, OECD, Paris.

Reis, M, 2004, "Theorizing Diaspora: Perspectives on "Classical" and "Contemporary" Diaspora", *International Migration*, vol.42(2) pp.41-60.

Rex, J. and Moore, R, 1967, Race, *Community and Conflict : A Study of Sparkbrook*, Oxford University Press.

Rex, J, 1987, "The Concept of a Multi-Cultural Society" *New Community* 14: 218-229.

Safran, W, 1991, "Diasporas in modern societies: myths of homeland and return", *Diaspora*: 83-99.

Shama, S. L, 2004, "Perspectives on Indians Abroad." *The Indian Diaspora : Dynamics of Migration*, Sage Publications.

Smith, D. J, 1977, *Racial Disadvantage in Britain*, Penguin.

Spencer, S, 1998, *The impact of immigration policy on race relation, Race Relations in Britain a developing agenda*, by Blackstone, T., Parekh, B, and Sanders, P. Routledge.

Vertovec, S, 2000, "Three meaning of 'Diaspora'", *The Hindu Diaspora: Comparative Patterns*, ed. S. Vertovec. London and New York: Routledge.

Walton-Roberts, M, 2001, "Returning, Remitting, Reshaping: Non-Resident Indians and the Transformation of Society and Space in Punjab, India", *Research on Immigration in the Metropolis*, Working Paper Series.

Wrench, J. & Solomos, J, 1993, *Racism and Migration in Western Europe*, Oxford.

http://indiandiaspora.nic.in/contents.htm

http://www.statistics.gov.uk.

http://www.statistics.gov.uk/cci/nugget

http://www.statistics.gov.uk/Ethnicity & Identity

http://www.statistics.gov.uk/Household size

National Statistics, 1999, 2004, Number of nights and length of stay by country of residence.

National Statistics, 2004, Travel Trends, London: The Stationery Office.

www.southall-punjabi.com/uk_asianpop_groupings.html.

www.statistics.uk.gov/Overseas residents' visits and spending abroad by purpose of visit 1984 to 2004

www.statistics.uk.gov/UK residents' visits and spending abroad by purpose of visit 1984 to 2004.

www.statistics.gov.uk/survey of personal incomes Inland Revenue.

재외인도인에 대한
인도정부 정책의 변화와 그 함의

정 효 진*

1. 서론

지난 수십 년간의 기술발전과 그 속에서 진전된 세계화(globalization) 속에서 국제이주의 양상은 여러 가지 양상을 보여주고 있다. 과거와 달리 현대의 이주자 대다수는 주재국에 정착했음에도 불구하고 모국과도 관계를 지속적으로 유지하고 있고, 주재국 내에서도 모국의 전통과 문화를 재생산하고 있다는 점에서 비추어볼 때 그들은 더 이상 뿌리가 근절된 사람들로 간주될 수 없다.

인도인 디아스포라는 역사, 사회, 경제, 문화 등 다각적인 측면에서 바라볼 수 있다. 일반적으로 재외인도인(overseas Indians)은 그 이주시기와 성격에 따라 식민시기에 플랜테이션의 계약노동자로 이주한 '구 디아스포라(old diaspora)', 선진국으로 경제적인 기회를 찾아 이주한 전문가 집단 및 교육받은 엘리트인 소위 '신 디아스포라(new diaspora)', 그리고 1970년대 이후 걸프와 인접국가로 이주한 노동이주자로 나눠서 살펴볼 수 있다.

---

* 인도 네루대학교 박사과정

주재국과 모국 간의 광범위한 사회 경제적 조건과 매우 밀접하게 연관된 노동이주는 현대에 들어서 부각된 세계화와 초국가주의 틀 속에서 새로운 국면과 양상, 접근을 요구하고 있다. 길고 긴 이주역사 속에서 인도인 디아스포라 인구는 110여 개 국에 걸쳐 2천 5백만 명을 넘어서고 있는 가운데, 근대의 통신 및 커뮤니케이션 기술의 발전은 그들과 모국과의 관계강화에 중요한 영향을 미쳤으며, 인도 정부 역시 1990년 경제개방 이후 인도인 디아스포라를 '자산'으로 간주하면서 이들과의 다각적인 관계도모에 힘써오고 있다. 하지만 인도인 디아스포라에 대한 인도정부의 입장이 항상 일관되었던 것은 아니다.

이글은 인도정부가 독립이전부터 현재에 이르기까지 재외인도인과 어떤 관계를 유지하고 정책을 수립해 왔는지, 그리고 이들에 대한 정책적인 입장과 그 변화요인을 살펴보고 있다. 독립 이전의 재외인도인들은 민족운동 틀 속에서 인도정부의 주목을 받아왔지만, 독립이후 네루정부는 재외인도인을 국내외 정책에서 배재, 그들에게 주재국 사회에 통합해 살아가도록 권장하였고, 이는 인도와 인도인 디아스포라간의 관계단절을 의미하였다. 하지만 이와 같은 인도정부의 공식적인 입장은 1991년 경제개방과 더불어 급변하게 되는데, 재외인도인의 경제적인 성공 앞에서 인도정부는 이전의 입장을 전환, 정부차원에서 재외인도인을 포섭하려는 입장을 보이고 있다.

다시 말해, 재외인도인에 대한 최근 인도 정부의 입장은 인도가 처한 국가적, 정치적, 경제적 정책의 영향 속에서 영향 받아왔고, 특히 세계화 속에서 인도정부의 경제적인 관심을 반영한 것이라고 하겠다. 이에 본고는 변화된 국제이주의 성격, 인도인 디아스포라의 특징, 그들의 모국과의 관계유지, 그리고 세계화적 요소가 밀접한 영향을 주고 받는 가운데 인도정부의 입장변화를 살펴보고 있다.

2. 이론적 배경

　과거 이주연구들은 각각의 사회를 개별적이고 구속된(bounded) 개체로 보면서 그 속에서 이주자들은 '영구이주자', '귀환이주자', '일시적 이주자 또는 체류자'로 명명하는 등 공간적인 경계에 근거해 이주자들을 연구해 왔다. 하지만 1990년대 이후 탈근대적 전환 속에서 사회과학자들은 이주자들이 이주 이후에도 모국과 지속적인 관계를 유지하고, 모국과 주재국 두 사회를 오가면서 순환적으로 살아가고 있음을 깨닫게 되었다. 세계화의 급진전 속에서 이와 같은 이주자들의 사회, 문화, 정치적 경험은 이주에 대한 개념변화와 더불어 '초국가주의'적인 접근의 필요성을 제기하였다.

　디아스포라를 정의하는데 있어 세계화는 점점 더 큰 영향을 미치고 있는데, 세계화는 시장(market), 새로운 정보기술, 그리고 초국가적인 연망과 같은 요소들의 영향을 받고 있다. 탐비아(Tambiah 2000)는 초국가적인 이동을 세 가지 흐름 속에서 살펴보고 있는데, 초국가적 이주를 통한 사람들의 흐름, 현대 다국적 자본주의 속의 자본의 흐름, 그리고 커뮤니케이션 발전에 따른 광대한 거리를 초월한 정보의 흐름이 바로 그것이다. 이런 맥락에서 국제이주 맥락에서 초국가주의는 이주자들이 모국과 주재국을 왕래하면서 형성, 유지하는 다층적인 사회관계 속에서 형성된 것이라고 할 수 있다.

　세계화와 초국가주의, 이 두 개념은 현상적인 면에서 볼 때 중첩되는 부분이 많지만, 전자가 특정 민족국가영토로부터 탈중심화를 강조한 반면 후자는 두 개 또는 그 이상의 민족국가에 걸쳐 일어나는 현상들을 더 강조한다는데 그 미묘한 차이가 있다고 하겠다. 이런 변화된 이주의 속성에 근거해 이주연구는 시골－도시와 같은 뚜렷한 이분화,

이주동기에 입각한 유출-유입모델보다 더 유동적이고 복잡한 개념을 설명할 수 있어야 한다.

여러 측면에서 볼 때 디아스포라는 민족국가를 건설하는데 있어 '골치 덩어리'로 간주될 수도 있지만, 그와 동시에 국가와 초국가적 경제, 문화, 사회를 매개하는 긍정적인 수단이 될 수도 있다는 점에서 주재국과 모국 양측에 중요한 의미를 가지고 있다. 이제 특정 '디아스포라 공동체'는 민족국가의 영토적인 경계를 넘어섰으며, 이점에서 초국가적인 접근은 민족국가의 새로운 개념과 더불어 등장한 중요한 에이전트로서 이동하는 사람들을 연구할 때 유용한 시각이라고 할 수 있다. 이런 시각에서 볼 때 이주자들은 많은 여러 국가경계를 초월해 살아가는 동시에 정치, 경제, 사회, 문화적으로 모국의 일부를 차지하면서 '장소(place)'와 '지역성(locality)'을 재구성하고 있다고 하겠다.

간단히 말해, 현대의 이주연구는 바로 세계화 과정과 그 유동성, 에이전시로서의 이주자, 그리고 다층적인 네트워크를 강조하고 있다. 한편 여러 학자들은 초국가적인 이주에 따른 국가경계가 흐려짐을 목도하면서 민족국가의 쇠퇴까지 논하고 있다(Kearney 1995).

본고는 경계를 넘어서 새롭게 형성된 '디아스포라' 공간이 세계화의 영향 속에서 어떻게 이해되고 있는지를 인도정부정책의 변화를 통해 살펴보고자 한다. 오랜 이주역사 속에서 형성된 인도인 디아스포라와 인도정부의 관계는 경제적인 이유, 즉, 인도정부가 인도인 디아스포라를 모국발전에 유용한 '자산'으로 간주하면서 형성되었다고 할 수 있다. 하지만 모국과 디아스포라간의 관계를 더 잘 이해하기 위해서는 경제적인 측면 이외에 사회-문화적인 접근 또한 필요하다고 하겠다.

3. 인도인 디아스포라

(1) 인도인 디아스포라의 형성

인도인 디아스포라에 대한 연구들은 이주와 주재국에서의 정착과정, 문화의 지속, 동화 또는 적응정도, 사회, 경제, 정치적 참여를 주로 다뤄왔다. 이런 접근은 디아스포라인들이 주재국에서 살아가면서 여러 가지 면에서 타협, 적응, 동화하게 됨을 전제하고 있다. 인도인 디아스포라의 특징은 유대인 디아스포라가 가지고 있는 귀환신화와 다르지만 그들 역시 모국에 대한 동경이 그들과 모국과의 관계를 유지하는데 중요한 기제로 작용했다는 것이다. 재외인도인은 이주시기, 이주성격에 따라 계약노동자, 자유노동자, 상업이주자, 전문적 두뇌유출(brain drain) 이주자, 노동이주와 같은 범주로 나눠질 수 있다. 또 다른 인도인 디아스포라의 특징은 주재국의 시민권 획득여부(일부는 인도시민권을 유지하거나 또는 주재국의 시민권을 획득), 그리고 주재국으로의 사회문화적 통합여부와 별개로 재외인도인 대다수가 모국과 지속적인 관계를 유지해왔다는 점이다.

인도인 디아스포라는 그 이주시기, 세계 각지에 걸쳐 있는 이주지역, 그리고 특정 커뮤니티의 정체성 및 시민권에 따라 그 차이를 다양한 각도에서 살펴볼 수 있다. 또한 인도인 디아스포라를 지칭하는 NRI(Non-Resident Indians 재외인도인), PIO(Persons of Indian Origin, 인도계 재외동포), Expatriate Indians, 그리고 Indians abroad와 같은 여러 용어 역시 그 미묘한 차이를 반영하고 있다. 이에 대해 Lall(2001)은 용어적인 차이를 중요하게 보지 않고 서로 바꿔 쓸 수 있다고 보는 반면, 인도투자센터는 NRI를 인도시민권 보유자, PIO는 단순히 인도여권 소지

자로 보고 있으며, 디아스포라 High Level Committee는 모든 NRI는 PIO
인 반면 모든 PIO는 NRI가 아니라는 입장에서 드러나듯 NRIs와 PIOs
에 대한 미묘한 차이를 견지하고 있음을 보여준다.

앞에서 언급된 것처럼 NRIs와 PIOs는 '구 디아스포라', '신 디아스
포라', 그리고 '걸프지역 디아스포라'를 형성하면서 세계 각지에서 흩
어져 살고 있다. 일반적으로 인도인 디아스포라는 그들의 정체성의 핵
심인 인도전통과 문화를 유지하고 있으며 그것을 보존하는데 적극적
으로 참여해 왔다. '구 디아스포라'는 최근 여행, 교통, 커뮤니케이션
기술의 발전으로 가속화된 초국가적인 조건 속에서 형성된 '신 디아스
포라'와 달리 자원과 근대기술발전의 미비에 따라 제한된 모국과의 관
계 속에서 상대적으로 상상적으로 유지되어왔다. 하지만 이제 세계화
속에서 '구 디아스포라', '신 디아스포라'건 간에 이제 재외 인도인들
은 인도정부의 주목을 받고 있다.

(2) 경제적 측면에서 바라본 디아스포라와 모국과의 관계

디아스포라 공간에서 살아가면서 인도인들은 모국의 전통과 문화유
산들을 지속, 변화시키면서 자신들의 정체성을 타협, 유지해 왔다. 주
재국에서 디아스포라인들은 이주이후 고향에 대한 기억, 사회구조 및
문화유형을 공유하면서 모국을 동경해 왔다. 이제 인도인 디아스포라
는 세계 각지 및 모국의 친인척들과 사회−문화, 정치, 경제, 종교적으
로 강력한 네트워크를 유지해왔다. 이런 변화된 이주속성을 고려해 Bhat
와 Sahoo(2003)는 인터넷, 이메일과 같은 상호커뮤니케이션 기술발전을
강조하면서 디아스포라 공동체를 '세계 공동체(global community)'로 지
칭하였다.

인도인 디아스포라와 모국과의 관계를 경제적인 측면에서 단적으로
보여주는 것은 인도인 디아스포라가 모국으로 보내는 송금과 그들이

국내에 보유하고 있는 예금계좌이다. 인도인 디아스포라가 모국에 남아있는 가족과 친척들에게 보내는 송금은 그들의 초국가적인 관계를 단적으로 보여주는 것으로, 일례로 뻔잡에서의 녹색혁명은 1960년대와 1970년대 이주자들의 송금을 통해 이루어졌다. 이처럼 인도정부는 재외인도인들의 송금과 인도지역에 투자관심에 부응해 1990년대 이후 디아스포라인들의 모국에 기여할 수 있는 역할과 잠재력에 더 큰 관심을 보이고 있다.

4. 재외인도인에 대한 정부정책과 그 변화

1990년대 이후 재외인도인에 대한 인도정부의 가시적인 변화는 세계화, 초국가적인 상황 속에서 NRIs의 중요성을 인정하면서 시작되었다. 1990년대 이후 NRIs들은 경제적인 성장을 통해 강력하고 중요한 비국가 행위자(non-state actors)로 등장하였다. Business Times(2006년 6월)에 따르면 인도의 가장 큰 외채의 원천은 NRIs라고 하며, NRIs들은 다국적 외국기업을 초월해 가장 큰 차관제공자로 부상하였다. 이들의 중요성에 대한 인식은 2001년 디아스포라 High Level Committee의 "이주공동체는 다른 나라에 살고 있거나 영구 정착했으면서도 자신들의 기원과 정체성을 인식하면서 다각도로 모국과의 관계를 유지하고 있는 공동체"라는 논평에서도 분명히 드러난다.

현재 재외인도인들은 자신들의 뿌리를 찾고 투자 및 기술이전, 자선사업과 같은 상호이득을 추구하면서 모국과의 관계를 모색하고 있다. 이에 대해 인도정부는 재외인도인에게 경제적인 인센티브를 제공하고 그들의 기대에 부응하면서 그들의 참여를 도모하고 있다. 하지만 독립전후, 그리고 1980년대에 이르기까지의 상황이 지금과 같았던 것은 아니다. Thandi(2004)에 따르면 인도정부의 재외인도인에 대한 정책들은 인도인 이주자들의 인도와의 초국가적인 활동이 증가하고, 인도정부가 디아스포라를 끌어들이려는 일련의 노력을 통해 정당화되었다. 즉, 국내의 경제위기와 낮은 외국인투자에 직면해 정부는 재외인도인에 대한 입장을 바꿀 수밖에 없었다. 또한 디아스포라 공동체에 대한 연구 프로젝트들 역시 얼마나 인도정부가 디아스포라에 관심을 가지고 있는지를 잘 보여주는데, 이 연구들은 지난 수십 년간 발전한 디아스포라적인 경제관계를 확대, 고양시키기 위한 다양한 채널과 네트워크, 기제와 정책들을 규명하고 있다.

(1) 재외인도인에 대한 정부의 입장

Lall(2001)은 자신의 책에서 독립 전, 독립 이후, 그리고 1990년대 경제개방 이후와 같이 세 국면으로 구분해 인도정부의 재외인도인 정책변화를 보여주고 있다.

1) 독립 전

원래 인도정부는 해외의 자국민들이 경험하는 어려움과 고통에 지대한 관심을 보여 왔다. 예를 들어, 간디는 남아프리카에서의 인도인에 대한 차별에 맞서 동등한 처우를 요구하였고, 동아프리카의 Jana Sangh정당은 인도인들이 어디에 있건 간에 '작은 인도(little India)'를 형성할 것을 촉구하였다. 당시 인도정부는 재외인도인들에 대한 책임감을 갖고 인도의 식민주의를 철폐하는데 그들을 동참시켰고, 민족정체성을 강조하면서 그들을 민족운동의 일부로 포함시켰다. 즉, 이 시기의 정책은 영토적인 개념에서 벗어나 그들을 민족국가와 국민의 일부로써 받아들였음을 보여주고 있다. 하지만 이런 입장은 독립 이후 새로운 국가를 건설하는 과정에서 인도인 디아스포라의 참여를 배제함으로써 변화하게 되었다.

2) 1947년부터 1980년대 후반

1947년 이후 네루정부의 대외정책에서 인도인 디아스포라는 그 어떤 위치도 차지하지 못했다. 오히려 네루는 인도인 디아스포라인들에게 '온화한 무시(benign neglect)' 정책에 입각, 그들에게 주재국에서 동화해 살아갈 것을 권장했다. 네루는 경제적인 부를 추구해 해외로 떠난 인도인들에게 주재국의 지역민들과 통합해 그들의 투쟁을 지지하고, 그들의 명분을 좇아 살아가라고 하였다. 이와 같은 재외인도인에 대한 이상주의적인 입장은 그들의 주재국에서 살면서 경제적으로 성공할 수 있었기 때문에 정치적으로도 주재국을 지지해야 한다는 것 이었다. 물론 네루 역시 신생 독립한 인도의 경제발전에 큰 관심을 가지고 있었지만 당시의 대외정책은 경제학보다는 정치학적 토대 한 것이었고, 그 속에서 네루정부는 인도인 디아스포라의 경제적인 중요성을 전혀 고려하지 않았다(Lall 2001).

하지만 이와 같은 인도인 디아스포라에 대한 정부입장은 1970년대 이후 변화하였는데, 그 시도로 1978년 인도재무부에 의해 설립된 R.N. Malhotra Committee는 NRIs의 송금을 고취시키기 위한 긍정적인 정책들을 추천했고, 1980년 인디라 간디가 수상이 되면서 NRI를 끌어들이기 위한 특히 송금을 증대시키기 위한 일련의 노력들이 이루어졌다(Thandi 2004).

3) 1990년대 이후

최근에 이르기까지 인도정부는 인도인 디아스포라를 긍정적인 시각에서 바라보지 않았다. 인도입장에서 볼 때 인도인 디아스포라는 인도의 국내, 대외, 정치, 경제적인 정책에서 중요한 부분을 차지하면서도 가시같은 존재였다. 또한 그들은 인도를 무력하게 만든 '두뇌 유출(brain drain)'의 장본인이었다(Thandi 2004). 하지만 세계화의 진전 속에서 인도정부는 과학, 기술, 교육 분야에서 두각을 나타낸 인도인 디아

스포라의 역할과 잠재력을 인정하게 되었고, 그들을 인도의 발전과정
에 통합시키고, 그들을 통해 세계에서 경제, 자본, 기술, 수출상품에 있
어서 인도의 입지확대를 가져올 수 있는 정책을 고안하였다.

인도인 디아스포라에 대한 인도정부의 가시적인 노력은 2002년 MOIA
(Ministry of Overseas Indian Affairs)의 설립이라고 할 수 있다(Verma와
Bhagavatula 2006). 이 보고서에 따르면 MOIA의 주목적은 세계에 산재
한 인도인 디아스포라의 기대를 밝혀내고 그들을 인도의 발전에 참여
시키는 것이다.

(2) 1990년대 이민자 자본의 유입

인도정부의 인도인 디아스포라에 대한 정부정책의 변화 속에서 분
명한 것은 경제개방과 세계화에 직면, 그들이 인도의 발전에 도움이
될 수 있음을 인정한 것이다. 이런 측면에서 인도인 디아스포라의 자
본은 정부정책 수립에서 큰 이슈가 되었다.

인도인 이주자들의 모국으로의 자본유입은 송금, 은행예금, 외국인
직접투자와 같은 세 가지 형태로 나눠볼 수 있다. 송금은 개인, 또는
가족단위로 공식 또는 비공식 채널을 통해 인도로 유입되는데, 그 유
입 총액은 측정하기 어려운데 최근 ILP 연구가들의 연구에 따르면 비
공식 송금액이 총 송금액의 40%를 차지하고 있다(Thandi 재인용 2004).
RBI(Reserve Bank of India)의 전반적인 감독 하에 은행예금은 인도인
디아스포라를 유혹하는 안전한 자본유입으로, NRO(Ordinary non-resident
account), NRE(non-resident external account), FCNR(foreign currency non-
resident account), NRNR(non-resident, non-repatriable rupee deposit) 등 여
러 가지 예금형태를 NRIs에게 제공하고 있다. 이처럼 NRIs에게 제공되
는 NRI 은행계좌는 내국인보다 2~3% 높은 이자를 주지만 재송금불가
능예금(non-repatriable deposit)의 경우 예금된 돈을 NRI가 살고 있는 주

재국으로 재송금할 수 없기 때문에 그 실효성이 떨어진다는 비판 속에서 2002년부터 중단되었다. 또한 최근 RBI에 따르면 NRI가 보유한 자산은 인도의 국제수지에도 중요한 기여를 하고 있다. 예금 이외에도 NRIs들은 유가증권, 주식, 부동산 등에 투자하고 있다.

경제개방 이전 인도에서의 해외투자활동은 상당히 까다롭게 통제되었다. 여러 가지 정책과 인센티브를 통해 인도정부와 인도의 지방정부는 NRI 투자를 끌어들이기 위해 경합하였고, 그 과정에서 NRI 투자승인을 위한 절차들이 단순화되었다.

인도인 디아스포라로부터 유입되는 자본은 이들에 대한 인도정부의 관심을 유발하기에 충분하였고, 이에 정부는 인도를 위한 개발프로젝트에 인도인 디아스포라를 끌어들이기 위한 다각적인 노력을 기울이고 있다.

(3) 인도정부의 노력과 수단

2001년 High Level Committee의 보고서는 세계화에 따른 정부입장의 변화를 잘 보여주는데, 여기에서 재외인도인이 자신들의 뿌리 찾기(특히 PIOs의 경우)에 큰 관심을 보이며 모국을 이해하려고 노력한다(특히 선진국의 NRIs 경우)고 보고 있다. 이 보고서에 따라 인도정부는 교육받고 성공한 인도인 디아스포라의 중요성을 깨닫게 되면서 입장을 바꿔 인도와 디아스포라 양측 모두에 이득이 되는 여러 가지 사안을 제안하였다. PIO 카드발행, 청소년인턴프로그램(the know India Youth Internship Program), OCI(Overseas Indian Citizenship)카드, PBD(Pravasi Bharatiya Divas), PBSA(Pravasi Bharatiya Samman Awards), Internship Program for Diaspora Youth, Scholarship Program for Diaspora Children, Tracing the Roots Scheme들이 바로 그것이다. PIO카드는 PIO에게도 NRIs와 유사한 혜택을 주기위한 목적으로, the know India Youth Internship

Program은 PIOs 청소년들에게 인도를 방문, 인도문화를 더 잘 알도록 할 목적으로, OCI카드는 PIOs로 하여금 주재국의 시민권을 포기하지 않고도 재외인도시민권을 부여하기 위해서 고안되었다(Verma 외 2006). 2005년부터 발행된 OCI카드는 여러 측면에서 PIO카드보다 많은 혜택을 부여함으로써 수요가 더 많은데, OCI카드는 평생 비자, 인도로의 자유여행, 정치적인 권리를 제외한 경제, 교육, 문화적인 혜택이 주어지는 반면, PIO카드는 15년이라는 제한된 기간 동안 유효하고, 카드소유자는 인도방문이 180일을 초과할 경우 관계기관에 등록해야하는 단점이 있다. 이외에도 인도인 디아스포라 High Level Committee는 마하트마 간디가 남아프리카에서 귀국한 1월 9일을 기념하여 매년 같은 날에 'PBD(세계인도인의 날)'를 개최하고 저명한 PIOs/NRIs에게 상(PBSA)을 수여할 것을 권고하였다. 이런 정책수립과 함께 인도인 디아스포라에 대해 더 큰 기대심을 가지고 위원회는 인도인 디아스포라를 상대할 단일한 창구 마련을 촉구하였다.

  (4) 인도의 인도인 디아스포라에 대한 기대와 정부정책의 함의

  하지만 인도정부의 기대와 달리 NRIs들은 인도투자에 큰 호응을 보였던 것은 아닌데, 거기에는 몇 가지 이유가 있다. 즉, 부적절한 재정적 인센티브 정책, 그리고 인도 내에서 성장한 비즈니스 공동체가 기득권유지를 위해 정치권을 이용하여 NRIs의 사업 참여에 반대한 점, 그리고 프로젝트를 승인하는 인도정부의 태도 등이 장애로 작용했기 때문이다.

  앞에서 언급한 것처럼 인도인 디아스포라에 대한 인도정부의 입장은 주로 경제적인 이유에 근거해 디아스포라와의 관계를 도모해 왔지만, 그렇다고 정부가 경제적인 이득만을 목적으로 인도인 디아스포라의 초국가적인 유대를 이용했다고 단정할 수는 없다. 인도정부 역시 앞

으로 인도인 디아스포라와의 관계에 당면해 그들이 가지고 있는 사회, 경제, 문화, 정치적 관심을 밝혀내야할 과제를 안고 있다.

MOIA에 의해 수행된 인도인 디아스포라에 대한 연구는 NRIs와 PIOs에 대한 인도정부의 이중적인 입장을 보여주고 있다(2006). 이에 따르면 PIOs가 NRIs보다 국가의 역할에 더 관심을 보고 있는 가운데, 대다수가 '세계인도인의 날'이 모국과의 유대증진에 도움이 되었고, 이 중국적이 디아스포라와 모국과의 관계증진에 도움이 되며, 자신들을 투자자, 문화사절단, 박애주의자로서 간주하면서 모국과 지식공유를 통해 모국발전에 참여에 큰 관심을 가지고 있다고 한다. 하지만 이 보고서는 어떤 점에서 PIOs와 NRIs들이 국가의 역할에 서로 다른 기대를 가지고 있는지, 그리고 어떤 측면에서 '구 디아스포라'가 문화 보존과 증진에 관심을 가진 반면 '신 디아스포라'가 지식공유와 개발활동에 관심을 갖고 있는가를 분명하게 보여주지 못하는 한계를 안고 있다.

5. 결론에 대신하여

인도정부와 인도인 디아스포라간의 관계설정과 그 노력은 '디아스포라적인 상상'에서 벗어나 '디아스포라 공간' 속에서 현실화, 구체화하려는 과정이라고 볼 수 있다. 경계를 초월한 초국가적인 디아스포라인 재외인도인들은 이제 더 이상 '배제된' 또는 '주변화 된' 범주에 속한다고 볼 수 없다. 오히려 그들은 모국의 국민들과 비교할 때 전문직업, 기술 분야에서의 경제적인 성공을 가지고 인도의 발전을 위해 참여할 준비가 된 이들이다. 또한 그들은 이미 국제적으로 더 나은 지식을 얻을 수 유리한 입장에 있다. 이러한 재외인도인을 국내발전의 원동력으로 이용하기 위해서 인도정부는 몇 가지 극복해야할 과제를 안고 있으며, 이것을 지적하는 것으로 결론을 대신하고자 한다.

첫째, 겉보기에 재외인도인에 대한 정부정책은 인도인 디아스포라의 요구와 반응을 충족시켜주는 것처럼 보인다. 하지만 변화된 국제이주의 속성, 그리고 세계화와 초국가주의의 연관성, 디아스포라들간의 관계 또한 주목할 필요성이 있다. 얼핏 보기에 '신, 구 인도인 디아스포라'는 19세기와 20세기 말 이주시기에 따라 형성된 디아스포라 공동체지만 그들 각각이 처해 있는 사회, 경제적인 상황을 고려하여 그들과 모국과의 관계를 도모해야 할 것이다. 즉, 인도인 디아스포라들 각각이 가지고 있는 차이를 고려하면서 그들의 관심을 높이고, 그들 간의 간극을 좁히고, 공통된 지평을 만들려는 노력이 인도정부 측면에서 요구된다.

둘째, 인도정부는 개인 및 가족관계, 문화 및 정치조직을 통한 디아스포라 유대를 강화하는 한편 그 사회－문화적인 중요성을 고려해 '포괄적인(inclusive)' 정부정책을 수립해야 할 것이다. R. K. Jain(2005)은 현재와 미래의 인도인 디아스포라의 상황을 상당히 낙관하고 있다. 이를 위해 인도정부는 현재 재외인도인과 인도인들이 가지고 있는 유사성을 고려해야 하는데, 일례로 인도의 근대화와 도시화의 영향으로 중상층 인도인들은 재외인도인들과 소비스타일, 생활스타일에 있어서 많은 구조적인 유사성을 가지고 있다. 따라서 이와 같은 사회－문화적 유사성을 토대로 그들이 유지하고 있는 개인, 가족관계망을 이용하여 인도의 국내발전에 대한 그들의 관심을 높일 수 있는 노력이 필요하다.

셋째, 인도인 디아스포라와 다른 디아스포라와의 비교연구가 필요할 것으로 보인다. 인도인 디아스포라에 대한 변화된 정책은 '아래로부터'형성된 재외인도인의 초국가적인 활동, 그리고 세계화에 입각해 '위로부터' 형성된 정부입장 속에서 형성된 결과물이다. 이것은 이주자들이 국가적, 초국가적인 경제, 사회, 문화를 매개함으로써 모국에 유

리하게 작용하는 긍정적인 의미를 가지고 있다. 이런 맥락에서 볼 때
민족국가의 영토적 경계를 넘어 세계화된 지구상에서 '장소'와 '지역
성(locality)'을 구현해가고 있는 재외인도인과 다른 디아스포라에 대한
비교연구는 정부정책을 수립하는데 있어 중요한 통찰력을 제공해 줄
수 있을 것으로 보인다.

<참고 문헌>

Bhat, Chandrasherkhar and Ajaya Kumar Sahoo, 2003, "Diaspora to Transnational Networks: the case of Indians in Canada", in Sushma J. Varma and Radhika Sehan (eds.) *Fractured Identity: The Indian Diaspora in Canada.* New Delhi: Rawat Publication.

Government of India, 2001, "Report of the High Level Committee on the Indian Diaspora". *Report of Ministry of External Affairs*, New Delhi, December.

Kearney, Michael, 1995. "The Local and the Global: the anthropology of globalization and transnationalism", *Annual Review of Anthropology* 24: 547-565.

Jain. R.K. 2005, "Globalization, the Indian Diaspora, and its Governance: Issues, Expectations and Amelioration", *Working Paper.*

Lall, M.C. 2001, India's Missed Opportunity: *India's relationship with the Non Resident Indians*, Ashgate.

Thandi, Shinder, 2004. "Vilayati Paisa: Some Reflections on the Potential of Diaspora Finance in the Socio-Economic Development of Indian Punjab", in Ina Talbot & Shinder Thandhi (eds.), *People on the Move: Punjabi Colonial and Post-Colonial Migration*, Oxford University Press.

Verma, Geeta and Sridhar Bhafavatula, 2006, *The Expectations of Indian Diaspora and their Linkages with the Home Country (A Report Paper)*, Ministry of Overseas Indian Affairs: New Delhi.

Other Materials
The Business Times (Singapore), 2006, Weekend Edition, June 3-4.

아시아총서 발간사

출국하는 비행기 안에서 어느 신문을 잠깐 읽었더니, 치우(蚩尤)를 주인공으로 하는 소설이 연재되어 있었다. 이를 보니 떠오르는 지명이 하나 있다. 중국사에 의하면, 세계 최초의 전쟁은 신농(神農)이 부수(斧燧)를 토벌한 전쟁이나, 역사상 손꼽을 만큼 유명한 전쟁은 그 뒤에 일어난 황제(黃帝)와 치우(蚩尤)의 탁록(涿鹿) 싸움이라 한다. 치우가 등장하는 탁록 싸움은 이렇게 시작된다. 약 4~5천 년 전, 산서(山西) 서남부의 황제족(黃帝族)과 염제족(炎帝族)이 융합한 후 황하 양쪽 계곡을 따라 오늘날 화북(華北) 대평원의 서부지대로 뻗어나갔다. 그에 비해서, 하북·산동·안휘 지역의 접경지역에서 흥성하였던 치우(蚩尤)의 구려(九黎)족들은 동쪽에서 서쪽으로 발전하여 나갔다. 드디어 이 두 세력은 탁록(涿鹿)이라는 곳에서 맞닥뜨려 대접전을 치르게 된다. 이 오랜 전쟁은 여러 가지 흥미롭고 풍부한 서사를 후대에 남겼고, 이 싸움에서 승리한 부락 연맹의 수령인 황제(黃帝)는 화하(華夏)족의 공동 조상이 되기에 이른다. 이와 같이, 당시 탁록(涿鹿)은 매우 중요한 군사적 요충지였다.

그런데 인도에도 이와 유사한 전쟁인 오릿사(Orissa) 전쟁이 있다. 기원전 3세기에 마우리아 왕국의 아쇼카 왕이 가링가 왕국을 정복하는 과정에서 오릿사에서 매우 격렬하고 참혹한 전쟁을 치르게 된다. 그러나 후에 이곳은 아쇼카 왕이 우연히 수행승(修行僧)을 만나 불교에 귀의하게 되는 장소가 되었고, 기원전 2세기에는 이 서쪽 지역에서 쟈이나교의 수행자들이 고행(苦行)을 시작하는 곳이 되었다고 한다. 그래서 이곳에는 사찰들이 매우 많다. 인도 국기(國旗)의 가운데에 그려진 바퀴 문양도 이곳 사찰들에 결집된 불전을 의미한다. 이 지역의 지형은 마치 한국의 오대산 자락의 물이 홍천강(洪川江)에 모였다가 바다에 이르는 것과 유사하다고 볼 수 있다. 또한 오릿사 주의 변두리 산악 지역에는 아직도 개발되지 않은 엄청난 철광(鐵鑛)과 석탄(石炭)이 매장되어 있다.

시대가 변한 지금, 앞서 다소 장황하게 언급한 옛 전쟁터는 이제 우리에게 더 이상 전장의 요충지가 아니다. 두 지역 모두, 지금은 옛 전쟁의 흔적을 찾아보기 힘들 정도로, 그야말로 평화로운 바람결 속에 개발의 열기로 뜨거운 곳이다. 만약 우리가 이곳에 진출하기 위해서는 과거와는 다른 전략적인 접근이 요구된다.

예컨대, 오릿사(Orissa) 지역에는 POSCO가 포항제철 규모의 제철소를 짓기 위해서 지난 몇 년 동안 준비하고 있다. 인도 내의 규정이나 현지의 정치·사회적 사정을 고려하다 보면, 서두를 수도 없고 거쳐야 할 절차를 피해갈 수도 없다. 게다가 더욱 어려운 점은 한국 사람과는 전혀 다른 현지 주민의 정서를 이해해야 한다는 점이다. 이밖에도 현지의 부정확한 언론 보도, 의사소통의 차이로 인한 대화의 단절 등 해결해야 할 산적한 문제들이 대기하고 있다.

현재 한국 경제를 활성화시킬 수 있는 가장 효과적인 방법들 중의 하나는 유리한 조건에서 각국과의 FTA를 체결하여, 한국에서 생산된 물품들을 세계 각국에 내다파는 것이다. 이는 국내의 실업률 문제도 해결하면서도 우리의 삶의 질도 보장받을 수 있는 방법이다. 그러나 다른 나라들이 이렇게 우리에게 유리한 방식을 그대로 바라보고만 있을 리 없다. 그렇기 때문에 우리가 외국으로 진출할 때 어느 정도 난관에 봉착하리라는 것을 예상할 수 있다. 이러한 어려운 상황 속에서 우리가 기억해야 할 점은 정치·경제적으로 진출하려고 하는 대상 국가를 전략적으로 적절히 선정하는 것은 물론, 그렇게 선정된 국가에 대해서는 철저하고 구체적인 사전 조사가 선행되어야 한다는 것이다. 예를 들어, 개별적인 진출보다는 선단형(船團型) 진출 방식과 같은 최근의 대응 방식의 변화에도 주목해야 할 것이다.

우리에게는 외국에 진출할만한 남아있는 분야가 한정되어 있다고 해도 과언이 아니다. 전술한 바와 같이, 어느 한 분야의 개개 기업이 진출하는 것은 결코 바람직하지 않다. 공략할 국가 및 지역 선정에서도 그러하다. 이제 남아있는 방법은 대상 지역의 특수성을 고려하여 기업과의 협력 하에 진출하는 시장이다. 즉 적어도 항구 하나라도 좋은 조건을 갖추고 있는 곳이나, 아직은 외국기업이 많이 들어가 있지 않은 곳이면 적절하다 하겠다. 가령, 인도의 오릿사 주(州)의 바로 남쪽에 있는 Andhra Pradesh 주(州) Vishakhapatnam 시(市)는 인구 300만 도시인데, 천혜(天惠)의 항구를 가지고 있는 곳으로 유명하다. 이곳에서 한국 기업에 여러 가지 좋은 조건을 제시한다면, 우리들이 그곳으로 진출할 수 있는 여지가 있다. 어느 하나의 기업이 아니라 대단위 기업들이 선단형으로 진출하되, 부품 공장 및 그 부속업체는 물론, 한국 노동자들을 위한 한국의 생필품을 공급하는 가게나 식당마저도 함께 진출할 수 있어야 한다.

누차 말씀 드린 바와 같이, 본 연구소는 아시아 각 지역에 대한 연구를 촉진하고자 설립되었으며, 특히 중국과 인도에 중점을 두고 있다. 중국에 관한 연구는 최근 40여 년 동안 많은 진전을 이룩했지만, 다른 나라에 비해서는 아직도 다루어지지 않고 있는 분야가 꽤 남아있다. 인도에 관련해서는 문학·철학·종교·미술 및 요가 등의 분야에서 이미 세계적인 수준의 성과를 이룩하고 있다고 자랑할 만하다. 그러나 그 밖에 사회 각 분야와 관련된 내용에 대해서는 활용할 만한 자료가 턱없이 부족하다. 이는 마치 잘 만들어진 두상(頭像)에 비해 몸통과 사지 등 전신의 모습을 다듬어내지 못하는 조각상과 같다.

앞으로, 본 연구소에서는 아시아 각 지역을 보다 심도 있게 이해하기 위해서 꼭 출판되어야 할 학술적 도서를 선정하여 출판하고자 한다. 각 분야를 세분하여 골고루 다루면서도 전체적으로 커다란 윤곽을 그릴 수 있도록 기획할 것이다. 학술적인 연구 성과도 중요하지만, 우리의 연구들이 사회적 필요와 요구를 반영하여 정책 결정과 실행에 실질적으로 도움을 줄 수 있는 자료로서의 역할도 해 나갈 것이다.

현재, 한국에는 몇몇 주요 기업들에 산하 연구소들을 두고 있다. 이들은 풍부한 자본과 훌륭한 인력을 바탕으로 해외지역에 대한 상당한 정보력을 구축하고 있다. 그러나 기업체들이 갖고 있는 훌륭한 정보력은 서로 공유되거나 사회에 제공되지 않는다. 이들 기업 연구소는 태생적으로 자사 기업의 이익을 위해 헌신하는 경쟁적 마인드에 기초하기 때문이다. 따라서 구축된 양질의 정보는 사회 전체에 환원되거나 공유되지 않는다.

이러한 점에서 공적 기관으로서 대학 부설 연구소의 육성과 발전은 의미를 지닌다. 연구 주제에 대한 학술적 수행은 물론, 축적된 연구 성과로부터 도출되는 가상 이익을 사회에 환원시키며, 정보가 필요한 누구에게든지 자료를 제공하기 때문이다. 이것이 어쩌면 사회에서 필요로 하는 내용을 서비스하는 실천이며, 사회에 기여하는 첫걸음이라고 할 것이다.

이러한 비전과 긍지를 갖고, 우리 연구소는 향후 10년 동안 아시아 지역과 관련한 도서를 50권 정도 출간할 계획에 있다. 이러한 서적들은 우리들이 세계를 이해하고 세계로 진출할 수 있는 이론적 초석이 될 것으로 믿어 의심치 않는다. 적어도 우리의 다음 세대가 이 세계에서 풍요롭고 희망차게 살아가는 데, 서로가 도울 수 있는 방안이 그 가운데에 배어있기를 기대하는 바이다.

앞으로 본 연구소가 추진하는 아시아총서가 사회 각지에 좋은 기여를 할 수 있도록 최선을 다할 것이다.

2009년 5월
인도 오릿사에서
경북대학교 아시아연구소
소장 임대희(任大熙)

저자약력

강경선 (한국방송통신대학교 법학과 교수)

김경학 (전남대학교 인류학과 교수)

박정석 (목포대학교 문화인류학과 교수)

백좌흠 (경상대학교 법학과 교수)

이광수 (부산외국어대학교 러시아인도통상학부 교수)

이재숙 (한국외국어대학교 강사)

인태정 (전남대학교 인류학과 전임연구원)

정효진 (인도 네루대학교 박사과정)

조정규 (전남대학교 사회과학대학 지리학과 강사)

최경숙 (경북대학교 농업토목공학과 교수)

인도와 인도 사람들 —안과 밖에서 바라보기—

초판 인쇄일: 2009년 5월 22일 / 초판 발행일: 2009년 5월 27일
기획: 경북대학교 아시아연구소(CASKNU) / 지은이: 김경학 外
발행인: 김선경 / 발행처: 도서출판 서경문화사
등록번호: 제1-1664호 / 주소: 서울 종로구 동숭동 199-15(105호)
전화: 743-8203, 8205 / 팩스: 743-8210 / 메일: sk8203@chol.com

ISBN 978-89-6062-045-2   94910

*파본은 본사나 구입처에서 교환하여 드립니다.
정가 16,000원